LA VIE
DE
SAINT LOUIS DE GONZAGUE

D'APRÈS V. CEPARI, SON PREMIER HISTORIEN

PAR

LE P. CHARLES CLAIR, S. J.

Monnaie de Mantoue.

PARIS

LIBRAIRIE DE FIRMIN-DIDOT ET Cⁱᵉ

IMPRIMEURS DE L'INSTITUT, RUE JACOB, 56

1891

LA VIE

DE

SAINT LOUIS DE GONZAGUE

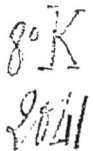

TYPOGRAPHIE FIRMIN-DIDOT ET Cie. — MESNIL (EURE).

Portrait de saint Louis de Gonzague à 17 ans, par Paul Véronèse.

LA VIE

DE

SAINT LOUIS DE GONZAGUE

D'APRÈS V. CEPARI, SON PREMIER HISTORIEN

PAR

LE P. CHARLES CLAIR, S. J.

Monnaie de Mantoue.

PARIS

LIBRAIRIE DE FIRMIN-DIDOT ET Cie

IMPRIMEURS DE L'INSTITUT, RUE JACOB, 56

1891

HOMMAGE

A

SAINT LOUIS DE GONZAGUE

PATRON DE LA JEUNESSE

A L'OCCASION

DE SON TROISIÈME CENTENAIRE

1591-1891

PRÉFACE.

C'est à la jeunesse chrétienne qu'est dédié ce livre, qui raconte la vie de son aimable et glorieux Patron. Saint Louis de Gonzague y donne à tous les meilleures leçons et les plus beaux exemples. Voilà, en effet, un héros de vingt-trois ans tel que le monde n'en saurait jamais produire; la grâce divine a fait un de ses plus rares prodiges en le créant.

Quiconque étudiera de près ce parfait modèle, apprendra ce qui lui importe le plus de savoir : l'amour de Dieu jusqu'à l'oubli de soi, l'amour du prochain jusqu'au sacrifice de la vie même, l'horreur du mal, le mépris des choses qui passent, l'estime des biens éternels, le sentiment réfléchi du devoir, l'ardeur du zèle, l'héroïsme du dévouement.

Mais il ne suffirait pas de contempler avec un pieux

enthousiasme ce qu'une telle vie offre d'admirable; il importe avant tout d'y chercher ce qu'elle a pour nous d'imitable. Sommes-nous contraints d'avouer, en lisant l'histoire de saint Louis, que nous ne trouvons guère au fond de notre cœur son incomparable innocence; n'est-ce pas un motif de plus pour le suivre, ne serait-ce que de loin, dans la rude, mais sûre voie de la pénitence? C'est la résolution que l'Eglise elle-même nous suggère dans la belle prière qu'elle lui adresse : *innocentem non secuti, pœnitentem imitemur*.

C'est le 21 juin 1591 que saint Louis de Gonzague, cet ange dans un corps mortel, s'envola vers Dieu. Et le monde chrétien tout entier se prépare à célébrer solennellement le troisième centenaire de cette mort bienheureuse. D'où vient que sa mémoire survit à tant de bouleversements et de ruines? Qu'a-t-il fait, cet enfant, dans ce monde si agité du seizième siècle au déclin duquel il meurt et que remplissent d'interminables guerres civiles et religieuses, qu'illustrent tant d'hommes d'autorité et de génie, savants, conquérants, réformateurs, lettrés? Il a passé inconnu, après avoir renoncé à toutes les espérances humaines.

Qu'a-t-il fait dans l'Eglise, au moment où, toujours féconde, elle produisait une légion de saints, grands papes, grands évêques, grands apôtres, grands docteurs? Ah! cet enfant a fait des merveilles dans sa vie si courte; il mérite l'éloge prononcé sur le berceau de Jean le Précurseur : « Pour toi, enfant, tu seras prophéte du

Très-Haut, tu marcheras devant la face du Seigneur pour préparer ses voies, pour apprendre aux hommes la science du salut. »

Voici trois siècles, en effet, que Louis de Gonzague exerce son apostolat dans l'Église. On est apôtre de bien des manières. A la même époque, François Xavier venait de conquérir à l'Évangile les Indes et le Japon; Pierre Clavier s'était fait l'esclave des esclaves; en Europe, Charles Borromée, Pierre Canisius, et tant d'autres avaient combattu l'hérésie et les mauvaises mœurs. Dans sa solitude, sainte Thérèse convertissait des milliers d'âmes par l'apostolat de la prière; et Louis de Gonzague, durant sa vie et depuis sa bienheureuse mort, n'a cessé d'être *l'apôtre du bon exemple* auprès de la jeunesse.

Ce qu'il prêche, c'est la piété solide et généreuse, affectueuse et fervente; c'est la pureté, fleur délicate qu'il place sous la sauvegarde de l'immaculée Mère de Dieu et entoure, comme d'une haie d'épines, de vigilance et de mortification; c'est surtout la charité qu'il pousse jusqu'à l'héroïsme et qui lui vaut d'entrelacer à la blanche couronne des vierges la couronne empourprée des martyrs.

Certes, le simple récit de sa vie, depuis trois siècles, a plus fait pour la cause de Dieu et de son Église que les plus éloquents discours et les plus savants écrits. Louis de Gonzague est une apologie vivante du catholicisme.

Et qui nous dira l'efficacité merveilleuse de cet apostolat de l'exemple? Qui comptera les âmes de jeunes gens, de jeunes filles, attirés sur les pas de Louis au sommet de la perfection chrétienne?

Or, c'est pour que l'aimable Patron de la jeunesse soit encore mieux connu, mieux aimé, mieux imité, que nous publions ce livre. Le récit qu'il contient est d'un témoin oculaire : le P. Virgile Cepari fut l'intime ami et le digne condisciple de Louis de Gonzague; celui-ci vivait encore, que déjà son pieux biographe écrivait, pour ainsi dire, jour par jour, les faits édifiants qu'il avait devant les yeux. Par malheur, le précieux ouvrage du P. Cepari a subi, à plusieurs reprises, l'affront d'une traduction française qui en altère gravement le caractère. Des éditeurs sont venus ensuite, qui ont modifié, retranché, sous prétexte de mettre le tout en meilleur style.

Il fallait donc recourir au texte authentique et faire passer en notre langue, autant que possible, la simplicité élégante de la forme, en respestant religieusement le fond. Nous avons suivi, dans notre travail, l'excellente édition donnée à Rome par P. Boero, en 1862 et dédiée à Pie IX de sainte mémoire. La correspondance et les écrits spirituels de saint Louis, le savant commentaire des Bollandistes (*Acta sanctorum*, T. IV Junii) nous ont fourni d'intéressants détails que nous plaçons en notes, pour ne rien changer à la déposition authentique de notre vénérable témoin.

Les gravures que n'accompagnent aucune mention spéciale, sont tirées d'un livre rare imprimé à Olmütz, en 1727, par les soins du P. Sigismond Wagner, sous ce titre : *Via viri in adolescentia, sive in primo œtatis flore Aloysii Gonzagœ matura sanctitas.* Les autres sont l'œuvre d'artistes tel que les Wierix, les Galle, Kilian, Klauber, de Cayre, Rubens, Paul Véronèse, etc. Toutes contribueront pour une large part à rendre la lecture de cette belle vie plus agréable et plus édifiante.

Ch. Clair, S. J.

Paris, 29 janvier 1891, fête de saint François de Sales.

PREMIÈRE PARTIE.

SAINT LOUIS DE GONZAGUE DANS LE MONDE.

> « Plaise à Dieu que nous sachions estimer toutes chose à sa valeur ! Nous verrons alors combien les honneurs que promet le monde sont vils en comparaison de ceux que Dieu nous réserve, »
> (Discours de saint Louis de Gonzague aux élèves du collège de la Compagnie de Jésus à Sienne, en 1590.)

LA VIE

DE

SAINT LOUIS DE GONZAGUE

CHAPITRE PREMIER.

DE SA FAMILLE ET DE SA NAISSANCE.

Saint Louis de Gonzague, dont nous entreprenons de raconter la vie, était le fils aîné des illustrissimes et excellentissimes seigneurs don Ferdinand de Gonzague, prince du Saint-Empire, marquis de Castiglione en Lombardie (1) et de donna Marta Tana Santena, de Chieri en Piémont.

Le marquis Ferdinand, père de saint Louis, était cousin au troisième degré du sérénissime seigneur don Guillaume, duc de Mantoue; son duché, héritage de ses aïeux, est situé entre Vérone, Mantoue et Brescia, non loin du lac de Garde. La marquise donna Marta était, elle aussi, d'une des plus nobles familles du Piémont, fille du seigneur Baltazar Tani, des barons de Santena et de donna Anna, des antiques barons della Rovere, cousine germaine du cardinal Girolamo della Rovere, archevêque de Turin.

---

(1) *Castiglione delle Stiviere*, à 39 kilom. N. O. de Mantoue et à 24 kilom. S. E. de Brescia, était alors place forte. Le château où naquit saint Louis de Gonzague fut détruit par les Français au XVIIe siècle. Les Français y vainquirent deux fois les Autrichiens en 1792.

Le mariage des parents de saint Louis se fit en Espagne de la manière que voici. Le marquis don Ferdinand était à la cour du roi catholique don Philippe II, où se trouvait également donna Marta, la plus aimée des dames d'honneur de la reine Isabelle de Valois, femme du roi et fille de Henri II de France. Le marquis, ayant eu occasion de connaître les nobles qualités de cette dame, eut un ardent désir de l'épouser, et après une mûre délibération, il s'en ouvrit à leurs Majestés qui l'approuvèrent. La reine daigna même assigner une riche dot à donna Marta, qu'elle combla de présents en témoignage de son affection.

Plus d'une circonstance fort édifiante servit à montrer quels fruits on pouvait attendre d'une telle union. A la première ouverture que la reine en fit à donna Marta, celle-ci fit dire une multitude de messes en l'honneur de la très sainte Trinité, du Saint-Esprit, de la Passion, de Notre-Dame, des saints Anges et d'autres encore, pour obtenir de Dieu la grâce d'accomplir ce qui serait le mieux. De plus, des lettres ayant été écrites en Italie pour obtenir le consentement des parents des deux partis, la réponse arriva à la cour au moment même où tout le monde s'efforçait de gagner l'indulgence d'un jubilé publié à Rome. Le jour de la fête de saint Jean-Baptiste, le marquis et donna Marta communièrent ensemble, remplirent les conditions du jubilé et échangèrent leurs promesses. Et le même jour, cette dame (comme elle-même me l'a raconté) prit la ferme résolution de se vouer désormais avec toute l'ardeur possible à la dévotion.

La reine, qui était sur le point de mettre au monde un enfant (1), ne voulut point se priver, en cette circonstance, de sa dame d'honneur et fit différer le mariage jusqu'à sa délivrance.

---

(1) Ce fut la princesse Isabelle-Claire-Eugénie, née le 11 août 1566, qui épousa l'archiduc Albert d'Autriche et fut gouvernante des Pays-Bas.

Il en fut fait ainsi, et par une heureuse coïncidence, ce fut encore le jour où se gagnait je ne sais quelle autre indulgence plénière, que le marquis et la marquise, de nouveau confessés et communiés, célébrèrent saintement leur mariage, comme il convient à de bons catholiques (1).

Chose qui me paraît digne d'être notée, ce mariage fut le premier contracté en Espagne suivant les règles et avec la solennité prescrites par le saint concile de Trente, dont les ordonnances venaient d'être promulguées dans ce royaume.

Ce grand acte accompli, le marquis obtint du roi et de la reine de retourner en Italie et de conduire son épouse dans ses États. Mais avant qu'il ne quittât la cour, le roi le nomma grand chambellan et lui assigna d'honorables revenus à prélever dans le royaume de Naples et dans le duché de Milan, pour la durée de sa vie et de celle de son fils. Peu après, il lui conféra, en Italie, le grade de capitaine des gens d'armes, dignité qui se retrouve aujourd'hui parmi les premiers princes italiens.

Arrivée à Castiglione et délivrée des embarras de la cour, la duchesse, qui d'ailleurs avait toujours été portée à la piété chrétienne, profita de ce loisir pour s'appliquer aux choses de la dévotion, conformément à la résolution qu'elle avait prise en Espagne. Elle sentit en elle un ardent désir d'avoir un fils qui servît Dieu dans l'état religieux et, à cette intention, elle offrit au Seigneur d'instantes prières. L'événement montra bien, ce semble, qu'elle avait été exaucée, puisque son fils aîné entra,

---

(1) Au mariage assistèrent, avec le roi et la reine, les deux archiducs Rodolphe et Ernest, fils de l'empereur Maximilien II.

« Bon catholique », Ferdinand de Gonzague le fut certainement et durant toute sa vie. Au procès de canonisation, un de ses serviteurs, Jacques de Bellarini, déclarait que « le marquis Ferdinand, père du bienheureux Louis, communiait environ tous les mois en costume de chevalier de saint Jacques. Et je le sais, ajoutait-il, pour l'avoir vu, ayant été au service à sa cour près de trente-cinq ans. »

vécut et mourut saintement dans la Compagnie de Jésus. Et ce n'est pas merveille sans doute qu'un fils si saint, désiré pour une fin si parfaite, ait été accordé aux prières d'une telle mère. Ne lisons-nous pas dans la sainte Écriture que Dieu s'est montré favorable à de tels désirs? Anne, priant dans le temple, n'obtint-elle pas l'enfant qu'elle avait consacré par avance au service de Dieu? N'est-ce pas aux supplications maternelles qu'est due la naissance de saint Nicolas de Tolentino, de saint François de Paule, de saint André Corsini et de plusieurs autres? Celui qui inspirait à la marquise de réclamer une faveur semblable, a donc pu la lui accorder et choisir pour son service l'enfant qui allait voir le jour.

Dieu eut tant de hâte de posséder Louis, qu'il voulut que son baptême prévînt en quelque manière sa naissance et que la bienheureuse Vierge, Reine du ciel, bénît dès lors l'enfant qui lui devait être si parfaitement dévoué. Et de fait, la marquise avait coutume de raconter qu'au moment de mettre son fils au monde, elle fut prise de telles douleurs qu'elle pensa mourir. Le marquis convoqua plusieurs médecins et leur recommanda, si l'on ne pouvait sauver l'enfant, d'assurer du moins le salut de son âme et la vie de sa mère. Mais tous les remèdes furent inutiles et l'on désespéra bientôt et de la mère et de l'enfant. Voyant que tous les secours humains étaient impuissants, la malade eut alors recours à ceux du ciel et spécialement à l'intercession de la bienheureuse Vierge, Mère de miséricorde, et mandant son mari, elle fit vœu, avec son assentiment, d'aller en pélerinage à la *santa Casa* de Lorette et d'y porter l'enfant, s'il survivait. La promesse à peine faite, le danger s'évanouit, et Louis vint au monde, déjà purifié par le saint baptême; Marie avait sauvé tout ensemble et le fils et la mère.

Saint Louis naquit donc au château de Castiglione, capitale des États de son père, au diocèse de Brescia, sous le pontificat

Saint Louis est voué par sa mère à la Sainte Vierge.

du pape saint Pie V, le 9 mars 1568, un mardi. Sa mère, aussitôt qu'elle le reçut dans ses bras, le marqua du signe de la croix et lui donna sa bénédiction. Une heure entière, l'enfant demeura sans mouvement, de sorte qu'on ne savait s'il était vivant ou mort; puis, comme réveillé d'un profond sommeil, il poussa un léger vagissement; après quoi, il resta fort tranquille, sans crier, comme font d'ordinaire les nouveau-nés. Ce qui peut passer pour un présage de cette douceur innée et de cette aménité charmante dont il donna plus tard l'exemple.

Les cérémonies du baptême furent suppléées avec une grande solennité, le 20 avril de la même année, en l'église de saint Nazaire, par monseigneur Jean-Baptiste Pastorio, archiprêtre de Castiglione. L'enfant reçut le nom de Louis, que portait déjà le père défunt du marquis. Le parrain fut le sérénissime don Guillaume, duc de Mantoue, qui députa à Castiglione don Prosper de Gonzague, son cousin. Celui-ci, au nom de son Altesse, tint Louis sur les fonts, comme l'atteste le registre de la paroisse, où j'ai noté, entre autres choses, que, tandis que tous les autres certificats de baptême sont rédigés en italien, seul celui de Louis, soit par respect pour sa personne, soit par une particulière inspiration de Dieu, porte ces paroles latines si bien vérifiées en lui : *sit felix carusque Deo ter optimo, terque maximo, et hominibus in æternum vivat!* Qu'il soit heureux et cher à Dieu trois fois bon, trois fois grand, et pour le bien des hommes qu'il vive éternellement!

CHAPITRE II.

DE L'ÉDUCATION DE SAINT LOUIS JUSQU'A L'AGE DE SEPT ANS.

Avec quel soin, avec quelle diligence fut élevé Louis dès l'âge le plus tendre, chacun peut aisément l'imaginer en songeant qu'il devait, comme fils aîné, hériter non seulement du marquis son père, mais encore de ses deux oncles paternels, dont l'un, Alphonse de Castel Giuffredo, n'avait qu'une fille, et l'autre, Horace de Solferino, était sans enfants. Leurs fiefs d'empire revenaient donc nécessairement à Louis.

La marquise, pieuse comme elle l'était, désira que son fils, tout jeune encore, s'appliquât à des actes de dévotion. A peine sa langue commençait-elle à se délier, elle lui apprit elle-même à faire le signe de la croix, à prononcer les noms sacrés de Jésus et de Marie, à réciter le *Pater noster*, l'*Ave Maria* et d'autres prières. Elle voulut que ceux qui le servaient et l'approchaient fissent de même, et elle réussit tellement bien, que de la beauté de cette aurore on pouvait augurer déjà combien grande serait la splendeur du jour. Aussi les femmes qui étaient alors au service de la marquise et prenaient soin de l'enfant, s'accordèrent-elles à témoigner de la très grande piété et de la crainte de Dieu dont il donnait déjà des preuves. On raconte de lui deux faits assez notables : c'est d'abord qu'il se montrait plein de compassion pour les pauvres et ne pouvait les voir sans désirer de leur faire l'aumône ; puis, que, dès qu'il fut en état de marcher par la maison, il aimait souvent à se cacher, et quand on le cherchait, on le retrouvait en quelque coin, retiré pour y faire oraison. On en était ravi, et dès lors on prédisait qu'il deviendrait un saint. D'autres ont déposé sous serment, entre autres Camille Maynardi (1), qu'en portant l'enfant dans leurs bras, ils ressentaient un mouvement intérieur de dévotion et croyaient que c'était un ange du paradis.

La marquise se plaisait à voir les progrès de son fils dans la piété ; mais son mari, qui avait l'humeur guerrière et devait à sa valeur les honneurs dont l'avait comblé le Roi Catholique, formait le projet d'acheminer Louis dans la même voie. Aussi, dès que l'enfant atteignit sa quatrième année, il lui fit faire de petites arquebuses, des bombardes et d'autres armes proportionnées à sa taille et faciles à manier. Obligé de se rendre à Casal, ville du territoire de Crémone, dans le Milanais, pour préparer l'expédition de Tunis où, par ordre du Roi Catholique, il avait à conduire trois mille fantassins italiens, il enleva Louis, alors âgé de quatre à cinq ans, aux mains des femmes et aux soins de sa mère, et l'emmena avec lui. Les jours de revue, il le plaçait au front de bataille couvert d'une armure légère et la pique sur l'épaule, heureux de le voir prendre plaisir à l'exercice.

Louis demeura quelques mois à Casal, et comme à cet âge on imite volontiers tout ce qu'on voit faire, en jouant et en conversant tout le jour avec les soldats, il prit l'esprit militaire et sem-

_____
(1) Il avait épousé Camilla Ferrari, une des dames de la marquise Marta de Gonzague.

bla touché de la gloire des armes à laquelle son père l'excitait par ses paroles et par son exemple. Souvent il arriva qu'en ma-

La mère de saint Louis lui apprend à prier.

niant l'arquebuse, il mit sa vie en danger ; mais il fut protégé par la Providence qui le réservait à une destinée meilleure.

Un jour, en particulier, en déchargeant son arme, il mit le

feu à la poudre qu'il portait et se brûla tout le visage. Et un autre jour, en été, tandis que le marquis reposait sur le midi et que la plupart des soldats dormaient, de lui-même, chose étonnante à son âge, il chargea une petite pièce d'artillerie de la forteresse, y mit le feu, et peu s'en fallut que, dans le recul du canon, la roue ne lui passât sur le corps.

Réveillé par le bruit et craignant quelque révolte, le marquis envoya voir ce qui en était, et l'ayant appris il voulut châtier l'enfant; mais les soldats, charmés de tant d'ardeur en un âge si tendre, obtinrent son pardon. Plus tard, étant religieux, Louis racontait ce fait et d'autres semblables pour montrer de quels périls l'avait préservé la bonté divine. Il lui restait encore quelque scrupule d'avoir dérobé cette poudre aux soldats; mais il s'en consolait en pensant que, s'il la leur eût demandée, ils la lui auraient donnée volontiers.

Quand le marquis partit pour Tunis avec ses troupes, il renvoya Louis à Castiglione où celui-ci mena la même vie qu'à Casal. En causant avec les soldats, il apprit quelques paroles libres et malséantes, trop communes à ces gens-là; et il commençait à les avoir à la bouche, sans en savoir d'ailleurs la signification, ainsi qu'il l'avoua lui-même au Père Jérôme Piatti, auquel il racontait toute sa vie dans le monde. Or, un jour, le seigneur Pierre-François del Turco, son gouverneur, l'en reprit de telle sorte que jamais depuis, m'assura ce dernier, on ne l'entendit rien dire qui ne fut de la plus exquise décence.

Quelqu'un tenait-il devant lui des propos déshonnêtes, aussitôt il rougissait et baissait les yeux ou bien il s'éloignait, pour témoigner son aversion et son déplaisir. D'où l'on doit conclure que s'il avait eu conscience de ce qu'il disait, jamais il n'aurait usé de semblables paroles. Ces mots qu'il avait prononcés sans en soupçonner le sens, quand il était tout petit enfant, sont la plus grande faute que je trouve dans toute la vie de Louis.

Saint Louis est sauvé d'un grand danger par son ange gardien.

Averti de leur inconvenance, il en resta si confus qu'il dut s'imposer une extrême violence pour en faire l'aveu à son confesseur, tant était profonde la honte naïve qu'il en ressentait! Bien plus, durant toute sa vie, il s'en accusait comme d'un très gros péché ; et comme il n'eut jamais rien de plus grave à se reprocher, pour se mortifier et s'humilier davantage il avait coutume, étant religieux, d'en faire confidence à ses plus intimes amis, dans la pensée de leur montrer combien il était mauvais dans son enfance.

Il est à croire que Dieu, par une providence singulière, permit cette légère défaillance afin que, parmi tant de dons surnaturels et de vertus dont la divine bonté avait enrichi son âme, il eût quelque occasion de s'abaisser au souvenir d'une faute qui, vu son jeune âge et son peu de discernement, n'en était probablement pas une.

Comme saint Grégoire le raconte de saint Benoît, Dieu voulait ainsi lui faire retirer le pied qu'il avait déjà dans le monde.

Quand il atteignit sa septième année, âge où, d'après le sentiment commun des philosophes et des saints docteurs, les enfants ont d'ordinaire l'usage de la raison et commencent d'être capables de vice ou de vertu, il se donna si bien à Dieu, se consacra si complètement au service de la divine Majesté, qu'il avait coutume de regarder ce temps comme celui de sa conversion. Si bien, qu'en rendant compte de sa conscience à ses Pères spirituels, il leur signalait cette grâce comme un des plus notables bienfaits de la main divine, disant qu'à *l'âge de sept ans, il s'était converti du monde à Dieu.*

Et de quelles faveurs célestes il fut prévenu dès le premier usage de sa raison, il est aisé de le conclure de ce seul fait. Quatre de ses confesseurs, qui, en divers temps et en divers lieux, dans le siècle ou dans la religion, entendirent ses confessions générales, dont la dernière, peu avant sa mort, fut reçue par l'illustre cardinal Robert Bellarmin, ont tous affirmé par écrit, sans aucune entente préalable, que Louis, dans tout le cours de sa vie, ne commit pas un seul péché mortel et ne perdit jamais la grâce du saint baptême.

Chose d'autant plus merveilleuse que, durant les années les plus critiques, il ne vivait pas dans la retraite, à l'ombre d'un

ROBERTVS CARDINALIS BELLARMINVS
E societate Jesu, vixit annos 79. obiit 17. Sept. 1621.

cloître, loin des occasions, parmi les serviteurs de Dieu, dans la pratique de ces saints exercices qui mettent en garde contre le mal, mais qu'il passa les années de l'enfance à la cour de son père, bien plus, à la cour du grand duc de Toscane et du roi d'Espagne, dans le commerce des seigneurs, des princes et de gens de toute sorte.

Néanmoins, parmi les délices de la maison paternelle, au milieu des tentations et des dangers des cours, il conserva toujours pure et sans tache la robe baptismale. Aussi le cardinal Bellarmin, parlant un jour des vertus de Louis dont plusieurs, et j'étais du nombre, gardaient le souvenir très vivant, disait-il avec raison qu'on devait croire que la divine Providence ne cesse jamais de donner à l'Église militante des saints confirmés en grâce durant toute leur vie. Et il ajoutait : « Et je tiens, pour ma part, que l'un de ceux-là est notre Louis de Gonzague, car je sais tout ce qui s'est passé dans cette âme. » Le cardinal en apportait en preuve un fait qui paraîtra vraiment admirable à quiconque est au courant des choses spirituelles et considère ce que vaut un tel témoin. « Louis, disait-il, depuis l'âge de sept ans jusqu'à sa mort, a toujours mené *la vie parfaite*, privilège dont je laisse aux sages à estimer la grandeur. »

Dieu voulut, ce semble, que les démons eux-mêmes rendissent témoignage à la sainteté de ce petit enfant et à la gloire qui lui était réservée dans le ciel. Un religieux Franciscain de l'Observance, que tout le monde estimait un saint, passant vers ce temps-là à Castiglione, s'arrêta dans un monastère de son ordre du nom de Sainte-Marie, à un mille environ de la ville. Aussitôt une grande multitude de gens accourut pour le voir et se recommander à ses prières. Et comme le bruit s'était répandu qu'il faisait des miracles, on lui amena plusieurs personnes possédées du malin esprit, afin qu'il les délivrât. Or, tandis que les Pères étaient à l'Église occupés à faire les exorcismes en présence de tout le peuple et de plusieurs grands personnages parmi lesquels se trouvait le petit Louis, avec son jeune frère Rodolphe, les énergumènes commencèrent à crier en le montrant du doigt : « Voyez-vous celui-là ? Il ira au ciel et sera comblé de gloire. » Ces paroles furent remarquées et tout Castiglione les répéta. Et à cette heure il est encore des témoins qui les ont attestées sous serment.

Sans doute on ne doit pas ajouter foi aux démons qui sont les pères du mensonge; néanmoins ils sont souvent contraints par Dieu même, pour leur plus grande confusion, de dire la vérité, et l'on peut croire qu'il en fut ainsi cette fois, puisque, de fait, ce saint enfant était dès lors regardé comme un ange.

Chaque jour, à la maison, seul ou en compagnie, il s'appliquait aux pratiques de dévotion, récitant toujours à genoux les sept psaumes de la pénitence, l'office de Notre-Dame et d'autres prières. Il s'agenouillait sur la terre nue, refusant le coussin qu'on lui offrait.

En ce temps-là, Louis, durant dix-huit mois, fut en proie à la fièvre quarte; il supporta son mal avec grande patience et ne voulut jamais omettre les psaumes graduels, les sept psaumes de la pénitence et ses autres oraisons accoutumées. Et s'il se trouvait plus faible, il mandait une des femmes au service de sa mère et la priait de l'aider.

Tels furent les premiers fondements de l'édifice spirituel que Louis, dès l'âge de sept ans, commençait à poser. Ce n'est donc pas merveille s'il en éleva plus tard si haut le faîte, comme nous le dirons dans la suite de cette histoire.

BEATI MUNDO CORDE

CHAPITRE III.

COMMENT LOUIS FUT CONDUIT PAR SON PÈRE A FLORENCE OU IL FIT VŒU DE VIRGINITÉ. — SES PROGRÈS DANS LA VERTU.

A son retour de Tunis, le marquis don Ferdinand passa plus de deux ans à la cour d'Espagne; puis, revenu à Castiglione, il trouva Louis, non plus enclin aux armes, comme il l'avait laissé, mais l'esprit recueilli et tout occupé des choses de la piété. Surpris de voir tant de sens et de maturité chez un enfant, il s'en réjouit à la pensée qu'il serait un jour fort capable de gouverner son État.

Mais Louis, alors âgé de huit ans, formait de tout autres projets. Le soin de sa perfection l'absorbait tout entier; il résolut de s'en ouvrir à sa mère. Souvent il lui avait entendu dire que, puisque Dieu lui avait donné plusieurs enfants, elle serait heureuse d'en voir un religieux. Un jour qu'il était seul avec elle : « Madame ma mère, lui dit-il, vous avez manifesté le désir d'avoir un fils religieux : je crois bien que Dieu vous en fera la grâce. » Et une autre fois, reprenant le même entretien, il ajouta : « Et je crois que ce sera moi. »

La marquise fit semblant de ne pas entendre, parce qu'il s'agissait de son fils aîné. Toutefois, elle en garda l'impression et commença de croire qu'il en serait ainsi en voyant Louis si appliqué à la dévotion.

Il est vrai qu'en ce temps-là, comme il l'attestait lui-même étant déjà religieux, il ne s'était encore arrêté à aucun parti, mais se contentait de mener une vie très fervente.

Cependant des bruits de peste inquiétaient toute l'Italie. Le marquis, redoutant le fléau, voulut aller à Montferrat avec sa famille. Il y fut pris de violents accès de goutte, et sur le conseil des médecins, il se résolut d'aller aux bains de Lucques où il emmena, avec Louis, son second fils Rodolphe, qui souffrait de je ne sais quel mal. Il désirait les laisser, au retour, à Florence, auprès du sérénissime don François de Médicis, grand-duc de Toscane, pour témoigner son amitié à ce prince qu'il avait connu à la cour du roi d'Espagne, et aussi pour familiariser davantage ses enfants avec le beau dialecte toscan.

Il se mit en route avec eux au commencement de l'été de 1577, laissant la marquise très affligée du départ de ses fils encore si jeunes, et se rendit à Lucques, puis à Florence. Mais, arrivé dans le voisinage de la ville dont les abords étaient sévèrement gardés par crainte de la peste, il se retira dans une villa de son parent, Jacques del Turco, aux environs de Fiesole (1).

C'est de là que le marquis fit savoir au grand duc qu'il était venu pour lui rendre visite; et dès qu'il eut sa réponse, il fit son entrée dans Florence et fut reçu au palais avec de grandes démonstrations d'amitié.

Il présenta ses fils à Son Altesse qui aurait voulu les garder

---

(1) La chambre où Louis demeura fut transformée plus tard en oratoire. Par indult pontifical, on y célèbre la messe, même les jours de fête. Les étriers dont Louis se servait pour monter à cheval y sont conservés et les malades qui les vénèrent sont souvent délivrés de leurs maux.

auprès d'elle. Mais, le marquis, désirant les voir s'appliquer sérieusement à l'étude, le grand-duc leur assigna un logement rue des Anges (1).

Avant de partir, Ferdinand de Gonzague leur laissa pour gouverneur don Pierre-François del Turco, plus tard majordome de Jean de Médicis, dont il avait éprouvé, durant plusieurs années, la fidélité à son propre service. Pour camérier, il leur donna le sieur Clément Ghisoni, depuis majordome du marquis de Castiglione. Un saint prêtre, Jules Bresciani, de Crémone, fut chargé de surveiller leur conduite et de leur enseigner la langue latine. Enfin leur maison fut montée d'une manière digne de leur rang.

Louis avait neuf ans accomplis, quand son père le laissa à Florence; il y passa deux années à étudier le latin et l'italien; les jours de fête, il allait à la cour. Au début, pour obéir à son gouverneur, il se prêtait à quelques jeux innocents, bien qu'il n'y prît aucun plaisir. La sérénissime duchesse de Mantoue, Éléonore de Médicis, raconte qu'étant enfant, elle et sa sœur, donna Maria, depuis reine de France, invitaient quelquefois Louis à venir jouer au jardin; mais il avait coutume de répondre que le jeu ne l'amusait pas, et qu'il préférait dresser de petits autels ou s'occuper à d'autres pieux divertissements.

Dès les premiers temps de son séjour à Florence, Louis fit de grands progrès dans la vie spirituelle. Aussi se plaisait-il à proclamer cette ville le berceau de sa dévotion. Il conçut, en particulier, une telle tendresse pour la bienheureuse vierge

---

(1) Cette maison, *via degli Angeli*, fut, en souvenir du saint et par ordre du grand-duc Cosme III, ornée au dehors du portrait de Louis et d'une inscription gravée sur le marbre. Plus tard, elle fut richement décorée au dedans par le docteur Antoine Pistolesi, son propriétaire ; par la permission du Pape, on y fait la fête du bienheureux et on y célèbre également la messe.

Notre-Dame de l'Annunziata, à Florence.

Notre-Dame, qu'il ne pouvait parler d'elle ou penser aux mystères de sa vie, sans s'épanouir d'une joie toute céleste. A quoi l'aidait beaucoup la tendre piété que le peuple de Florence témoigne envers l'image vénérée de l'*Annunziata*, non moins que la lecture du livre que le P. Gaspard Loarte, de la Compagnie de Jésus, a écrit sur les mystères du saint Rosaire.

Un jour, qu'il avait ce livre en main, il se sentit enflammé du désir de faire quelque chose d'agréable à Notre-Dame, et la pensée lui vint que rien ne saurait plaire davantage à l'immaculée Reine du ciel que d'imiter le plus parfaitement possible sa pureté sans tache en faisant vœu de virginité.

Étant donc en prière, dans l'église de l'*Annunziata*, devant l'image de la bienheureuse Vierge, il fit, en son honneur, le vœu de virginité perpétuelle; et la manière dont il le garda durant sa vie entière prouve évidemment que Dieu se complut dans cette offrande et que la bienheureuse Vierge l'entoura d'une particulière protection. Ses confesseurs, nous l'avons dit, entre autres le cardinal Bellarmin, dans sa déposition juridique, et plus en détail le P. Jérôme Piatti, dans un écrit latin qu'il a laissé, déclarent que Louis n'eut jamais la moindre mauvaise impression des sens, la moindre imagination ou pensée contraire au vœu qu'il avait fait. Chose qui surpasse tellement les forces de la nature humaine, qu'on voit bien que ce fut l'effet d'une grâce extraordinaire de Dieu obtenue par l'intercession de sa très sainte Mère.

Quant à la valeur d'un tel privilège, il suffit pour l'apprécier, de se souvenir que saint Paul demanda par trois fois d'être délivré de l'aiguillon de la chair. Pour en triompher, saint Jérôme, dans son désert, se frappait à coups redoublés la poitrine avec une pierre; saint Benoît se jetait au milieu des épines;

saint François se roulait dans la neige et saint Bernard entrait dans l'eau glacée d'un lac pour y éteindre les feux de la concu-

Saint Louis fait vœu de virginité aux pieds de Notre-Dame de l'*Annunziata*.

piscence. Bien petit est le nombre des saints qui, par une faveur exceptionnelle de la grâce divine, sont arrivés à une parfaite et totale domination des sens. Encore n'ont-ils obtenu ce don qu'à force de larmes et de prières. Tel fut le saint abbé

Equitius, dont parle saint Grégoire dans ses dialogues, lequel, tourmenté dans sa jeunesse par ces pénibles tentations, obtint, par une oraison continuelle, que Dieu lui envoyât un ange pour l'en délivrer, si bien qu'il semblait une âme affranchie de son corps. Cassien raconte de l'abbé Sérénus qu'après bien des jeûnes, des prières et des gémissements, il conquit la pureté du cœur et de l'esprit, et reçut, au prix de nouvelles austérités du jour et de la nuit, lui aussi par le ministère d'un ange, un don si parfait de chasteté corporelle, qu'il n'éprouvait jamais le moindre mouvement déréglé, même durant le sommeil. En un temps plus voisin de nous, l'angélique docteur saint Thomas, ceint miraculeusement de la main des anges, reçut une grâce pareille, après qu'armé d'un tison il eut mis la tentation en fuite.

Et certes on ne peut attribuer, en saint Louis, cette absolue possession de tout lui-même à je ne sais quelle insensibilité naturelle. Il était, en effet, de complexion sanguine, d'un caractère ardent, comme l'attestent tous ceux qui l'ont intimement connu. Il faut donc avouer qu'il fut prévenu d'une grâce extraordinaire et de la particulière faveur de cette bienheureuse Vierge à laquelle il témoignait tant de respect, tant de dévotion et une si filiale confiance.

Mais il est vrai qu'il mit un soin extrême à coopérer à ce don divin. Quoiqu'il n'éprouvât aucune tentation de ce genre, son amour de la pureté lui inspirait une continuelle vigilance sur lui-même, sur tous ses sens et particulièrement sur ses yeux; jamais il ne les portait sur aucun objet qui pût lui causer le moindre trouble. De là cette habitude qu'il avait d'aller par les rues les yeux baissés. Par-dessus tout, il eut soin, sa vie entière et dans tous les lieux où il se trouvait, d'éviter la conversation des femmes; il fuyait leur présence de manière à faire croire à une antipathie naturelle (1).

Si parfois la marquise, sa mère, pendant qu'il était à Castiglione, lui envoyait quelqu'une de ses dames pour lui porter un ordre, il s'avançait à la porte, sans la laisser entrer, l'écoutait, lui donnait la réponse, les yeux toujours baissés, et la renvoyait.

Bien plus, il éprouvait quelque embarras à se trouver seul avec la marquise, tant il poussait loin la vigilance et la circonspection. Il était convenu avec son père qu'on ne l'obligerait jamais à converser avec les femmes; et pour ne pas le contrister, on accédait à son désir. Lui-même avoua qu'il n'avait, en aucune rencontre, arrêté les yeux sur aucune des dames de sa parenté.

C'est à Florence qu'il commença à se confesser plus fréquemment. Son gouverneur lui assigna pour directeur le Père François della Torre, qui en ce temps-là était recteur du Collège de la Compagnie de Jésus. La première fois qu'il vint à lui, il se présenta avec tant de révérence et de respect, avec tant de confusion et de honte, qu'on l'eût pris pour le plus grand pécheur du monde. A peine aux pieds du confesseur, il se sentit défaillir et son gouverneur dut lui venir en aide et le ramener à la maison. Quand il se rendit de nouveau au saint tribunal, il fit une confession générale, qui, nous disait-il plus tard, l'avait

---

(1) Étant encore tout enfant, il jouait un jour, sous les yeux de sa mère, avec des petits garçons et des petites filles de son âge, parmi lesquelles se trouvait Camilla Ferrari qui conta plus tard le fait au Père Bartoli, comme celui-ci l'a consigné dans sa vie de saint Stanislas Kostka. Ceux qui perdaient au jeu, donnaient un gage et devaient faire la pénitence qu'on leur imposait. Or, Louis, condamné à baiser l'ombre d'une petite fille, qui se projetait sur le mur et y formait une image grotesque, s'y refusa et resta tout confus et la rougeur au front.

(*Acta sanctorum*, t. IV junii.)

comblé de consolation. A cette occasion, il rentra davantage en lui-même, commença une vie plus spirituelle, examinant tous

Saint Louis confesse les fautes les plus légères avec une extrême douleur.

ses actes avec grande diligence pour découvrir la racine de ses défauts et les corriger.

Il remarqua d'abord que son tempérament sanguin donnait

lieu à des mouvements intérieurs de colère qui, pour ne pas se trahir au dehors, ne laissaient pas de troubler son âme. Pour se vaincre, il se prit à considérer combien cette passion est brutale, et il disait le comprendre d'autant mieux que, le calme rétabli, il s'apercevait bien que, durant l'accès, il n'avait plus la possession de lui-même. Ces réflexions le frappèrent tellement, que jamais depuis, malgré son naturel vif et bouillant, il ne laissa paraître les moindres signes d'impatience.

De plus, il s'aperçut qu'il lui échappait, dans la conversation, quelques paroles contre la charité, lesquelles, il est vrai, disait-il lui-même, allaient à peine au péché véniel. Néanmoins, il en fut si mortifié que, pour n'avoir plus à s'accuser de semblables fautes, il s'abstint de la conversation des étrangers et même des gens de la maison, vivant le plus souvent dans la solitude, afin de ne rien dire ou entendre qui pût blesser la pureté de sa conscience.

Quelques-uns taxaient sa réserve de scrupule; mais il se souciait peu de ces jugements.

Il devint si obéissant à ses maîtres, que son gouverneur affirmait qu'il prévenait leurs ordres dans les moindres choses. Et s'il voyait son jeune frère Rodolphe supporter avec peine les reproches, il l'exhortait aimablement à se montrer toujours soumis.

Il parlait à ses serviteurs avec tant d'égards et de modestie, qu'ils en demeuraient confus. Eux-mêmes m'ont raconté qu'il n'usait jamais de paroles impérieuses, mais se contentait de dire : « Pourriez-vous faire ceci sans vous incommoder »; ou bien encore : « Je désirerais cela, si je ne vous suis pas importun. »

Il évitait, en s'habillant devant son valet de chambre, tout ce qui pouvait blesser la plus rigoureuse décence. Chaque jour, il entendait la messe, et les jours de fête il assistait de plus aux

Éléonore d'Autriche, duchesse de Mantoue, et sa belle-fille. (Portrait par Rubens.)

vêpres. Ne sachant pas encore ce qu'était l'oraison mentale, il s'appliquait à la prière vocale, récitant les matines au point du jour, faisant le soir d'autres exercices, et comme je l'ai dit, toujours à genoux et avec grande attention.

Et bien qu'il n'eut pas encore l'idée arrêtée de quitter le monde, il prit la ferme résolution, s'il y demeurait, de mener la vie la plus sainte et la plus parfaite qu'il lui serait possible.

Ainsi, dès l'âge le plus tendre, Louis était parvenu à une maturité de conduite, à un degré de perfection où plusieurs arrivent à peine après plusieurs années de religion (1).

(1) Voici la déposition faite au procès de canonisation par Clément Ghisoni, camérier ou valet de chambre de Louis : « A Florence, Louis menait une vie sainte, pure, innocente, s'abstenant des fêtes et des bals, bien que son père eût désiré, sans toutefois l'y contraindre, le voir prendre part à ces plaisirs... Je me souviens que tout jeune encore, il apaisait tous les différends qui pouvaient s'élever dans la maison. Un jour que je me disputais, comme il arrivait trop souvent, avec le seigneur Antoine del Turco, son gouverneur, le petit Louis sortit de sa chambre, me prit par le bras et me conduisant chez lui, me fit l'admonition fraternelle. »

« Je me rappelle, dit un autre témoin, que Louis visitait chaque jour l'*Annunziata* et qu'il avait pour l'image de Notre-Dame une grande dévotion. »

L'*Annunziata* est, à Florence, l'église des Pères Servites. On y vénère une image de la très sainte Vierge qui, d'après la tradition, avait été peinte par la main d'un ange. Les grands-ducs avaient coutume d'aller y prier tous les jours.

Éléonore de Médicis, duchesse de Mantoue, déposa au même procès : « J'ai bien connu Louis, j'ai souvent conversé avec lui et j'ai remarqué qu'il était ami du silence et de la solitude, fuyant les compagnies et les jeux pour s'entretenir avec Dieu. Aussi nos gouvernantes nous le montraient du doigt, à nous jeunes filles, et nous engageaient à le prendre pour modèle. »

Nous possédons une lettre de saint Louis de Gonzague à son père, écrite de Florence (avril 1578). Il avait alors dix ans et quelques mois. On en lira avec intérêt la traduction.

« Monseigneur et Père,

« La lettre de Votre Seigneurie illustrissime, du 6 de ce mois, nous a attristés, parce que vous disiez avoir souffert les douleurs de la goutte accompagnée d'un peu de fièvre, bien que cependant les deux maladies allassent en diminuant. Une autre de Madame notre mère, datée du 8, nous a consolés, en nous faisant savoir que vous étiez complètement guéri. Grâces en soient rendues à la divine Majesté!

« Nous avons été voir hier les obsèques de la grande duchesse (1) qui ont été très belles et ont duré trois heures. Voici quelle en était l'ordonnance. D'abord, il y avait l'étendard de Saint-Laurent (2), puis la croix ; cent cinquante pauvres les escortaient, vêtus de deuil, avec des torches allumées ; suivaient les religieux non seulement de la ville, mais de tous les environs, au nombre de trois mille, de dix-huit ordres différents, avec des cierges blancs d'une livre. Ensuite venaient les *Piagnoni* (pleureurs) avec leurs robes traînantes suivant l'usage ; les pages, les chevaliers, les seigneurs de la cour, tous en deuil

(1) La grande duchesse Jeanne, fille de l'empereur Ferdinand Ier et épouse de François-Marie de Médicis, morte le dimanche 6 avril 1578.
(2) L'église ducale.

avec des torches, enfin le corps sous un baldaquin. Le corps était porté par des seigneurs titrés, et le baldaquin par des gentilshommes de la cité. Derrière marchait le grand-duc, portant le long manteau de deuil et la barrette de ville, avec le reste de la cour et la garde armée. Lorsqu'il eut accompagné le corps jusqu'à Saint-Laurent, il rentra au palais.

« Nous continuons nos exercices de piété et nos études; nous nous portons bien. Rien autre chose, si ce n'est que, pour terminer, nous vous baisons les mains, ainsi qu'à Madame notre mère, à notre petite sœur (Isabelle) et à notre frère (Charles) (1).

« De Votre Seigneurie illustrissime le bon fils.

« LOUIS DE GONZAGUE. »

(1) Charles était le 3ᵉ et Isabelle la 4ᵉ enfant du marquis.

Saint André portant le reliquaire du Précieux Sang.
(Monnaie de Mantoue. — Cabinet des médailles à Paris.)

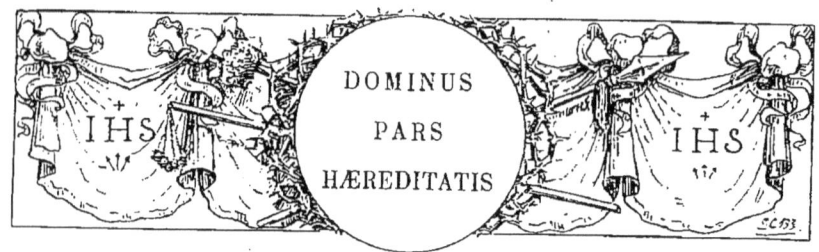

CHAPITRE IV.

COMMENT LOUIS, RAPPELÉ A MANTOUE, PRIT LA RÉSOLUTION D'EMBRASSER L'ÉTAT ECCLÉSIASTIQUE.

Il y avait deux ans que Louis était à Florence, lorsque son père, ayant été fait gouverneur de Montferrat par le sérénissime duc de Mantoue, voulut que ses deux fils vinssent à la cour de ce prince. Louis, avec l'assentiment du grand duc de Toscane, partit au mois de novembre 1579; il avait alors onze ans et huit mois.

Il continua de mener la même vie qu'à Florence, et de plus il prit une importante résolution : ce fut de laisser à son frère Rodolphe le marquisat de Castiglione dont il avait, comme aîné, reçu l'investiture de l'empereur.

Il avait déjà fait vœu de virginité; mais une maladie dont il fut alors attaqué, lui fournit l'occasion de rompre les derniers liens qui le retenaient encore au monde. Pour obéir aux médecins qui pensaient combattre ainsi le mal, il s'astreignit à une diète si rigoureuse, que c'est merveille qu'il n'en soit pas mort. S'il lui arrivait, ce qui était rare, de manger un œuf entier, il estimait avoir fait un bon repas. Or, il persévéra dans ce jeûne austère, non seulement durant l'hiver qu'il passa à Mantoue, mais encore pendant tout l'été à Castiglione, contre l'avis des médecins et de tous les autres, non par raison de santé, comme on le croyait, mais par esprit de dévotion. C'est ce qu'il avouait plus tard lui-même en confession au P. Jérôme Piatti.

Guillaume de Mantoue. (Cabinet des Estampes, à Paris.)

Si un pareil traitement le délivra de son infirmité, il fut, d'autre part, très nuisible à son estomac qui s'affaiblit au point de ne pouvoir recevoir ou retenir aucune nourriture. L'embonpoint dont il jouissait fit place à une maigreur excessive et, malgré son heureuse complexion, il tomba dans une extrême langueur. Mais il retira pour son âme un avantage inappréciable à ses yeux, c'est que son état lui servit d'excuse pour éviter les amusements auxquels, sans cela, sa position à la cour l'aurait condamné. Il ne sortait guère que pour visiter quelque église ou pour s'entretenir de choses spirituelles avec des religieux. S'il se rendait chez son oncle, Prosper de Gonzague, il entrait aussitôt dans la chapelle pour y faire oraison, puis il entretenait ce seigneur et d'autres personnes de la maison des choses de Dieu avec tant d'ardeur et d'élévation, que tous ceux qui l'écoutaient en étaient dans l'admiration et le tenaient pour un saint (1).

Il passait le reste du temps, retiré dans son logis, à lire les vies des saints écrites par Surius, à quoi il prenait grand plaisir. Ou bien il s'occupait à réciter l'office divin ou d'autres prières. Et il fit de tels progrès dans la piété, que, dégoûté de toute relation mondaine, de plus en plus ami de la solitude, il se détermina à céder son marquisat à Rodolphe et à prendre les saints ordres, non pas pour obtenir des dignités ecclésiastiques, car il refusa constamment toutes celles qui lui furent offertes, mais uniquement pour vaquer plus librement au service de Dieu.

Cette résolution prise, il pressa le marquis son père de le rappeler de la cour, afin de s'appliquer plus commodément à l'étude, mais sans lui rien dire encore de ses projets (2).

---

(1) « Je me souviens, dit son fidèle serviteur Ghisoni, que, par ordre du marquis Ferdinand, Louis vint de Florence à Mantoue où il habita six mois le palais qu'on nomme *palais de l'abbé de Gonzague*. Là, il ne s'occupait que de Dieu, fuyant les jeux, les comédies et les autres divertissements de la cour... Si quelqu'un d'entre nous lui faisait observer qu'il était prince et seigneur, il répondait : *Mieux vaut servir Dieu que de régner sur toute la terre*. C'est ce que j'ai plusieurs fois entendu de sa bouche, et dès lors je mettais cet enfant au nombre des saints. » (*Procès de canonisation*.)

(2) « Quand il revint de Mantoue à Castiglione, amaigri par la diète et le jeûne, ses parents s'indignèrent d'abord contre son gouverneur qui s'excusa sur ce que l'enfant refusait obstinément de manger. Et il fallut bien convenir qu'il avait raison ; car, sous les yeux même de son père et de sa mère, Louis continua les mêmes mortifications. » (*Procès de canonisation*.)

CHAPITRE V.

LOUIS RETOURNE A CASTIGLIONE; IL Y REÇOIT DE DIEU LE DON D'ORAISON ET COMMENCE A FRÉQUENTER LES SACREMENTS.

Les princes de Gonzague ayant coutume, quand vient l'été, de se disperser en divers lieux pour échapper aux chaleurs de la saison, le marquis écrivit à Louis de revenir avec son frère à Castiglione. Il espérait que l'air de ce pays, qui est en effet très sain, serait plus salutaire à son fils que celui de Mantoue. Et de fait, dans ce château bâti sur une colline et d'où l'on jouit d'une vue ravissante, Louis, s'il se fût tant soit peu relâché de ses rigueurs, aurait sans doute recouvré la santé, entouré qu'il était des soins de sa mère; mais il se préoccupait bien plus de son âme que de son corps. Loin de diminuer ses austérités, il y ajoutait chaque jour. De plus en plus, il s'éloignait du monde pour s'unir à Dieu; et Dieu, toujours si libéral envers ceux qui le servent fidèlement, ne tarda pas à montrer quelle complaisance il prenait dans les pieux hommages de cet enfant de douze ans.

Jusqu'alors, Louis n'avait eu personne pour l'instruire à faire l'oraison mentale. Dieu daigna se faire son maître, et trouvant cette âme pure admirablement disposée, il lui révéla ses secrets et lui ouvrit ses trésors les plus cachés. Il éclaira son esprit des splendeurs de la lumière surnaturelle; il lui apprit à méditer, à contempler ses merveilleuses grandeurs, bien mieux que n'aurait pu faire la sagesse humaine. En voyant cette porte miséricordieusement ouverte et le vaste champ qui s'offrait aux yeux de son âme, Louis passait tout le temps à méditer et à contempler les saints mystères de notre rédemption et la sublimité des attributs divins, avec tant de goût et de joie intérieure, que les larmes de joie qu'il versait en abondance coulaient sur ses vêtements et jusque sur le pavé de sa chambre.

Pour ne rien perdre de ses sentiments de dévotion et aussi pour ne pas se montrer tout en pleurs, il passait la plus grande partie du jour dans la retraite. Ceux qui le servaient s'en étant aperçu, se plaisaient à l'épier par les fentes de la porte et le voyaient avec admiration des heures entières prosterné devant le crucifix, les bras tantôt étendus, tantôt croisés sur la poitrine, les yeux fixés sur l'image de Jésus mourant, avec des gémissements si tendres que les témoins se prenaient eux-mêmes à sangloter. Puis il demeurait en extase, immobile comme une statue, tellement absorbé en Dieu que son gouverneur et son camérier, eux-mêmes l'ont raconté, traversaient la chambre et faisaient du bruit sans qu'il s'en aperçût.

La chose ne tarda pas à se divulguer, et des personnes étrangères, admises à ce touchant spectacle, en restèrent stupéfaites. Souvent encore on l'entendait réciter un *Ave Maria* sur chaque marche de l'escalier; à la maison où dans les rues, à pied ou en carrosse, il allait méditant toujours quelque saint mystère.

Louis, dans l'exercice de l'oraison, n'eut donc d'autre maître que le Saint-Esprit. Mais s'il savait méditer, il ne savait pas mettre d'ordre dans ses méditations ni en choisir la matière.

Il tomba un jour sur un petit livre du B. Pierre Canisius, de la Compagnie de Jésus, qui présentait par ordre des sujets de méditation. Non seulement cette lecture le confirma dans la résolution de faire oraison, mais elle lui apprit encore la méthode qu'il devait suivre et le temps qu'il fallait y employer. Jusque-là il n'avait aucun temps déterminé ; il la faisait plus longue ou plus courte, selon le loisir qu'il avait, la ferveur le portant à faire plus que moins. Cependant son esprit y puisait toujours une grande abondance de lumières et son cœur beaucoup de paix et de joie.

Ce fut ce même petit livre et les lettres écrites des Indes, racontait-il plus tard, qui l'affectionnèrent grandement à la Compagnie de Jésus : le livre, parce qu'il en goûtait beaucoup la méthode et surtout l'esprit ; les lettres, parce qu'elles lui révélaient ce que Dieu faisait alors, par le moyen des Pères de la Compagnie de Jésus, pour la conversion des infidèles. Il s'enflammait du désir de donner, lui aussi, sa vie pour le salut des âmes que, malgré son âge, il s'efforçait déjà de secourir. Tous les jours de fête, il visitait les écoles de la Doctrine chrétienne et mettait tout son zèle à faire le catéchisme aux petits enfants. Il remplissait ce ministère avec tant de modestie et d'humilité auprès de ses vassaux et surtout des pauvres, que sa vue seule portait chacun à la dévotion.

S'élevait-il quelque différend entre les serviteurs, il s'efforçait de les réconcilier. S'il entendait un blasphème ou quelque parole déshonnête, il reprenait le coupable. S'il apprenait qu'il y eût, sur les domaines de son père, des gens de mauvaise vie, il les avertissait avec douceur et s'employait à leur amendement. Enfin il ne pouvait souffrir que Dieu fût offensé.

Tous ses discours étaient des choses de Dieu. Il en parlait

avec tant d'autorité, qu'ayant un jour accompagné la duchesse, sa mère, à Tortone, pour faire visite à la duchesse de Lorraine (1) qui passait par cette ville avec sa fille, la duchesse de Brunswick, les courtisans de la princesse furent émerveillés. Ils disaient que celui qui l'aurait entendu sans le voir, aurait cru que c'était, non pas un enfant, mais un vieillard d'une sagesse consommée.

Sur ces entrefaites, en l'année 1580, le saint cardinal Charles Borromée, archevêque de Milan, ayant été nommé par Sa Sainteté le pape Grégoire XIII, d'heureuse mémoire, visiteur apostolique des évêchés de sa province, arriva dans le diocèse de Brescia et se rendit, au mois de juillet, à Castiglione, avec une suite de sept personnes seulement, pour ne pas être à charge aux ecclésiastiques qui le recevaient.

Parmi beaucoup d'autres œuvres apostoliques dont il s'occupa à Castiglione, il voulut, le 22 juillet, fête de sainte Marie-Madeleine, prêcher au peuple, en habits pontificaux, dans l'église de Saint-Nazaire, qui est la principale de la ville. Malgré les instances des princes qui le pressaient d'habiter leur palais (2), il choisit pour logis la maison de l'archiprêtre, voisine de l'église, et ce fut là qu'il reçut la visite de Louis, âgé de treize ans et quatre mois.

Le cardinal fut ravi à la vue de cet angélique enfant, comblé de tant de faveurs divines, et seul avec lui dans sa chambre, il s'entretint si longuement de Dieu, que ceux qui attendaient leur tour d'audience en étaient tout surpris. Ce fut pour le bon ar-

---

(1) Christine, fille de Christian, roi de Danemark, épousa d'abord François Sforza, duc de Milan, puis, après la mort de ce prince, François, duc de Lorraine, en 1541. Quatre ans après, elle mit au monde une fille, la princesse Dorothée, mariée en 1575 à Henri de Brunswick. La duchesse de Lorraine tenait de son premier mari la ville de Tortone.

(2) Les Gonzague étaient depuis longtemps alliés aux Borromée.

chevêque une grande consolation de constater comment cette plante encore si tendre, parmi les épines de la cour et du monde, sans aucune influence humaine, mais grâce à la seule rosée du ciel, avait grandi si vigoureuse et si belle et était parvenue déjà à un tel degré de perfection.

De son côté, le saint enfant se réjouissait d'avoir trouvé à qui ouvrir son cœur et soumettre ses doutes pour la conduite de son âme. Comme il avait entendu louer unanimement la sainteté du cardinal, il recevait ses avis comme autant d'oracles.

Saint Charles lui ayant demandé s'il avait le bonheur de communier, Louis lui répondit que non. L'archevêque, qui avait déjà découvert tout ce que cet enfant avait de pureté dans l'âme et de maturité dans le jugement et de quelles lumières Dieu l'avait éclairé dans les voies spirituelles, non seulement l'exhorta à recevoir Notre-Seigneur, mais voulut lui faire faire sa première communion (1). Il l'engagea à s'approcher fréquemment de la table sainte, l'instruisit en peu de mots de la manière de se bien préparer à cette grande action et de puiser abondamment à cette source de grâce.

En outre, il lui conseilla de lire le catéchisme romain, publié par Pie V, de sainte mémoire, en exécution du décret du saint Concile de Trente. Le cardinal avait ce livre en si grand estime, tant pour la doctrine catholique qu'il contient que pour la pureté de style avec laquelle il est écrit, qu'il jugeait qu'on pouvait le mettre aux mains des écoliers à la place de Cicéron et

---

(1) La gravure que nous reproduisons (p. 37) eut pour premier auteur le Frère César-Augustin Bobacina, de la Compagnie de Jésus; elle reproduit très fidèlement le tableau qu'un peintre alors célèbre, le chevalier François de Cayre, fit pour l'autel du saint dans l'église de Milan. Il peignit le marquis, la marquise et saint Louis, d'après des portraits apportés de Castiglione, probablement par la nièce du Bienheureux, Jeanne de Gonzague, comtesse Zapata, à qui la première gravure fut dédiée.

d'autres auteurs profanes. On y apprenait à la fois, pensait-il, la bonne latinité et la vraie piété. Aussi en introduisit-il l'usage dans son séminaire de Milan ; mais, l'expérience qui fut faite ne réussit pas, et on en revint aux classiques ordinaires.

Saint Charles congédia Louis après l'avoir paternellement et affectueusement béni. Le saint enfant eut à cœur de suivre les conseils du pieux cardinal ; il se mit aussitôt à lire le catéchisme, et il prit grand goût à sa pure doctrine, à ses enseignements si chrétiens. Lui-même excitait les autres à cette lecture, en leur alléguant l'autorité de celui qui lui avait donné ce conseil.

Dès lors, il commença à communier souvent et l'on peut aisément imaginer quelle préparation il apportait à ce grand sacrement. Il examinait d'abord sa conscience avec un soin extraordinaire, pour voir ce qui pouvait blesser le regard de son hôte divin ; puis il allait se confesser avec tant d'humilité, tant de larmes que le confesseur en était touché, d'autant que Louis n'avait guère à s'accuser que de légères fautes d'omission, car il ne croyait jamais avoir fait une action assez parfaitement pour répondre aux lumières que Dieu lui donnait.

Pendant les jours qui précédaient sa communion, toutes ses pensées étaient pour l'auguste sacrement. Ses lectures, ses méditations, ses fréquentes prières n'avaient pas d'autre objet.

Quels furent ses sentiments d'amour et de piété, la première fois qu'il reçut son Dieu et toutes les fois qu'il eut par la suite le même bonheur, celui-là seul le sait qui sonde les cœurs. Seulement je lis au procès de canonisation, qu'à ce précieux instant, il se tenait fort recueilli et que les consolations qu'il goûtait au dedans se manifestaient au dehors. Durant l'action de grâces, il restait à genoux dans l'église, à la vue de tout le peuple. A

Première communion de saint Louis. (Tableau de Fr. de Cayre.)

quoi la marquise, sa mère, ajoute une autre chose très remarquable que d'autres ont également observée : c'est que dès lors, Louis conçut une dévotion si vive envers le très saint sacrement de l'autel, que tous les matins, à la messe, quand le prêtre consacrait la sainte hostie, il répandait un torrent de larmes qui coulaient jusqu'à terre.

Ces sentiments si tendres durèrent toute sa vie, mais ils augmentaient les jours de fête où il avait le bonheur de communier.

Saint Charles Borromée. (Cabinet des médailles.)

CHAPITRE VI.

COMMENT LOUIS, EN SE RENDANT A MONTFERRAT, FAILLIT PERDRE LA VIE, ET COMMENT IL RÉSOLUT DE SE FAIRE RELIGIEUX.

Tandis que le marquis, don Ferdinand, demeurait à Casal, résidence des gouverneurs de Montferrat, on lui écrivit de Castiglione que le seigneur don Louis était guéri, croyait-on, de sa première indisposition, mais que, par suite de ses jeûnes excessifs, il s'était affaibli au point de pouvoir à peine prendre quelque nourriture. Comme il ne faisait rien pour remédier au mal, il n'y avait pas d'espoir de le voir diminuer. Le marquis, lequel avait fort à cœur la vie de son fils, pensa que, s'il l'avait auprès de lui, il pourrait veiller plus efficacement sur sa santé. Il ordonna donc qu'il vînt le rejoindre avec la marquise et Rodolphe. Tous trois partirent de Castiglione à la fin de l'été 1580.

Ce fut dans ce voyage que Louis fut en danger de perdre la vie. Il était dans la même voiture avec son frère et son gouverneur, quand, passant à gué un bras du Tessin que les pluies avaient considérablement grossi, le carrosse se rompit au beau milieu du fleuve et se sépara en deux parties. Le devant, où se trouvait Rodolphe, fut emporté par les chevaux qu'on eut toutes les peines du monde à tirer sur la rive où le reste de la voiture était déjà parvenu. Mais l'arrière-train, qui portait Louis et le gouverneur, fut entraîné assez loin par l'impétuosité du courant. Le péril était extrême; mais la divine Providence veillait. Elle permit que ce fond du carrosse rencontrât, au milieu du fleuve, un gros tronc d'arbre qui l'arrêta et l'y retint jusqu'à ce qu'un homme du pays, habitué à de semblables hasards, accourut au cri des voyageurs déjà en sûreté, et entrant dans l'eau à cheval, prit Louis en croupe, le déposa sur le bord et fit de même pour le gouverneur (1).

Tous ensemble se rendirent alors à une église voisine, pour y remercier Dieu de les avoir sauvés d'un si grand péril. Le bruit avait d'abord couru qu'ils s'étaient noyés. A cette nouvelle, la marquise revint sur ses pas en toute hâte, dans une anxiété mortelle. Cette rumeur se répandit même jusqu'à Casal, et don Ferdinand expédia un courrier en toute diligence et n'eut pas de repos jusqu'à son retour. Mais bientôt l'arrivée de sa femme et de ses enfants mit fin à son inquiétude.

Louis séjourna plus de six mois à Casal, poursuivant ses études latines dans lesquelles il avait déjà fait de notables progrès. Mais il avança davantage encore dans la vertu, aidé par le saint commerce qu'il avait avec les Pères de Saint-Paul-le-Décollé, qui doivent à leur église de Saint-Barnabé, à Milan, le nom de barnabites. C'est en conversant avec eux, en fréquentant chez eux les sacrements de pénitence et d'eucharistie, qu'il acquit encore un surcroît de lumière pour se guider dans les voies de Dieu. Mieux il se disposait, par sa fidèle correspon-

(1) « Le carrosse fut arrêté par ce tronc d'arbre, ce qui donna le temps de voler au secours des naufragés. On recueillit l'enfant à demi mort. Il rendit de grandes actions de grâces à la très sainte Vierge et vint avec nous à Vigevano pour y sécher ses vêtements tout mouillés. » (*Déposition de son valet de chambre au procès de canonisation.*)

dance, à recevoir les grâces du ciel, plus aussi Dieu s'insinuait dans son âme, par de nouvelles inspirations l'élevant à une perfection plus haute et le détachant plus complètement des choses d'ici-bas.

En vain le marquis cherchait à le distraire et lui offrait les occasions de se divertir; jamais il ne fut possible de le détourner de ses pieuses pratiques. Sa plus douce récréation était d'aller en pèlerinage à la célèbre Madone *de Crea* pour y faire ses dévotions, de se retirer dans le couvent des capucins ou des barnabites, qu'il ne pouvait quitter sans se faire violence. Il admirait surtout leur merveilleuse concorde, la sainte joie qui rayonnait sur leurs visages, leur parfait mépris du monde, l'ordre qui réglait la prière et le chant de l'office divin, le profond silence qui régnait dans leur demeure et leur indifférence à l'égard de la vie et de la mort.

Tout cela faisait naître en lui le désir d'embrasser un état semblable. Un jour, en particulier, étant à la maison des barnabites, il se mit à réfléchir au bonheur de ces religieux qui, ayant renoncé au monde et à toute sollicitude des choses terrestres pour servir plus librement Dieu, le contraignent en quelque sorte à prendre en main tous leurs intérêts. Il se disait à lui-même, dans le secret de son cœur, ainsi qu'il nous le racontait plus tard à Rome : « Vois, Louis, quel grand bien procure la vie religieuse. Ces Pères sont affranchis de tous les liens du monde, éloignés de toute occasion de péché. Le temps que les mondains dissipent à la recherche de biens éphémères et de vains plaisirs, ils l'emploient, et avec quel mérite, à conquérir les vrais biens du ciel, certains que leurs saintes fatigues ne resteront pas sans salaire.

« Ce sont eux vraiment qui vivent selon la raison, sans se

laisser tyranniser par les sens et par les passions. Ils n'ambitionnent point les honneurs; ils ne prisent pas ce qui passe; ils n'envient pas le bien d'autrui et se contentent de servir Dieu. Or, *servir Dieu, c'est régner.*

« Quelle merveille qu'ils soient perpétuellement joyeux, ne craignant ni la mort, ni le jugement, ni l'enfer? Leur conscience est sans remords; ils vont de mérite en mérite, tout occupés d'œuvres saintes qu'ils accomplissent avec Dieu et pour Dieu. De cette paix intérieure procède cette sérénité qui brille sur leurs fronts. Quelle espérance fondée n'ont-ils pas des biens célestes, quelle consolation à la pensée du Roi qu'ils servent et de la cour où ils sont attachés?

« Et toi, Louis, que fais-tu? A quoi penses-tu? Pourquoi ne pas choisir un pareil état? Songe aux grandes promesses que le Seigneur t'a faites. Vois quelle commodité tu trouverais pour t'appliquer à la dévotion sans en être jamais distrait. Si, cédant le marquisat à Rodolphe, ce qui est chose déjà décidée, tu restes avec lui, peut-être verras-tu bien des choses qui seront pour te déplaire. Si tu te tais, la conscience te reprochera ton silence; si tu veux parler, tu passeras pour incommode et on ne t'écoutera pas. Serais-tu prêtre dans le monde, que tu n'atteindrais pas ton but. Obligé à une vie plus parfaite que celle des mondains, ne seras-tu pas exposé à toutes leurs tentations et à de plus grandes encore? Tu ne pourras pas t'affranchir absolument des considérations humaines, tu devras en tenir compte, plaire à tel seigneur ou à tel autre. Si tu ne fréquentes pas tes parents, que dira-t-on de toi? Si tu vis dans leur intimité, que deviendra ta première résolution? Si tu acceptes des prélatures, te voilà plus embarrassé que tu ne l'es à cette heure; si tu les refuses, les tiens te mépriseront, ils diront que tu fais le déshonneur de ta maison et te pousseront de toute manière à les accepter. Au contraire, si tu te fais religieux, tu tranches d'un coup toutes les difficultés, tu fermes la porte à tous les périls, tu te délivres de tout respect humain et tu te mets en état de jouir à jamais d'un parfait repos et de servir parfaitement Dieu. »

Telles furent, d'après le récit de Louis lui-même, les pensées qui s'emparèrent de son esprit. Elles l'absorbèrent à tel point durant plusieurs jours, que toutes les personnes de la maison conclurent qu'il avait quelque grand projet en tête, mais personne ne fut assez hardi pour l'interroger.

Enfin, après avoir offert à Dieu maintes oraisons, pour obtenir sa lumière en chose de telle importance, après avoir fait de nombreuses communions à cette intention, estimant que Dieu l'appelait à un semblable état de vie, il résolut de quitter le monde et d'entrer dans quelque famille religieuse où il ajouterait à son vœu de virginité les vœux de pauvreté et d'obéissance évangéliques. Mais, comme il n'avait pas encore ses treize ans accomplis et ne pouvait aussitôt exécuter son dessein, il ne voulut se déterminer pour aucun ordre en particulier, ni découvrir sa résolution à personne, se contentant de mener dans le monde la vie d'un religieux.

Plus que jamais, il se tenait retiré dans sa chambre où, pendant l'hiver, il y avait jusque là du feu, car sa faible santé le rendait très sensible au froid qui lui gonflait les mains et y ouvrait des gerçures; mais dès lors il défendit qu'on entretînt le foyer chez lui ou qu'on y portât un *brasero*. Quand la politesse l'obligeait de s'approcher du feu avec la compagnie, il savait se placer toujours de façon à n'en pas profiter. Quelqu'un des siens lui offrait-il un remède contre l'enflure de ses mains, il en témoignait beaucoup de reconnaissance et n'en usait point, afin de souffrir quelque chose pour l'amour de Dieu.

Il fuyait les réunions mondaines, surtout les comédies et les festins auxquels son père l'invitait pour le distraire, peiné de ne l'y point voir. Et tandis que toute la cour s'y rendait, Louis, enfermé dans sa chambre, employait le temps à prier ou à s'entretenir avec deux ou trois hommes graves de choses de piété et de littérature.

Un jour, le marquis, son père, le conduisit à Milan, pour assister à une revue de la cavalerie à laquelle son grade l'obligeait de prendre part avec une foule d'autres seigneurs.

Une multitude de gens était accourue à ce beau spectacle; mais Louis, contraint de s'y rendre sur l'ordre formel de son père, trouva le moyen de se mortifier. Il refusa de se placer au premier rang, où il aurait pu voir commodément la revue des troupes et, autant que possible, il garda les yeux baissés ou fixés d'un autre côté.

On peut dire en un mot qu'il passa tout le temps de l'enfance sans être enfant, car à cet âge on ne put jamais remarquer en lui le moindre signe de légèreté. Jamais il ne fit de lecture malséante ou frivole. Les livres qui le charmaient étaient les Vies des saints écrites par Surius ou par Lipomano; parmi les profanes, ses auteurs favoris étaient ceux qui traitent de la morale : Sénèque, Plutarque, Valère-Maxime, et à l'occasion il se servait des exemples qu'il y avait lus pour exhorter les autres à la vie chrétienne. Il tenait des discours si judicieux sur la vertu et les choses de Dieu, dans l'intimité ou en présence de plusieurs personnes, que tous étaient étonnés de l'éloquence et de l'ardeur de sa parole et déclaraient que cet enfant avait la science infuse, tant sa capacité surpassait son âge.

Aussi les gens de la maison, témoins de sa conduite, tout en souhaitant voir en lui moins d'austérité et d'éloignement du monde, admiraient son extraordinaire prudence et le laissaient faire, sans oser lui demander raison de ses actes.

Revers de la médaille de saint Charles.
(V. page 41.)

CHAPITRE VII.

<small>COMMENT LOUIS, DE RETOUR A CASTIGLIONE, OU IL MÈNE UNE VIE TRÈS AUSTÈRE, EST MIRACULEUSEMENT SAUVÉ D'UN INCENDIE.</small>

Le marquis ayant atteint le terme de son gouvernement de Montferrat, revint à Castiglione avec toute sa famille. Louis y continua ses pratiques accoutumées de pénitence et de dévotion; il les augmenta même à tel point que c'est merveille qu'il n'ait pas contracté quelque grave maladie qui eût achevé de l'abattre, et que ses parents, témoins de telles austérités, n'aient pas eu la volonté d'y mettre un terme.

Outre la pratique de cette incroyable abstinence que nous l'avons vu commencer à Mantoue, il s'imposa plusieurs jeûnes, au moins trois par semaine : le samedi, en l'honneur de la bienheureuse Vierge; le vendredi, toujours au pain et à l'eau, en mémoire de la passion du Sauveur; le mercredi, selon l'usage de l'Église (1). De plus, il avait ses jeûnes extraordinaires, suivant les occasions ou les inspirations de sa piété.

---

(1) Ces jours-là il ne prenait à dîner que trois légères tranches de pain trempées dans l'eau, et le soir une tranche de pain rôti avec de l'eau pour collation. — Le mercredi est consacré par l'Église au jeûne à l'époque des Quatre-Temps.

En tout cas, il mangeait si peu que quelques personnes de la cour, entre autres Camilla Ferrari (1), surprises qu'il pût vivre ainsi, résolurent un jour de peser, sans qu'il s'en aperçût, la nourriture qu'il avait coutume de prendre à un repas; or, elles ont déposé juridiquement que le pain et le reste, mis dans la balance, n'allaient pas à une once, ce qui est fort au-dessous du besoin ordinaire de la nature. Il faut donc bien avouer que Dieu lui conservait miraculeusement la vie, comme nous le lisons de quelques autres saints.

Il se plaisait aussi à choisir à table ce qui lui semblait le moins bon, et après y avoir goûté, il le laissait sans toucher à rien autre. Durant les dernières années, il faisait peser lui-même le peu qu'il mangeait, assurant qu'il n'en fallait pas davantage pour vivre et que le reste était superflu. C'est ainsi qu'il s'appliquait à garder la mesure en toute chose.

Pour tout ce qui touche sa nourriture, nous avons, entre autres témoignages, les dépositions sous serment de son échanson, de son officier de bouche et de ceux de ses gens qui le servaient à table.

A de si rigoureuses pénitences, il joignait d'autres austérités. Au moins trois fois la semaine, il se flagellait jusqu'au sang. Les dernières années qu'il passa dans le monde, il se châtiait ainsi tous les jours et même trois fois pendant la nuit. Au début, comme il n'avait pas de discipline, il se frappait avec les laisses des chiens, avec des cordes et même, assure-t-on, avec une chaîne de fer.

Ceux qui le servaient le trouvaient parfois à genoux, en train de se maltraiter de la sorte. En faisant son lit, on découvrit

---

(1) Dame de la marquise et femme de Camille Maynardi.

souvent sous l'oreiller des disciplines ensanglantées qui furent montrées à la marquise. Don Ferdinand, l'ayant appris, en fit de vifs reproches à son fils et dit à sa femme : « Cet enfant veut donc se tuer ? »

Fréquemment Louis plaçait sous ses draps quelque morceau de bois pour souffrir même en dormant. Voulant mettre son corps continuellement au supplice, chose inouïe, au lieu de cilice, il s'était fait une ceinture avec des molettes d'éperons dont les pointes, pénétrant dans sa chair délicate, lui causaient un cruel tourment.

On devine aisément par tout cela, quel zèle il avait de son avancement dans la vertu, lui qui, à l'âge de treize ans et demi, sans y être poussé par personne, trouvait le moyen, au milieu des délices d'une cour, de traiter si rudement son corps.

Sa ferveur ne se contentait pas de ces pénitences; il y ajoutait les exercices de piété, et surtout l'oraison, à laquelle il était si assidu, que ses serviteurs déposèrent au procès de canonisation qu'ils n'étaient jamais venus à sa porte sans le trouver en prière, et qu'il leur fallait attendre longtemps hors de sa chambre avant qu'il eût fini. Chaque matin, dès son lever, il en faisait une heure qu'il mesurait plus sur sa ferveur que sur l'horloge; il récitait ensuite ses prières accoutumées.

De plus, il assistait à l'office divin dans les monastères de la ville, édifiant tous les assistants par son exemple. Le reste du jour était consacré à la lecture et à la méditation. Le soir, il passait une heure ou deux en oraison avant de se coucher; ses valets, qui attendaient au dehors, loin de s'ennuyer, le contemplaient par les fentes de la porte avec admiration et se mettaient à prier eux-mêmes.

Enfin on peut dire en vérité que sa méditation était continuelle. Le marquis, son père, se plaignait souvent de ne pouvoir tirer Louis de sa chambre, et il racontait au P. Prosper Malavolta, qu'il avait maintes fois trouvé le pavé baigné de larmes à l'endroit où son fils s'agenouillait pour faire oraison.

Était-il contraint de sortir, son esprit n'était point distrait des saintes pensées de la Passion de Notre-Seigneur ou d'autres objets semblables, tant le souvenir s'en gravait profondément dans son imagination.

Il méditait même durant la nuit. D'ordinaire, il se levait vers minuit, à l'insu de tous, et tandis que tout dormait, dans l'obscurité et le silence, à genoux, en chemise, sans appui, il s'abimait dans une longue et profonde contemplation; ce qu'il faisait, non seulement en été, mais en plein hiver, quand le froid est le plus vif en Lombardie. Transi, tremblant de tout son corps, il était parfois distrait de sa prière, ce qu'estimant être une imperfection, il résolut de la vaincre et se fit tant de violence pour appliquer son esprit que, presque en défaillance, il ne sentait plus le froid.

Le corps cependant restait anéanti; ne pouvant plus se tenir à genoux et ne voulant pas s'asseoir ni s'appuyer, Louis se laissait tomber sur le pavé nu et glacé, et ainsi étendu continuait sa prière.

Comment ne contracta-t-il pas quelque grave infirmité? Comment ne le trouva-t-on pas mort de froid? Lui-même a raconté, étant religieux, à quelques amis intimes, ce qu'il appelait ses indiscrétions passées, et il leur avouait que, prosterné à terre, il se sentait si faible qu'il n'avait pas même la force de cracher.

La violence qu'il s'était faite pour éviter les distractions, lui causa ce mal de tête qui le tourmenta sans relâche le reste de sa vie. Mais, dans le désir de souffrir et d'imiter de son mieux Jésus couronné d'épines, il ne recourut à aucun remède et s'étudia même à conserver et à augmenter cette douleur qui, sans mettre obstacle à ses occupations ordinaires, lui fournissait une occasion de mérite et lui rappelait la sainte Passion.

Un jour qu'il était plus souffrant, il dut se mettre au lit plus tôt que de coutume. Se souvenant alors qu'il n'avait pas dit, suivant son usage, les sept Psaumes de la pénitence, il résolut de ne pas fermer l'œil avant de les avoir récités. Il appela donc un de ses gens, le pria de placer un flambeau près du lit et le congédia. Sa prière terminée, vaincu par le mal de tête et par le sommeil, il oublia d'éteindre la chandelle qui, en se consumant, mit le feu à sa couche. Insensiblement le feu, sans répandre de flammes, se communiqua des rideaux à la paillasse et aux trois matelas. Louis s'éveilla, et sentant une extrême chaleur, crut d'abord qu'il avait la fièvre, d'autant qu'il s'était couché avec une forte migraine. Mais, en étendant de-ci de-là les pieds et les mains, il retrouva partout cette chaleur intolérable dont il ne pouvait deviner la cause. En vain, essaya-t-il de se rendormir. Suffoqué bientôt par le feu et la fumée, il se leva et ouvrit la porte pour appeler quelqu'un de ses serviteurs. A peine fut-il sur le seuil, que la flamme jaillit et consuma les restes du lit. Les soldats de garde accoururent et jetèrent par la fenêtre ces débris embrasés dans les fossés, empêchant ainsi l'incendie de gagner le château.

Il n'est pas douteux que Louis, s'il eût tardé d'un instant à quitter le lit, n'eût été brûlé par le feu ou suffoqué par la fumée, d'autant que sa chambre, je l'ai vue, était très étroite, et que la porte en était alors fermée (1).

(1) « J'ai dormi longtemps, raconte son domestique, dans l'antichambre de Louis, et

Mais Dieu, qui le destinait à la vie religieuse et connaissait bien ce qui avait été l'occasion de ce danger, daigna l'en préserver par une providence singulière. Dans le fait, tout le monde fut persuadé que son salut tenait du miracle. Le bruit vint jusqu'aux oreilles du duc et de la duchesse de Mantoue, que le fils aîné du marquis de Castiglione avait été l'objet d'un miracle, et Mme Éléonore d'Autriche, je ne sais en quel temps, l'ayant interrogé lui-même à ce sujet, il rougit beaucoup de ce que ce fait était connu.

Aussi bien, déjà Louis avait souvent éprouvé la protection de Dieu en plusieurs accidents et dans les affaires qui intéressaient son père et sa famille. En de telles occasions, il recourait à la prière, s'en remettait absolument à Dieu, le suppliait, puisqu'il sait tout, de disposer toute chose pour le mieux. Telles étaient exactement ses paroles. Son espérance ne fut jamais trompée; il racontait lui-même quelque chose de vraiment merveilleux : « Je n'ai jamais recommandé à Dieu, disait-il, d'affaire de grande ou de minime importance, qui n'ait été terminée comme je le désirais, bien que souvent la chose fût très difficile, et qu'au jugement des autres elle fût regardée comme impossible ».

L'intime commerce qu'il avait avec Dieu lui valut un don qu'il estimait plus que tout le reste : c'était une grandeur d'âme qui lui faisait mépriser et compter pour rien tout ce que renferme ce monde. Quand il voyait, dans les palais des princes, la vaisselle d'or et d'argent; quand il considérait à leur

j'avais coutume de lui porter le soir de la lumière. Or, un soir, il voulut que je laissasse le flambeau allumé pour achever ses prières... Ce fut pour nous un vrai miracle qu'il n'ait pas péri brûlé ou suffoqué; car, dès que la porte fut ouverte, nous ne pûmes supporter la fumée qui remplissait la chambre. Nous appelâmes quelques gardes qui nous aidèrent à jeter le lit par la fenêtre dans le fossé. » (*Déposition du valet de chambre.*)

cour les bassesses des courtisans et choses pareilles, il avait peine à ne pas rire, tant cela lui paraissait vil. Parfois, conversant avec la marquise, il lui disait en confidence qu'il s'étonnait que tous les hommes ne se fissent pas religieux. Il lui semblait évident que la vie religieuse leur procurerait les biens les plus précieux, non seulement pour la vie future, mais pour la vie présente, tandis que les choses du monde sont nuisibles dans le présent comme dans l'avenir, et qu'il faut bientôt les perdre.

Sa mère devinait aisément à ces discours ce que Louis devait exécuter plus tard; mais lui ne s'ouvrait pas davantage sur ses projets.

Si quelque religieux arrivait à Castiglione, il s'empressait de lui rendre visite, surtout si c'était un révérend père bénédictin de la Congrégation du Mont-Cassin. Il n'avait pas moins d'estime pour les Pères de l'ordre de Saint-Dominique qui, durant l'été, venaient se reposer à Castiglione. Louis aimait beaucoup à parler avec eux des choses spirituelles.

L'un d'entre eux, le R. P. Claude Fini, docteur et lecteur en théologie et célèbre prédicateur de Lombardie, interrogé juridiquement au tribunal de l'évêque de Modène, peu avant sa mort, s'exprima ainsi : « A l'occasion des vacances que mes frères et moi venions passer à Castiglione ou aux environs, j'ai connu le seigneur Louis de Gonzague, héritier de ce marquisat. La marquise, sa mère, prenait plaisir à le faire converser avec nous, et particulièrement avec moi. Je sortais toujours édifié et ravi des discours, des manières, de toute la conduite du seigneur don Louis. On voyait briller en lui une sainteté exemplaire, une humilité admirable. Il faisait souvent l'éloge du mépris des grandeurs et des dignités mondaines.

« Un jour, à Castiglione, il me dit : « Il ne convient guère de nous enorgueillir de notre naissance; car enfin les cendres d'un prince ne se distinguent pas de celles d'un pauvre, sinon peut-être par une plus grande puanteur ». Dans un âge si tendre, il n'avait rien d'enfantin, mais une modestie singulière, une retenue pleine d'une gravité religieuse. Souvent il avait à la bouche ces paroles : « Ah! que je voudrais aimer Dieu avec la ferveur que mérite une si grande Majesté! Mon cœur souffre en voyant les chrétiens montrer envers lui tant d'ingratitude ». Sa joie éclatait à la nouvelle qu'un jeune homme était entré en religion; son visage en était tout transfiguré. « Ah! s'écriait-il, quelle allégresse doit-on goûter au ciel, puisqu'il est déjà si doux d'en parler ensemble! »

« Parfois j'allais avec lui à l'église où, tout jeune qu'il était, il surpassait de vieux religieux en tendre dévotion. S'il contemplait l'image d'un saint ou d'une sainte, c'était avec une telle attention qu'il semblait hors de lui, et qu'il fallait revenir à la charge pour obtenir une réponse. Il m'a dit à plusieurs reprises qu'il avait une singulière dévotion pour la bienheureuse Vierge et qu'il ne pouvait entendre son nom sans se sentir tout attendri. »

Monnaie aux armes des Gonzague. (Cabinet des médailles.)

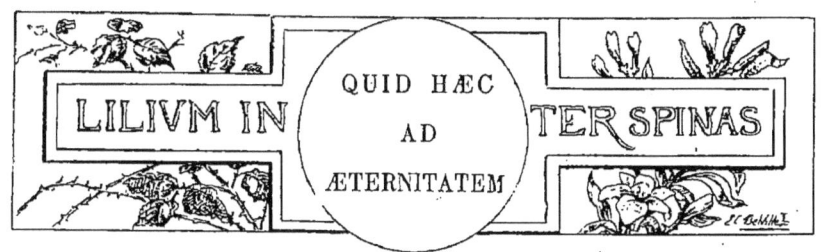

CHAPITRE VIII.

COMMENT LOUIS ACCOMPAGNA SON PÈRE EN ESPAGNE, ET DE LA VIE QU'IL MENA A CETTE COUR.

Dans l'automne de l'année 1581, la sérénissime donna Maria d'Autriche, fille de l'empereur Charles V, belle-fille de l'empereur Ferdinand Ier, femme de l'empereur Ferdinand II, mère de l'empereur Rodolphe II et sœur de Philippe II, roi Catholique, se rendit de Bohême en Espagne. Ce dernier monarque, pour lui faire honneur, voulut qu'elle fût accompagnée par les princes et seigneurs d'Italie, vassaux de sa couronne, parmi lesquels se trouvait don Ferdinand, père de saint Louis. L'impératrice, de son côté, désira que la marquise vînt avec elle.

Les parents du Bienheureux emmenèrent leurs trois plus jeunes fils : Charles, Ferdinand et Jacques, leur fille Isabelle qui demeura à la cour d'Espagne et y mourut dame d'honneur de la sérénissime infante donna Isabelle-Claire-Eugénie (1), avec leurs deux aînés, Louis et Rodolphe.

---

(1) Isabelle de Gonzague mourut à Madrid, nous ne savons quelle année, mais certainement avant 1598, époque où l'infante Isabelle-Claire-Eugénie épousa son cousin germain, l'archiduc Albert, sixième fils de Maximilien II.

Durant le voyage, Louis ne négligea par ses oraisons habituelles et ne laissa nullement se ralentir sa ferveur. Entendant, un jour, dire sur le vaisseau qu'on courait le danger d'être attaqué par les Turcs, dans un élan de pieux enthousiasme il s'écria : « Plaise à Dieu que nous ayons l'occasion d'être martyrs ! »

La marquise m'a raconté plus tard, que Louis ayant trouvé par hasard une petite pierre où semblait avoir été gravées les saintes plaies du Sauveur, il pensa que Dieu, dans sa providence, l'avait placée sous sa main pour lui signifier sans doute qu'il devait imiter la Passion de Notre-Seigneur Jésus-Christ. Courant donc à sa mère, il lui dit : « Voyez, Madame, ce que Dieu m'a fait trouver; et dire que Monsieur mon père ne veut pas que je me fasse religieux! » Il conserva longtemps cette pierre avec grand respect.

A la cour d'Espagne, le marquis reprit ses fonctions de grand chambellan. Louis et Rodolphe furent faits menins, c'est-à-dire pages d'honneur du prince don Diego, fils du roi Catholique, Philippe II, et frère aîné du roi Philippe III (1).

Durant un séjour de plus de deux ans en Espagne, Louis, malgré ses fonctions à la cour, s'appliqua avec ardeur à l'étude (2). Un prêtre fort savant lui apprit la logique; Dimas,

---

(1) Philippe II eut de sa quatrième femme, Anne d'Autriche, cinq enfants : Ferdinand et Charles, qui moururent avant leur mère; *Diego* ou *Jacques*, qui lui survécut peu de temps, mort en 1582; Philippe III qui succéda à son père et l'infante Marie, morte à deux ans.

(2) Son ancien gouverneur, François del Turco, alors chez le prince Jean de Médicis, vint rejoindre son cher élève qui le mandait avec instance auprès de lui et lui écrivait au moment de son départ :

« Très magnifique et très cher ami,

« J'ai déjà écrit, il y a trois jours, à Votre Seigneurie; mais doutant que ma lettre vous soit parvenue, j'ai voulu par celle-ci vous prier de nouveau de venir le plus tôt possible. Je vous assure que Monsieur mon père aura pour très agréable que celui qui jusqu'à pré-

mathématicien du roi, lui enseigna la sphère. Chaque jour, après dîner, il étudiait le philosophie et la théologie naturelle de Raymond Lulle. Il fit de si grands progrès, qu'à son retour d'Espagne, passant par Alcala, il fut invité à argumenter dans une thèse publique soutenue par un étudiant en théologie, sous la présidence du P. Gabriel Vasquez, plus tard son professeur à Rome. Malgré sa jeunesse, il argumenta avec beaucoup de grâce et d'à-propos, s'efforçant, par manière d'objection, de prouver que le mystère de la très sainte Trinité peut être connu par la raison naturelle.

Ses devoirs de page et ses études ne lui laissaient point, pour s'appliquer à la dévotion, tout le loisir qu'il aurait souhaité. Dans les commencements, il ne trouvait pas même le temps de faire ses prières accoutumées et de fréquenter les sacrements à son ordinaire; d'où il arrivait que l'ardent désir qu'il avait de quitter le monde semblait, comme sa ferveur, se refroidir. Mais soutenu par la grâce divine, il résolut de rompre en visière avec toute considération humaine et de mener à la cour une vie sainte et religieuse. Dans ce but, il prit pour confesseur le P. Ferdinand Paterno, Sicilien, religieux de la Compagnie de Jésus, qui était alors à Madrid, et, sous sa direction, il reprit la pratique fréquente des sacrements.

Une lettre testimoniale de ce Père, écrite en 1594, montre bien quelle vie pure Louis menait au milieu des distractions

---

sent a été notre gouverneur, remplisse la même fonction auprès de nous dans ce voyage. Nous allons en Espagne et partirons d'un jour à l'autre. C'est pourquoi monseigneur et père désire que vous ne tardiez pas, et il vous promet de vous faire remettre, aussitôt après votre arrivée, tout l'argent que vous aurez dépensé en route.

« Je me recommande, en terminant, au bon souvenir de tous et vous prie de baiser en mon nom les mains au seigneur don Jean (de Médicis).

« De Castiglione, le 25 juin 1591.

« Louis de GONZAGUE. »

de la cour. Voici les paroles de ce témoin : « J'ai connu, en Espagne, le frère Louis quand il était encore enfant. J'ai remarqué en lui une candeur, une innocence si parfaite, que, durant tout ce temps, non seulement je n'ai jamais rencontré en lui de péché mortel, — il en avait horreur et n'en avait jamais commis, — mais que plusieurs fois je n'ai pas trouvé matière à l'absolution. On ne saurait dire que ce fût par légèreté ou manque de discernement, car il avait dès lors la prudence et la maturité d'un vieillard et un jugement bien au-dessus de son âge.

« Il fut toujours ennemi de l'oisiveté, toujours occupé à quelque chose d'utile, particulièrement à l'étude de la sainte Ecriture, à quoi il prenait un grand plaisir. J'ai aussi remarqué en lui une grande réserve dans les paroles; jamais il ne critiquait personne, même dans les choses les plus légères. »

De ce témoignage, on peut conclure que Louis, au milieu des distractions de la cour, menait une vie angélique. Il allait par les rues, si modeste et si recueilli, qu'il ne levait jamais les yeux; aussi pouvait-il avouer plus tard à un de ses supérieurs, qu'à Madrid et même à Castiglione, il n'aurait pas su se diriger tout seul; c'est pourquoi il se faisait toujours accompagner pour n'avoir pas à se distraire de ses méditations.

Je rapporterai, au sujet de cette modestie des yeux, une chose vraiment extraordinaire, affirmée au procès de canonisation par le P. Muzio Vitelleschi, alors provincial de Naples et depuis général de la Compagnie de Jésus, qui connut intimement saint Louis. Celui-ci avait fait tout le voyage d'Italie en Espagne avec l'impératrice; pendant son séjour à la cour, il lui faisait chaque jour visite avec le prince don Diego; il avait eu mille occasions de la voir, de loin, de près, et néanmoins telle était sa modestie qu'il avoua au Père qu'il n'avait jamais regardé cette princesse en face et que, pour qu'il la reconnût, il faudrait lui

Modestie de Louis à la cour d'Espagne.

dire : « Voilà l'impératrice! » Chacun sait néanmoins combien on désire d'ordinaire voir les grands personnages et avec quelle fureur on se presse sur leur passage.

Louis se plaisait à porter des vêtements usés, des chausses rapiécées aux genoux, chose dont rougissent même les gens de basse condition. Mais il se moquait du monde et de tout ce qu'on pouvait dire de lui. Quand, par ordre du marquis, son père, on lui faisait quelque habit neuf, il tardait le plus possible à le mettre; puis, après l'avoir porté deux ou trois fois, il reprenait son pauvre costume. Il ne se parait jamais de colliers d'or ni d'autres ornements en usage en Espagne, disant que ce sont des vanités mondaines et qu'il entendait servir, non pas le monde, mais Dieu seul. C'était l'occasion de maintes difficultés avec son père, qui tout d'abord ne pouvait souffrir cette conduite, s'imaginant qu'il faisait honte à sa maison; mais enfin, vaincu par tant de constance, il admira dans son fils ce qu'il n'avait pas la force d'approuver.

Mais tout en aimant à ce point la pauvreté dans sa personne, Louis trouvait bon que ceux qui le servaient et l'accompagnaient fussent bien vêtus selon leur condition.

Sa conversation avec les seigneurs de la cour était grave et chrétienne; en sa présence, chacun se composait. On savait jusqu'où il poussait la réserve dans ses paroles et dans ses actes, et qu'il ne permettait sous aucun prétexte qu'on prononçât devant lui un seul mot déplacé. Aussi les grands de la cour avaient-ils coutume de dire : « Ce petit marquis de Châtillon n'a pas un corps de chair ».

Jamais il ne laissait échapper l'occasion d'être utile au prochain. Un jour, le jeune prince don Diego étant à la fenêtre, impatienté par les raffales d'un vent violent, se tourna du côté où il soufflait, et avec une colère enfantine s'écria : « Vent, je te commande de me laisser tranquille ». Louis, qui était auprès du prince, lui dit avec un doux sourire : « Votre Altesse peut bien ordonner aux hommes de lui obéir, mais non pas aux éléments; car cela n'appartient qu'à Dieu auquel vous devez obéir vous-même ».

Le roi applaudit beaucoup à l'à-propos de cette sage réponse.

Pendant que Louis était en Espagne, il lui tomba sous la main un petit traité du P. Louis de Grenade, qui enseigne quelques industries pour fixer l'esprit dans la prière. Cette lecture lui fit prendre la résolution de faire chaque jour au moins une heure d'oraison sans distraction aucune. A genoux, sans appui, il se mettait à sa méditation, et si, après une demi-heure ou trois quarts d'heure, son esprit se laissait aller à une distraction, il regardait comme non advenu tout le temps écoulé et recommençait. Plusieurs fois, il lui arriva de passer ainsi cinq heures et même davantage. Pour n'être pas troublé, il se retirait dans un réduit obscur où l'on renfermait le bois de chauffage, et il se plaisait beaucoup en ce lieu incommode.

On ne savait où le trouver, quelque diligence qu'on mît à le chercher, surtout quand quelques seigneurs de sa connaissance venaient le visiter. Aussi plusieurs fois fut-il repris par ses parents; mais lui, qui estimait bien plus les visites de Dieu que celles des hommes, tint bon contre tout respect humain et ne consentit pas à interrompre ses pieux exercices pour la satisfaction d'amis mondains. Il aima mieux passer pour incivil et d'humeur sauvage que d'être moins dévot envers Dieu. Ce que voyant, ses amis cessèrent leurs visites de cérémonie, et Louis, délivré des entretiens inutiles, put s'appliquer en toute liberté à tout ce que lui inspirait sa piété.

Plus tard, après sa béatification, la chambre où il demeurait à Madrid fut convertie en chapelle, comme je le trouve écrit chez d'autres historiens (1).

(1) Le P. Piatti raconte, qu'un jour, Louis fut obligé d'assister d'une fenêtre à un de ces combats d'animaux qui ont lieu en Espagne. Tout à coup un tigre, brisant sa chaîne, échappe à ses gardiens et se précipite dans la maison où il était. S'il eût gravi l'escalier, c'en était fait de Louis et de ses compagnons. Mais Dieu veillait sur son serviteur ; la bête féroce se jeta dans la cave dont on ferma la porte et où l'on put enfin s'en rendre maître. « Ce n'est pas en vain, ajoute le pieux historien, que le Seigneur avait commandé à ses anges de garder Louis dans toutes ses voies. »

CHAPITRE IX.

COMMENT LOUIS, AYANT RÉSOLU D'ENTRER DANS LA COMPAGNIE DE JÉSUS, DÉCLARA SA VOCATION A SES PARENTS.

Un an et demi s'était écoulé depuis que Louis était en Espagne. Poussé par l'Esprit divin, qui agissait de plus en plus en lui, il jugea le temps venu d'entrer dans quelque ordre religieux, suivant la résolution prise en Italie. Voulant donc déterminer son choix, il s'adonna plus que jamais à l'oraison, priant Dieu qu'il daignât l'éclairer en une affaire de telle importance. Il fit, à ce sujet, maintes réflexions qu'il exposa plus tard à sa mère qui me l'a raconté, et dont il me fit à moi-même la confidence. Toutes visaient à la plus grande gloire de Dieu.

D'abord, très enclin qu'il était à une vie austère et aux pénitences corporelles, il se sentit porté vers les Pères déchaussés de Saint-François, en Espagne, qui répondent à nos Pères capucins et sont fort estimés pour la sévérité de leur vie et la pauvreté de leur habit. Et de fait, quand à cet extérieur pénitent se joignent l'esprit de retraite et des mœurs saintes et exemplaires, rien n'est plus capable d'édifier et d'encourager les âmes animées du désir de la perfection.

Mais ensuite, ayant égard aux avis de sa mère qui lui faisait observer qu'avec sa complexion délicate il ne pourrait ni continuer dans le monde ses mortifications, ni entrer dans un ordre aussi sévère sans mettre sa vie en péril, il abandonna ce premier projet et se mit à penser qu'il ferait mieux peut-être de se vouer à Dieu dans une famille religieuse déchue de sa première ferveur, afin de contribuer à y rétablir peu à peu l'observance régulière, ce qu'il estimait un grand service rendu à Dieu. Mais d'un autre côté, ne se croyant pas assez de vertu, il tremblait de ne pas réussir et de se trouver sans secours lui-même pour avoir voulu secourir les autres.

Il se détermina donc à choisir un ordre où la règle fût fidèlement gardée. Parmi tous ceux qui font l'ornement de l'Église de Dieu, laissant, comme moins conformes à son attrait, les congrégations vouées à la vie active et aux œuvres de miséricorde corporelle, il penchait vers ces monastères dont les religieux, retirés du monde, goûtent un saint repos au fond des forêts, ou bien, au milieu des villes, ne s'occupant que d'eux-mêmes, passent leur vie à chanter l'office divin, à lire et à méditer les choses célestes, dans une parfaite union et une profonde retraite. C'est à quoi il n'éprouvait aucune répugnance; tout au contraire, rien ne lui semblait plus facile et plus doux. Lui qui, dans le monde et à la cour, savait si bien trouver la solitude du cœur et la paix de l'âme, comment n'en jouirait-il pas au fond du cloître et loin de tout commerce avec les hommes?

Mais Louis ne recherchait pas seulement son propre repos;

il aspirait à procurer la gloire de Dieu et même sa plus grande gloire. Il avait lu, dans la Somme de l'angélique docteur saint Thomas, que les ordres qui l'emportent sur les autres sont ceux dont la fin est d'enseigner, de prêcher, de travailler au salut des âmes, parce qu'ils imitent plus parfaitement la vie du Fils de Dieu sur la terre, lequel ne demeurait pas toujours dans le désert, ne prêchait pas non plus toujours son Évangile, mais tantôt priait dans la solitude, tantôt se mêlait aux hommes pour les convertir.

Louis pensa donc que l'amour de Dieu l'obligeait à sacrifier le goût qu'il avait d'une vie solitaire au fond d'un cloître et à entrer dans un ordre qui, unissant la vie active à la vie contemplative, eût pour fin tout ensemble et la perfection personnelle et le salut du prochain.

Mais l'Église ne manque pas de familles religieuses poursuivant ce double objet, chacune suivant l'esprit de son institut. Il fit la comparaison des unes avec les autres, considérant les moyens, les secours, les exercices propres à chacune. Enfin, après une mûre délibération et de ferventes prières, il se décida pour la Compagnie de Jésus, de fondation plus récente, estimant que c'était bien là que Dieu l'appelait.

Quatre motifs surtout déterminèrent son choix. D'abord, la règle y était dans toute sa vigueur et n'avait subi aucune altération. Puis, on s'y obligeait par un vœu particulier à ne pas rechercher les dignités ecclésiastiques et à ne les accepter que sur l'ordre formel du Pape. En troisième lieu, la Compagnie, au moyen de tant d'écoles et de congrégations, élève la jeunesse dans la crainte de Dieu et la pureté. C'était, pensait-il, un grand service rendu à Dieu, et rien n'était plus agréable à la divine Majesté que de cultiver ces jeunes plantes, de les défendre contre le péché et les passions mauvaises par de saintes exhortations et par la pratique des sacrements. Enfin, la Compagnie de Jésus se vouait à la conversion des hérétiques et des infidèles, envoyant ses missionnaires aux Indes, au Japon, au Nouveau-Monde. Il espérait qu'il serait lui-même appelé quelque jour à cet apostolat dans les pays barbares.

Son élection faite, le saint jeune homme voulut s'assurer de son mieux que telle était bien la volonté divine. Il résolut de communier à cette intention un jour de fête de la bienheureuse Vierge, afin d'obtenir, par son intercession, que Dieu lui manifestât son bon plaisir.

La fête de l'Assomption de Notre-Dame approchait. C'était en 1583; Louis avait quinze ans et demi. Après une préparation extraordinaire, il communia donc ce jour-là (1). Tandis qu'il priait dévotement Dieu, par l'intercession de sa sainte Mère, de lui signifier sa volonté par rapport à l'état de vie qu'il devait embrasser, il entendit une voix claire et distincte qui lui ordonnait d'entrer dans la Compagnie de Jésus, et de plus, c'est ce qu'il raconta à sa mère et plus tard à ses frères en religion, de s'en ouvrir au plus tôt à son confesseur.

Sûr désormais des desseins de Dieu sur lui, il revint à la maison tout joyeux et plein d'un ardent désir d'obéir aussitôt. Le Père confesseur, après avoir examiné les commencements et les progrès de cette résolution, lui avait répondu qu'il lui semblait bien que cette vocation était bonne et venait de Dieu, mais que pour l'accomplir, il lui faudrait le consentement de

---

(1) C'est le jour de l'Assomption que saint Ignace et ses compagnons prononcèrent leurs premiers vœux et fondèrent la Compagnie de Jésus à Montmartre (1534), et que saint Stanislas Kostka rendit son âme angélique à Dieu, au noviciat de Saint-André, à Rome.

La sainte Vierge appelle Louis à la Compagnie de Jésus.

son père, sans quoi il ne serait jamais admis. Il devait donc exposer au marquis son dessein, et par ses prières et ses bonnes raisons obtenir son consentement.

Le jour même, Louis découvrit tout à sa mère qui eut tant de joie du parti que prenait son fils, qu'elle en remercia Dieu, et, comme une autre sainte Anne, offrit de bon cœur à la divine Majesté ce nouveau Samuel. Ce fut elle qui en instruisit son mari et calma ses premiers mouvements de colère. Elle aida si bien Louis et plaida si ardemment sa cause que le marquis, ignorant le désir qu'elle avait toujours eu de voir un de ses fils religieux, s'imagina qu'elle était mue par quelque affection plus vive pour Rodolphe à qui, de la sorte, le marquisat devait revenir.

Peu après, Louis vint exposer lui-même à son père le désir de son âme avec toute l'humilité et le respect possible, mais en même temps avec beaucoup de force et d'assurance. Le marquis jeta feu et flamme, chassa durement l'enfant de sa présence, le menaça même de le faire dépouiller et passer par les verges. A quoi Louis répondit doucement : « Plaise à Dieu me faire la grâce de souffrir quelque chose pour lui ! » Et il se retira.

Dans sa douleur, don Ferdinand tourna sa colère contre le confesseur absent, dit tout ce que la passion lui suggérait, et pendant quelques jours ne trouva pas un instant de paix, tant le coup était cruel et grand le dommage que lui causait, croyait-il, la résolution de son fils.

Il fit venir le confesseur de Louis au palais, se plaignit grandement de lui, l'accusant d'avoir mis cette idée dans la tête de cet enfant sur lequel reposaient toutes les espérances de sa maison. Le Père répliqua que Louis ne lui avait fait part que depuis quelques jours de ses projets, comme le marquis pouvait s'en assurer lui-même, mais qu'en voyant la vie qu'il menait, il n'avait pas eu de peine à prévoir ce qui devait arriver. Alors le marquis, un peu calmé, se retournant vers Louis qui était présent, lui dit que le mal serait supportable s'il avait choisi un autre ordre religieux. Louis répondit si à propos que son père ne put rien ajouter (1). C'est ce que raconte la lettre même du confesseur, dont voici un passage : « Par rapport à la vocation de Louis, il arriva deux choses dignes d'attention. Je ne lui avais jamais parlé en ce sens, bien que sa conduite fît présager l'événement. Un jour de l'Assomption de Notre-Dame, s'étant confessé et ayant communié (ce qu'il faisait fréquemment), il vint après dîner me dire que, pendant son action de grâces, suppliant Dieu par l'intercession de la sainte Vierge de lui manifester sa vocation, il avait entendu une voix claire et distincte l'avertissant de se faire religieux dans la Compagnie de Jésus.

« De plus, le marquis son père, fort ému de sa résolution, lui dit en ma présence : « J'aurais préféré, mon fils, que vous eussiez choisi quelque autre religion où ne vous aurait pas manqué quelque dignité qui fît honneur à notre maison ». Mais le jeune homme lui répondit : « Monsieur mon père, la plus forte raison qui a déterminé mon choix est précisément de fermer devant moi la porte à toute ambition. Si je voulais des dignités, je garderais le marquisat que Dieu m'a donné, comme fils aîné, et ne laisserais pas le certain pour l'incertain ».

(1) Camilla de Ferrari ayant demandé au marquis de Castiglione pourquoi il refusait à son fils la permission d'entrer dans la Compagnie de Jésus, dont la réputation était si bonne, celui-ci répondit que, si Louis voulait absolument être religieux, il n'avait qu'à choisir un ordre où il pût arriver au cardinalat et aux autres dignités ecclésiastiques auxquelles la Compagnie renonçait. Or, c'était précisément pour fuir ces honneurs que Louis avait pris sa détermination. (*Procès de canonisation.*)

Le confesseur s'étant retiré, le marquis, roulant mille pensées dans son esprit, s'imagina que ce n'était peut-être qu'un stratagème afin de l'arracher au jeu pour lequel il avait une furieuse passion, car peu de jours avant, il avait perdu plusieurs milliers d'écus, et le soir même où Louis s'était ouvert à lui, il venait d'en perdre encore six mille. Ce vice, il est vrai, déplaisait tellement au jeune saint que souvent, tandis que le marquis courait au jeu, lui se retirait dans sa chambre pour pleurer, et il disait à ses gens que ce qui l'affligeait, c'était bien moins une perte d'argent que la grave offense faite à Dieu. Le soupçon qu'avait le marquis fut partagé par toute la cour. Dès qu'on apprit ce qui s'était passé, on exalta la sagesse de Louis qui, voulant prévenir, disait-on, de plus grandes pertes, avait tout tenté pour éloigner son père du jeu. Mais la conduite du Bienheureux fit bientôt s'évanouir ces conjectures, et montra bien qu'il n'avait rien en vue que de plaire à Dieu.

La constance de Louis dans son dessein, l'insistance qu'il mettait à demander chaque jour la permission de suivre l'inspiration divine, surtout sa vie angélique, sa piété persévérante, tout cela convainquit don Ferdinand que l'affaire était sérieuse. Ce qui le confirma le plus dans cette croyance, ce fut le témoignage que rendit à Louis le révérendissime P. François de Gonzague, général des Pères Observantins de Saint-François, parent et intime ami du marquis (1), qui faisait alors la visite de ses maisons en Espagne. A la demande de ce dernier, le saint religieux fit subir un sérieux examen à Louis pendant

---

(1) Le P. François de Gonzague était fils de Charles de Gonzague, marquis de Gazzolo, cousin issu de germain de don Ferdinand. Louis et le P. François, malgré la différence de leur âge, étaient donc cousins au troisième degré.

deux heures, et il en fut si satisfait qu'il déclara au marquis qu'on ne pouvait douter qu'il n'y eût là une vocation divine.

Bien que le marquis en fût persuadé lui-même, il ne pouvait se résoudre au sacrifice et amusait son fils de belles pa-

François de Gonzague,
général des Observantins, évêque de Mantoue.
(Cabinet des Estampes.)

roles. Louis s'en aperçut et ne voulut pas tarder davantage.

Il venait d'accompagner à sa dernière demeure le jeune prince don Diego, emporté par la fièvre, et libre désormais des obligations qui l'attachaient à la cour, il résolut d'essayer si une nouvelle tentative lui réussirait. Un jour, qu'il était à la maison des Pères de la Compagnie avec son frère Rodolphe et quelques autres personnes de sa maison, il se tourna vers eux et leur dit de s'en retourner, car pour lui il entendait demeurer où il était. Ceux-ci multiplièrent leurs instances; mais le voyant très résolu, ils revinrent tout raconter au marquis que la goutte retenait alors au lit. Celui-ci, à une pareille nouvelle, manda aussitôt le docteur Salustio Petroceni, de Castiglione, son auditeur, et le chargea de ramener Louis au palais. Louis répondit : « Ce que je dois faire demain, je puis bien le faire aujourd'hui ». Il ajoutait qu'il se plaisait là où il était et qu'il priait qu'on ne l'en fît pas sortir. Mais le marquis s'écria qu'il était de son honneur que l'affaire ne se terminât pas ainsi, que toute la cour en parlerait et qu'il exigeait que Louis revînt à l'heure même. L'enfant obéit.

Une autre fois, le marquis prenant à part le Père général des Observantins, le supplia, au nom de la parenté et de l'amitié qui les unissaient, de considérer le grand dommage que causerait à son État le départ d'un fils si plein de prudence, et de le détourner d'entrer en religion en lui persuadant qu'un homme de son rang peut parfaitement servir Dieu dans le monde. Mais le Père le pria de lui pardonner si sa profession ne lui permettait pas de remplir un tel office, tout à fait contraire à sa conscience. Le marquis demanda que du moins Louis ne revêtît pas l'habit religieux en Espagne, mais revînt avec lui en Italie où il ne tarderait pas à se rendre, lui donnant sa parole que, de retour dans son pays, il laisserait son fils faire ce qu'il voudrait.

Le Père général, se rappelant qu'au temps où lui-même était à la cour du roi Catholique et voulait se faire frère de Saint-François, ses parents, après maintes oppositions, avaient tenté de le ramener en Italie dans l'intention de faire tous leurs efforts pour le détourner de son dessein, ce à quoi il n'avait eu garde de consentir, répondit au marquis qu'il n'était pas bon non plus à une telle besogne et qu'il s'en ferait scrupule. Toutefois, il en parla à Louis, et l'excellent enfant, se fiant à la pro-

Saint Louis de Gonzague en chevalier de Calatrava,
d'après une statue conservée au collège d'Uclès, S. J.

messe paternelle, dit au Père général qu'il était enchanté de donner au marquis cette satisfaction, qu'il n'y voyait aucune difficulté, ayant prévu tout ce qui pourrait arriver, et qu'il était si ferme dans sa résolution qu'avec l'aide de Dieu il resterait inébranlable.

Le Père général rendit compte de tout au marquis, et le père et le fils se mirent d'accord sur ce point.

CHAPITRE X.

LOUIS RETOURNE EN ITALIE ET SOUFFRE DE GRANDES OPPOSITIONS DANS L'AFFAIRE DE SA VOCATION.

En l'année 1584, les vaisseaux du seigneur Jean-André Doria, capitaine général de la flotte du roi Catholique, devant passer d'Espagne en Italie (1), le marquis don Ferdinand résolut d'en profiter pour retourner dans ses États avec sa femme et toute sa famille. Il partit donc de Madrid, et en passant par Saragosse, logea dans la maison de don Diego Girolamo de Esper y Mendoza. On y était en grand émoi; la femme de ce seigneur était sur le point d'expirer dans les douleurs de l'enfantement et les médecins allaient en venir aux moyens extrêmes. Le saint et compatissant jeune homme, ému de pitié, conseilla de renoncer à ces remèdes violents et de recourir à Dieu avec confiance. On crut entendre un ange descendu du

---

(1) Doria aborda à Gênes à la fin du mois de juillet 1584; c'est ce qu'on lit dans la Vie du P. François de Gonzague, évêque de Mantoue, qui, faisant cette traversée, « eut une extrême consolation de voyager avec Louis de Gonzague, trouvant ainsi l'occasion de converser continuellement avec lui des choses de Dieu. Dans leurs entretiens, ils s'enflammaient l'un l'autre du désir de servir Dieu plus parfaitement. »

ciel et l'on s'arrêta. Lui se retira dans l'oratoire, et pria Dieu pour la malade et pour cette famille affligée.

Et je lis dans un manuscrit du temps qu'à peine était-il à genoux et prosterné, la mère mettait au monde un enfant bien portant. En mémoire de ce fait qui parut miraculeux, on eut en grande vénération cet oratoire dans la famille Navasquez, devenue propriétaire de la maison.

Le Père général, François de Gonzague, ayant achevé sa visite des couvents d'Espagne, s'embarqua avec don Ferdinand et sa famille. On ne saurait dire quelle fut la joie qu'éprouva Louis de voyager en compagnie de ce saint homme, véritable et vivant modèle des vertus religieuses, et il m'a raconté lui-même qu'il s'appliquait beaucoup à l'étudier pour imiter ses exemples; il l'estimait à bon droit *le général de l'observance*. Ce qui s'est vu plus clairement encore lorsque le P. François de Gonzague fut fait évêque, d'abord de Cefalù en Sicile, puis de Mantoue. Il continua, dans cette dignité, de mener une vie si sainte, qu'au dire de ceux qui l'ont le mieux connu, il rappelait les grands évêques de la primitive Église. En si pieuse compagnie, Louis fit agréablement la traversée. Il s'entretenait de divers passages de la Sainte-Écriture, discourait des choses spirituelles, proposait ses doutes. C'est ainsi qu'il aborda en Italie au mois de juillet. Il était âgé de seize ans et quatre mois.

Il s'attendait que le marquis lui tiendrait parole et accorderait la permission tant désirée. Il redoubla donc ses instances; mais le marquis répondit qu'il souhaitait tout d'abord que Louis et Rodolphe rendissent visite de sa part à tous les princes d'Italie et qu'ils eussent à se mettre en route. Louis dut partir avec son frère, accompagné d'une suite nombreuse, et visita toutes les cours. Rodolphe était vêtu comme il convenait à son rang; mais le bon Louis portait un habit de serge noire, sans rien souffrir sur lui qui sentît la vanité. Le marquis cependant lui avait fait tailler des vêtements superbes, si brodés d'or qu'on pouvait dire qu'ils en étaient couverts, afin que son fils se présentât dans ce brillant costume à la sérénissime infante d'Espagne, duchesse de Savoie, alors en Italie. Mais on ne put obtenir qu'il en usât même une fois (1).

Un jour, à Castiglione, comme il montait l'escalier et se baissait pour ramasser son chapelet, son gouverneur s'aperçut que ses chausses, qu'il recouvrait de sa robe pour qu'on ne pût les voir, étaient horriblement déchirées. Il lui en fit grand reproche et le menaça d'en parler au marquis.

Durant le voyage, Louis allait toujours méditant ou récitant des prières vocales. Il n'omettait rien de ses jeûnes ordinaires ni de ses oraisons du soir. Arrivé à l'hôtellerie, il s'enfermait dans une chambre, cherchait un crucifix et s'il n'en trouvait pas, traçait avec de l'encre ou du charbon, une croix sur le papier, et là, agenouillé, il demeurait en prière une heure et même davantage. Dans les villes où il y avait une maison ou un collège de la Compagnie, après sa visite aux princes, il se rendait auprès des Pères. La première chose qu'il faisait, c'était d'adorer à l'église le très saint sacrement, puis il conversait pieusement suivant le loisir qu'il avait.

En passant à Pavie, ayant appris la sainte vie que menait dans cette université le comte Frédéric Borromée, il lui fit une visite qui fut également agréable à tous deux, pour le profit qu'ils en retirèrent l'un et l'autre. Le comte, bien qu'il ne sût rien des

---

(1) « Il fallut les donner au marquis Rodolphe, et quand celui-ci les prenait, ses gens disaient : Voilà les habits que Louis a refusé de porter ». (Déposition du prince François de Gonzague.)

projets de Louis, dit, après son départ, au comte Alexandre Pistro qui l'a rapporté : « Nous verrons bientôt le petit marquis de Castiglione se retirer dans un cloître pour y finir saintement ses jours ».

Frédéric Borromée, devenu cardinal archevêque de Milan, eut plus tard la grande consolation de vénérer Louis sur les autels et de s'employer avec zèle au procès de canonisation. On ne doit pas omettre de dire ce que rapportaient les auditeurs de la rote au pape Paul V. Le pieux cardinal, témoin des grands fruits que retiraient les religieuses de la lecture de la vie du saint jeune homme, ordonna qu'on la lût dans tous les monastères de son diocèse (1).

Dans la visite que fit Louis au comte de Savoie, il arriva deux choses qui sont à noter. Le première, c'est qu'étant logé, à Turin, dans le palais de l'illustrissime seigneur Jérôme della Rovere, son parent, depuis cardinal, notre saint conversait, un jour, avec quelques jeunes gentilshommes, auxquels se joignit un vieux seigneur de soixante-dix ans. Celui-ci ayant mêlé à l'entretien quelques propos peu honnêtes, Louis se retourna vers lui et lui dit avec une noble liberté : « Un vieillard de votre qualité n'a-t-il pas honte de proférer de telles paroles devant ces jeunes gentilshommes ? C'est donner un scandale et un mauvais exemple; car *les mauvais discours corrompent les bonnes mœurs* ».

Cela dit, il prit un livre de piété et se retira dans un autre appartement pour témoigner son déplaisir. Le vieillard resta muet et confus, et tous les autres furent très édifiés.

Voici l'autre fait. Son oncle, Hercule Tani, frère de la marquise sa mère, étant à Turin, vint voir Louis et le pria de se

---

(1) C'était précisément la Vie composée par le P. Virgile Cepari, et encore manuscrite.

rendre avec Rodolphe jusqu'à Chieri pour y visiter leurs parents. Louis accepta l'invitation et partit avec son oncle et son frère. Le seigneur Hercule, pour fêter ses neveux, fit préparer un grand festin suivi d'un bal. D'abord, notre saint refusa d'y paraître; mais enfin, cédant aux instances de ceux qui lui disaient que cette réjouissance n'était que pour célébrer sa venue, il se laissa conduire dans la salle où se trouvait réunie une foule de seigneurs et de dames, tout en protestant qu'il consentait bien à être présent, mais non à danser. On en tomba d'accord. A peine était-il assis, qu'une des dames vient l'inviter; lui, se lève aussitôt et s'en va. Le seigneur Hercule le cherche sans le retrouver. Enfin, passant pour un autre motif par l'appartement des serviteurs, il l'aperçoit caché dans un coin, entre le lit et la muraille, à genoux et priant. Il en fut si ému et si édifié qu'il n'osa l'interrompre (1).

(1) Les dépositions recueillies au procès de canonisation et publiées par les Pères Bollandistes. (*Acta sanctorum*, T. IV Junii) nous fournissent d'autres détails intéressants sur ce voyage de Louis de Gonzague à travers l'Italie. Le P. Valerio Gipsi, de la Compagnie de Jésus, nous fait le récit suivant :

« Tandis que j'étais novice de la Compagnie à Novellara (a), le bienheureux Louis et son frère Rodolphe y vinrent, accompagnés d'une suite nombreuse, et furent reçus par les seigneurs du lieu avec de grands honneurs, comme fils du marquis de Castiglione. J'ai remarqué que Rodolphe, bien qu'il fût d'une stature plus élevée et splendidement vêtu, cédait toujours le pas à Louis et semblait à peine oser marcher auprès de lui. La renommée des vertus de Louis poussait la foule à le contempler et à lui rendre hommage. On accourait à son passage, moins, ce me semble, parce qu'il était le fils aîné d'un grand prince, que parce qu'on savait que ce saint jeune homme voulait renoncer au monde pour entrer en religion. Pour ma part, je puis affirmer ce qui suit. Nous étions, les autres novices et moi, rangés en ordre dans la grande salle quand les deux princes, suivis d'un grand cortège de seigneurs, vinrent nous visiter. En la présence du bienheureux, à la pensée de tout ce qu'on racontait, surtout à la vue de son visage radieux de modestie et d'innocence, j'eus un tel sentiment de respect que je n'osais tenir les yeux fixés sur lui. La plupart des novices, parmi lesquels il y en avait d'âge mûr et d'expérience, avouèrent qu'ils avaient éprouvé quelque chose de semblable; tous, nous fûmes extrêmement consolés, et songeant qu'un si grand prince ambitionnait notre vocation sans pouvoir la suivre, nous nous mîmes à mieux comprendre encore notre bonheur, à aimer plus tendrement la Compagnie de Jésus et à bénir Dieu de la grâce qu'il nous avait faite. »

(a) Novellara, alors chef-lieu d'une principauté, fut annexée en 1737 au grand-duché de Modène. A 27 kilom. de cette ville.

CHAPITRE XI.

DES NOUVEAUX ASSAUTS QUE LOUIS SOUTINT A CASTIGLIONE, ET COMMENT IL OBTINT ENFIN DE SON PÈRE LA FAVEUR D'ENTRER EN RELIGION.

Ayant achevé le cours de ces visites, Louis revint à Castiglione, espérant que son père allait enfin s'acquitter de sa promesse ; mais il fut bien trompé.

Le marquis ne voulait plus rien entendre, essayant de se persuader que ce n'était point une vocation sérieuse, mais une ferveur de jeune homme qui s'évanouirait avec le temps. Plusieurs grands personnages, unis à Louis par le sang et par l'amitié, lui livrèrent des assauts inattendus. Ce fut d'abord le sérénissime Guillaume, duc de Mantoue, qui avait toujours eu pour lui une singulière affection. Il envoya à Castiglione, un évêque fort éloquent, lui dire de sa part que, s'il était dégoûté de la vie du monde, il se fît prêtre séculier, et qu'en cet état, il procurerait la plus grande gloire de Dieu et le bien du prochain bien mieux que dans la religion. Il ajoutait que les saints exemples ne manquaient pas, dans le passé comme dans le présent, tel que celui du cardinal Charles Borromée et de tant d'autres qui, placés aux premiers postes de l'Église, l'avaient plus utilement servie que s'ils avaient été religieux. Le prélat finit par lui offrir la protection du duc pour assurer son avancement. A toutes ses belles raisons, Louis répondit avec beaucoup de sagesse. Il termina en priant l'évêque de remercier Son Altesse de l'amour qu'elle lui avait toujours témoigné et dont cette offre était un nouveau gage et de lui dire qu'ayant renoncé déjà à tout ce que ses parents pouvaient faire en sa faveur, il ne pouvait accepter la proposition si flatteuse du prince; que d'ailleurs c'était pour fuir toutes les dignités ecclésiastiques qu'il avait fait choix de la Compagnie de Jésus.

Le second assaut lui vint du seigneur Alphonse de Gonzague, son oncle, auquel il devait succéder dans l'état de Castel-Giuffredo. Il fit à Louis des offres semblables et reçut les mêmes réponses. Un autre de ses parents, très considéré dans la famille de Gonzague, après avoir longuement combattu son projet, finit par dire beaucoup de mal de la Compagnie de Jésus, l'exhortant, puisqu'il voulait quitter le monde, à ne pas entrer dans un ordre qui s'y trouvait mêlé, mais à choisir plutôt une religion affranchie de soucis semblables, tels que les Capucins ou les Chartreux. Peut-être ce seigneur parlait-il de la sorte pour avoir l'occasion, si Louis se rendait à ses raisons, de l'accuser d'inconstance, ou pour le détourner ensuite plus aisément d'un état de vie peu convenable à la délicatesse de sa santé. Mais le saint répondit brièvement qu'il ne voyait pas comment il pouvait s'éloigner davantage du monde qu'en se donnant à la Compagnie. Car, tandis que le monde recherche les richesses, les honneurs et les dignités, la Compagnie, au contraire, faisait profession d'une parfaite pauvreté et fermait rigoureusement la porte à toute ambition.

Le marquis ne s'en tint pas là; il voulut que monseigneur Jean-Jacques Pastorio, archiprêtre de Castiglione, en grand crédit auprès de Louis, lui persuadât de se contenter de bien gouverner le marquisat. Mais le pieux jeune homme se défendit si bien que l'ambassadeur revint plaider sa cause auprès de son père et ne cessa depuis de proclamer que Louis était un saint.

Don Ferdinand recourut alors à un de ses intimes amis, le P. François Panigarola, fameux prédicateur qui mourut évêque. Ce religieux, bien à regret et pour ne pas répondre par un refus, essaya sur Louis son éloquence, mais en vain. Ce qui lui faisait dire à un cardinal : « Ils m'ont fait faire l'office du diable auprès de ce jeune homme; et puisqu'il le fallait, je l'ai rempli de mon mieux, mais je n'ai abouti à rien; il est si ferme qu'on ne peut l'ébranler ».

Cependant le marquis s'imaginait avoir gagné quelque chose. Un jour qu'il était au lit, souffrant de la goutte, il manda Louis et le questionna sur ce qu'il voulait faire. Celui-ci répondit avec autant de respect que de fermeté qu'il pensait toujours à servir Dieu dans la Compagnie de Jésus. A ces mots, don Ferdinand entre en fureur, et le visage irrité, il le chasse durement et lui défend de reparaître en sa présence.

Louis, prenant ces paroles pour un ordre formel, se retira au monastère de *Santa Maria*, à un demi-mille de Castiglione, chez les Franciscains, qu'on nomme *Zoccolanti* à cause de leurs sandales (1). Ce couvent est bâti au bord d'un lac délicieux, formé par les eaux qui tombent en cascades des collines voisi-

---

(1) *Zoccolo*, sandale.

nes et, coulant par des canaux souterrains, jaillissent en belle fontaine près de la villa que don Ferdinand avait fait construire pour servir de retraite à lui-même et à ses enfants. C'est là que se réfugia Louis ; il y fit porter son lit et ses livres et commença une vie plus solitaire encore, se donnant plus souvent la discipline, prolongeant ses oraisons, sans que personne osât en avertir le marquis dont on redoutait la colère.

Cependant, quelques jours après, celui-ci, qui gardait toujours le lit, demanda ce que son fils était devenu. Apprenant qu'il était au monastère, il le rappelle au château, le fait venir à sa chambre, l'accable de reproches et l'accuse d'avoir osé s'enfuir contre son gré et pour lui déplaire. Louis répond humblement qu'il a cru se conformer à l'ordre qu'il avait reçu. Son père réitère ses menaces et lui ordonne de se retirer dans sa chambre. « Vous le voulez, dit l'enfant ; j'obéis ».

Une fois chez lui, les portes fermées, il tombe à genoux devant le crucifix, suppliant Dieu de le fortifier dans l'épreuve. Il verse des larmes abondantes, puis se flagelle avec rigueur. Au même temps, le marquis sentait au fond de lui-même la conscience lutter contre l'amour trop humain qu'il portait à son fils. Il craignait d'offenser Dieu et tout ensemble il ne pouvait se résoudre à perdre son enfant bien-aimé. Craignant d'avoir trop contristé Louis, il fait entrer le gouverneur du château qui attendait dans l'antichambre et le prie d'aller voir ce que faisait son fils. Le gouverneur trouve, à la porte du Bienheureux, un serviteur qui l'avertit que celui-ci s'est enfermé et a défendu qu'on le troublât. Mais l'envoyé du marquis, fort de l'ordre qu'il avait reçu, vient à la porte, y pratique une ouverture avec sa dague et voit Louis, dépouillé jusqu'à la ceinture, agenouillé devant le crucifix, pleurant, se frappant avec violence.

Ému de pitié à un tel spectacle, il revient, les larmes aux yeux, auprès du marquis, et lui dit : « Monseigneur, si Votre Excellence voyait ce que fait le seigneur Louis, certainement il n'essaierait plus de l'empêcher d'entrer en religion ». Don Ferdinand lui demandant ce qu'il avait vu et pourquoi il pleurait : « Monseigneur, ajouta le gouverneur, j'ai vu votre fils en tel état qu'il n'est personne qui, à un pareil spectacle, puisse retenir ses larmes ».

Le lendemain, à la même heure, le marquis se fit porter en chaise à la chambre de Louis, laquelle était au même étage, et le vit en train de se flageller encore. Il en fut bouleversé et resta quelque temps comme hors de lui. Puis il fit faire du bruit et frapper à la porte. Il entra ensuite dans la chambre avec la marquise, vit le pavé teint de sang et reconnut à terre la trace des larmes.

C'en était trop ; il dut céder aux instances de son enfant.

Il écrivit donc à Rome, à l'illustrissime Scipion de Gonzague, patriarche de Jérusalem et plus tard cardinal, le priant d'offrir au P. Aquaviva, général de la Compagnie, ce qu'il avait de plus cher au monde et de lui demander où Louis devait faire son noviciat. Le Père Général répondit ce qui convenait en semblable occurrence, et pour plusieurs motifs choisit le noviciat de Rome (1).

(1) Louis joignit une lettre à celle que son père adressait au R. P. Aquaviva. Quand vint la réponse favorable de celui-ci, il lui écrivit de nouveau : « Il lui rendait grâces d'un si grand bienfait, sans pouvoir exprimer assez, à son gré, toute sa reconnaissance. Il s'offrait et s'abandonnait à lui tout entier, et s'il ne volait pas aussitôt à Rome, c'est qu'il était obligé de transmettre ses droits héréditaires à son frère puîné, cession qui exigeait le consentement de l'empereur, car il s'agissait d'un fief indépendant ; mais il espérait bien régler très promptement cette affaire. » Le P. Aquaviva lui répondit qu'il l'adoptait de tout cœur pour enfant et l'attendait avec impatience. — Ceci se passait vers la fin de l'année 1584. (*Œuvres de saint Louis de Gonzague*, publiées par le P. Alexandre Pruvost. — Paris-Tournai, 1862, p. 182.)

A cette nouvelle, si ardemment désirée, le joie du jeune saint fut incroyable. Il ne put résister au désir d'écrire lui-même au P. Aquaviva, pour lui rendre grâces et s'offrir entièrement à lui. Celui-ci, consolé par les sentiments d'une piété si vive, répondit qu'il le recevrait comme un fils et qu'il l'attendait.

On dut s'occuper alors de l'abdication de Louis qui avait reçu nommément l'investiture du marquisat de la part de l'Empereur. Le marquis désirait qu'il fût transféré à Rodolphe; à quoi Louis consentit bien volontiers, à condition que l'affaire serait vite conclue. L'acte fut donc dressé avec cette clause que Louis renonçait à tout l'héritage paternel, sauf une somme de deux mille écus qui lui seraient comptée aussitôt et une pension viagère de quatre cents. On soumit la minute à plusieurs jurisconsultes et au Sénat de Milan pour éviter toute difficulté par la suite; puis le tout fut transmis à l'Empereur sans l'approbation duquel rien ne pouvait se conclure.

Éléonore d'Autriche, duchesse de Mantoue, à la prière de Louis, offrit son intervention.

CHAPITRE XII.

COMMENT LOUIS FUT ENVOYÉ A MILAN POUR Y RÉGLER QUELQUES AFFAIRES.

Sur ces entrefaites, le marquis eut à régler à Milan de graves affaires, et comme il était encore retenu par la goutte, il résolut d'envoyer dans cette ville son fils Louis dont il connaissait le jugement et la prudence. Celui-ci partit donc pour Milan, sur l'ordre de son père; il y séjourna huit ou neuf mois, et régla toutes ces affaires difficiles et fort embrouillées à la pleine satisfaction de don Ferdinand. Ce temps ne fut pas perdu pour Louis.

Il avait achevé en Espagne, nous l'avons dit, ses études de logique. A Milan, il suivit les cours de sciences naturelles au collège de Bréra, qui appartenait à la Compagnie de Jésus, et comme il avait l'esprit vif et pénétrant, il y fit de notables progrès. Chaque jour, il était exact aux classes du matin et à celles du soir, et si quelque affaire le retenait ailleurs, il faisait prendre note des leçons du professeur afin de les étudier en particulier. Non seulement il assistait aux disputes publiques, mais il y prenait part, attaquant ou défendant les thèses, avec une ardeur exemplaire. Et toujours on admirait en lui, avec la pénétration de son intelligence, une si parfaite modestie, qu'au dire de ses maîtres, ni la parole ni le geste ne trahissaient la légèreté trop commune à son âge. Aussi attirait-il tous les regards et tous les cœurs.

Il s'appliquait encore tous les jours aux cours de mathématiques du même collège, et comme le maître ne dictait pas, Louis, de retour à la maison, pour ne rien oublier, faisait écrire à un secrétaire tout ce qu'il avait entendu. Celui-ci était émerveillé de sa prompte et sûre mémoire, et conservait comme des reliques les rédactions qu'il avait faites. Il me les a montrées à Castiglione, et je m'étonnais à mon tour de l'exactitude de chaque démonstration. Pas un chiffre, pas une figure, pas un trait qui ne fût à propos; pas un mot technique ne se trouvait omis.

Il se rendait en silence au collège, modestement vêtu de noir, sans épée, sans suite, presque toujours à pied, quoiqu'il eût plusieurs chevaux à l'écurie.

Sa seule récréation était de visiter les Pères avec lesquels il employait tous ses moments de loisir à s'entretenir de matière de science ou de piété. Son professeur de philosophie a remarqué que, par respect pour les religieux et pour tous ceux qui étaient revêtus de quelque dignité civile ou ecclésiastique, il ne les regardait jamais en face, mais se tenait devant eux les yeux modestement baissés. Il ne fréquentait pas seulement les prêtres ou les frères scolastiques, mais traitait familièrement avec les moindres coadjuteurs, particulièrement avec le portier, et regardait comme une grâce de remplir quelques instants son office, aimant à s'imaginer qu'il faisait déjà, de la sorte, partie de la Compagnie.

Sachant que les jeudis où ne tombait pas quelque fête fériée, les Pères du collège, pour se reposer un peu, allaient à la villa de Ghisolfa, hors la porte de Saint-Cosme, à quelques milles de la ville, Louis, de bon matin, suivait le même chemin et tantôt lisant un livre de piété, tantôt, au printemps, cueillant des violettes, il se promenait à distance de ses serviteurs. Apercevait-il quelques Pères, il les saluait aimablement au passage et les suivait des yeux aussi loin qu'il pouvait, aussi joyeux de les voir que s'il eût rencontré les anges du ciel; tant il enviait le bonheur qu'ils avaient de servir Dieu librement, sans aucun des soucis qui le tourmentaient lui-même! Pendant le carnaval, pour fuir la licence et les divertissements de ce temps, il allait se cacher au collège, disant que tout son plaisir était de voir les Pères et qu'il ne voulait d'autre spectacle.

Cependant, un des jours du carnaval, pour se vaincre lui-même et s'exercer au mépris du monde, il voulut, à sa manière, prendre part à la fête. On donnait un tournoi; toute la ville et en particulier la jeune noblesse y était accourue. Les cavaliers étaient magnifiquement montés et leurs chevaux richement harnachés. Bien que Louis en eût de fort beaux, un, entre autres, couvert d'une housse brodée d'or, qui le suivait d'ordinaire conduit en main par un serviteur, il traversa les rues de Milan alors remplies de chevaliers, accompagné seulement de deux pages, et monté sur un petit mulet, ce qui causa beaucoup d'édification et de joie à grand nombre d'hommes vertueux qui en furent témoins.

Toujours fidèle à ses pratiques de piété, il aimait à se rendre aux sanctuaires les plus fameux, par exemple, à l'église de Notre-Dame de Saint-Celse, célèbre en ce temps-là par les miracles qui s'y faisaient. Tous les dimanches et les jours de fête, il communiait à Saint-Fidèle, église de la Compagnie de Jésus. Son humilité, sa modestie inspiraient à tous les témoins le désir de devenir des saints. Le P. Charles Reggio, qui y remplissait alors les fonctions de prédicateur, affirme que, s'il voulait, durant son sermon, exciter sa ferveur et son zèle, il n'avait qu'à regarder Louis qui se tenait toujours devant la chaire, et que sa seule vue le comblait d'une consolation toute céleste.

BONUS MILES CHRISTI

CHAPITRE XIII.

D'UNE NOUVELLE ÉPREUVE DONT LOUIS SORT VICTORIEUX.

Telle était dès lors sa réputation de sainteté. Les lettres de l'Empereur touchant l'abdication étaient arrivées. Louis, âgé de dix-huit ans, attendait que son père le rappelât à Castiglione et lui permît enfin d'entrer en religion, quand une violente tempête faillit l'éloigner du port et le rejeter en pleine mer.

S'imaginant que l'ardeur que son fils témoignait pour l'étude l'avait détourné de ses projets, le marquis, aveuglé encore par une tendresse trop humaine, résolut de le soumettre à une nouvelle épreuve et partit lui-même pour Milan. Il arrive à l'improviste, il demande à Louis quelle est enfin sa détermination et constate qu'elle est toujours la même. A des paroles indignées et violentes, succèdent les plaintes et les représentations amicales. Certes, il est trop bon chrétien pour s'opposer à la volonté de Dieu; mais la raison lui fait craindre qu'il y ait plus d'amour-propre dans un semblable dessein que de vocation divine. Dieu ne nous fait-il pas un commandement exprès d'aimer nos parents? « Or, mon fils, votre entrée en religion, c'est la ruine de notre maison. Avec votre caractère, vous n'êtes guère en danger de vous perdre dans le monde. Vous y trouverez, au contraire, toute facilité pour y mener une vie chrétienne et pour maintenir dans le bien nos vassaux. Rappelez-vous quelle estime, quel respect, quel amour ils ont déjà pour vous ; avec quelle impatience ils vous attendent, quel désir ils ont de votre bon gouvernement ! Votre sage conduite vous a valu l'estime des princes avec lesquels vous avez traité et tout le monde a la meilleure opinion de vous. Rodolphe, au contraire, a l'esprit léger ; il est sans expérience ; si on lui lâche la bride, à quel mécompte n'est-il pas exposé ? Enfin ajouta-t-il, regardez-moi. Me voilà infirme, continuellement paralysé par la goutte, réduit à ne pas remuer. J'ai besoin d'être déchargé du soin des affaires et je ne puis m'en reposer que sur vous. Si vous me quittez pour entrer en religion, je succomberai sous le poids et vous serez cause de ma mort ».

A ces mots, le marquis fondit en larmes.

Louis protesta de son affection, remercia son père de l'amour qu'il lui témoignait, lui dit qu'il avait sérieusement songé à tout cela et que, s'il n'était pas convaincu d'avoir été appelé d'en haut à un autre genre de vie, il serait certainement bien coupable de ne pas se rendre au désir d'un père auquel il devait tout après Dieu.

Puisque ce n'était point par caprice, mais uniquement par devoir qu'il entrait en religion, il espérait que la Providence qui sait ce qui peut nous arriver de meilleur, disposerait toute chose pour le plus grand bien de leur maison.

Le marquis vit bien que son fils était convaincu de la réalité de sa vocation, et qu'on n'aboutirait à rien si on ne lui retirait cette idée de l'esprit. Il fit donc agir de nouveau auprès de lui des prêtres, des laïques, pour l'amener à croire que l'honneur de Dieu l'obligeait à garder le marquisat. Mais tous, l'épreuve faite, furent unanimes à déclarer que Louis était inspiré de Dieu et ne lui ménagèrent pas les éloges.

Don Ferdinand, sans se rendre encore, voulut mettre en œuvre un dernier expédient. Il se fit porter en chaise à Saint-Fidèle, maison de la Compagnie et pria un Père, fort estimé dans la ville, d'examiner son fils en sa présence et de lui proposer les objections qu'il croirait les plus fortes, promettant de se rendre si cette suprême tentative ne réussissait pas.

Le Père accepta, et durant une heure, il multiplia les questions et n'omit rien pour connaître quel esprit conduisait Louis et si sa vocation venait en effet de Dieu. Comme il présentait des difficultés en homme qui semblait convaincu, Louis s'imagina d'abord que ce religieux croyait ce qu'il lui disait; il ne laissa pas de lui répondre avec tant d'à-propos, appuyant ses raisons de l'autorité de l'Écriture, des Pères de l'Église et des docteurs, que le Père fut enchanté non seulement de sa constance, mais aussi de la sûreté de sa doctrine. Toutes ses répliques semblaient empruntées à ce que saint Thomas a écrit dans sa Somme théologique au sujet de la vie religieuse. Aussi le Père ne put-il s'empêcher de conclure en ces termes : « Seigneur Louis, vous avez raison; vous dites vrai et l'on ne saurait en douter. Vous m'encouragez moi-même, et il n'y a pas lieu de pousser la discussion plus loin ».

Le Bienheureux s'étant retiré, son père avoua qu'il était convaincu qu'une telle vocation ne pouvait venir que de Dieu. Il raconta alors quelle vie Louis menait depuis l'enfance et assura qu'il ne mettait plus obstacle à ses désirs.

Peu de jours après, don Ferdinand repartit pour Castiglione, laissant son fils à Milan afin d'y terminer quelque affaire. Celui-ci se hâta d'autant plus de tout conclure que chaque heure, passée loin de la Compagnie, lui paraissait un siècle.

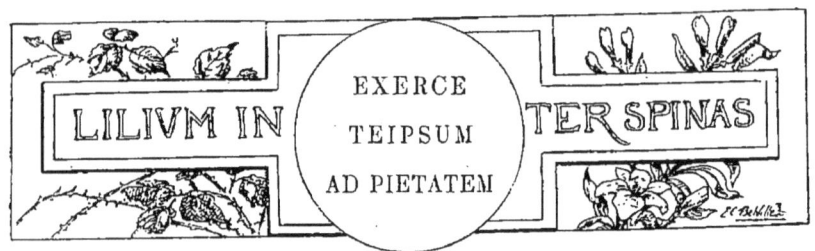

CHAPITRE XIV.

COMMENT LOUIS ALLA FAIRE LES EXERCICES SPIRITUELS A MANTOUE ET REVINT A CASTIGLIONE.

Avant de retourner à Castiglione, Louis présageant, d'après ce qui venait d'arriver à Milan, quelque nouvelle bourrasque, écrivit au R. P. Général de la Compagnie de Jésus une lettre pleine de ferveur où, après lui avoir raconté ses peines, il lui demandait conseil. Si le marquis mettait de nouveaux obstacles à son pieux dessein, pouvait-il, fort de l'autorisation déjà donnée, se réfugier dans quelque maison de la Compagnie, puisque aussi bien on devait être assez convaincu qu'il était vraiment appelé de Dieu. Le P. Aquaviva, quoique touché des épreuves de Louis et des périls qu'il courait, ne jugea pas néanmoins qu'on pût rien tenter sans l'assentiment du marquis. Il répondit donc à Louis de faire tous ses efforts pour l'obtenir ; c'était l'intérêt de la gloire de Dieu, le sien et celui de la Compagnie.

Le bienheureux suivit ce conseil et quitta Milan ; mais avant de se rendre à Castiglione, il voulut s'arrêter à Mantoue pour faire les exercices spirituels de saint Ignace au collège de cette ville. Il en avait besoin pour se consoler et pour s'affermir.

On était alors au mois de juillet 1585 et de jour en jour on attendait à Mantoue l'arrivée des ambassadeurs du Japon venus de ces contrées lointaines à Rome pour rendre hommage, au nom des rois et des peuples convertis, au vicaire de Jésus-Christ (1). Ayant fait le pèlerinage de Notre-Dame de Lorette, et parcouru une bonne partie de la Lombardie, ils vinrent à Mantoue (2) où le duc Guillaume et son fils, le prince Vincent, leur firent une réception magnifique. Or, tandis qu'on accourait de toute part pour assister à ces fêtes et surtout pour voir les ambassadeurs eux-mêmes qu'on dévorait des yeux et qu'on acclamait avec enthousiasme, Louis, sans se soucier de ces spectacles, se mit en retraite au plus fort de l'été, et resta enfermé deux ou trois semaines dans une très petite chambre, continuellement occupé à l'oraison, à la prière et à la lecture. Durant tout ce temps, il prit si peu de nourriture qu'on peut vraiment dire qu'il ne mangeait rien. Ceux qui le servaient en étaient dans la stupéfaction.

Le P. Antoine Valentino, homme fort entendu dans les choses de Dieu, qui pendant vingt-cinq ans avait été recteur et maître des novices dans la province de Venise, commença à lui donner les exercices spirituels. Louis lui fit une confession générale de toute sa vie passée et laissa le Père émerveillé de ses rares vertus. Celui-ci en rendit témoignage par écrit et sous serment, devant le vicaire de l'évêque de Reggio, dans l'information faite à Novellara pour le procès de canonisation. A cette

---

(1) C'était Grégoire XIII qui occupait, à leur arrivée, la chaire de Saint-Pierre. Sixte V, son successeur, fut élu tandis que les ambassadeurs étaient encore à Rome.
(2) Le lendemain de l'arrivée de Louis.

question : Louis fut-il un jeune homme de vie parfaite, orné de vertus et de dons spirituels? il répondit :

« Oui, Monseigneur, je l'affirme et le sais, pour l'avoir ouï dire non seulement par nos Pères, mais aussi par un vertueux jeune homme, son valet de chambre, son secrétaire et en quelque sorte son compagnon d'étude, qui m'a raconté des traits signalés de vertu au sujet de Louis. Je le sais mieux encore pour avoir traité avec lui en ce temps-là même et lui avoir donné les exercices spirituels de notre Compagnie, quand il voulait s'éclairer encore sur sa vocation que, disait-il, l'excellentissime marquis son père désirait connaître. A cette occasion, j'ai entendu sa confession générale dans laquelle, après y avoir mûrement pensé, je ne vois rien qui ressemble à un péché mortel, mais au contraire des merveilles de vertu et de sainteté ».

Louis prit connaissance des Constitutions et des Règles de la Compagnie et déclara qu'il n'y trouvait aucune difficulté. Puis, avant de partir, il copia les méditations sur la Passion afin de les faire souvent dans la suite.

De retour à Castiglione, sa première pensée fut de parler aussitôt de sa grande affaire au marquis ; mais, pour ne pas l'irriter, il attendit quelques jours que celui-ci entamât la question. On devine quelle fut sa vie; elle était si sainte que la cour et tout le peuple en étaient dans l'admiration. S'il sortait du château, il avait toujours les yeux baissés et ne les levait que pour saluer courtoisement ses vassaux; car il y était si attentif qu'il avait presque toujours la tête découverte. A l'église, où il se rendait pour entendre la messe, tandis que Rodolphe acceptait le tapis et les coussins de velours préparés pour les princes, Louis s'agenouillait à terre, et immobile, fort recueilli, après avoir assisté au divin sacrifice, il récitait l'office et faisait oraison. Les dimanches et les jours de fête, il communiait toujours et prolongeait si longtemps son action de grâces que son frère sortait pour se promener, et quand il revenait le chercher, il le trouvait encore en prière. C'était également à genoux qu'il demeurait durant les vêpres, sans vouloir user du fauteuil de velours qu'on lui présentait. A la maison, il restait seul dans sa chambre, passant des jours entiers sans dire presque une parole. Et plus tard, il nous avouait qu'il parlait plus, étant religieux, en un seul jour que dans le monde pendant plusieurs mois, et que s'il retournait dans sa famille, il devrait changer de façon de vivre, de peur de scandaliser par une apparence de relâchement ceux qui l'avaient connu autrefois. Et cependant nous savons si, dans la religion, il fut exact observateur du silence, qu'il ne rompait que par ordre de ses supérieurs.

Il multiplia tellement ses austérités qu'il pouvait à peine se tenir debout. Il est hors de doute qu'il passait toutes les bornes de la prudence, dans l'excès de sa ferveur, faute d'un guide spirituel. La marquise se servit de cette raison pour engager son mari à donner enfin son consentement, lui disant que, s'il s'obstinait dans sa résistance, il perdrait infailliblement son fils qui ne pouvait résister à la vie qu'il menait. Au contraire, dans la religion, la vigilance des supérieurs saurait modérer son ardeur par l'obéissance, et c'est ce qui arriva en effet. Louis avouait lui-même que la charité de ses supérieurs, en mettant un frein à sa ferveur indiscrète, n'avait pas été moins utile à la santé de son corps que profitable à son âme.

Pendant ce dernier séjour à Castiglione, il s'appliqua particulièrement à former à la piété ses plus jeunes frères. Celui qu'il affectionnait davantage était François, le même qui succéda au marquis Rodolphe, le 3 janvier 1593. Son jeune âge le rendait plus docile ; il était doué d'ailleurs d'un grand jugement ; peut-être aussi Louis prévoyait-il l'honneur que cet enfant ferait un jour à sa famille (1).

La marquise se plaisait à raconter ce fait. Un jour, elle entendit crier le petit François qui jouait avec les pages. Inquiète, elle courut à la porte, disant à Louis : « J'ai peur qu'on fasse du mal à cet enfant, » mais Louis répondit : « Ne craignez rien, Madame ; François saura bien se défendre, et retenez bien ce que je vous dis : c'est lui qui sera un jour le soutien de notre maison ». La marquise n'oublia pas ces paroles qui se sont pleinement vérifiées. On sait, en effet, comment don François se conduisit dans les épreuves tragiques que sa famille eut à subir et quel état de prospérité elle lui doit aujourd'hui.

Le seigneur Pierre-François del Turco, gouverneur de Louis, raconte de son côté que, plus d'une fois, ce que le jeune saint, encore dans le monde, avait prédit à ses vassaux, s'était ponctuellement accompli.

---

(1) Le prince François était d'environ neuf ans moins âgé que Louis. Il a rendu le témoignage suivant à son frère aîné au procès de canonisation : « Louis, bien jeune encore, était si pieux, si mortifié, que tout le monde l'admirait et l'appelait *le petit Saint*. Je l'ai vu bien souvent servir le prêtre à l'autel dans la chapelle du château. Non content de s'occuper de son propre salut, il s'efforçait de nous inspirer, à nous ses jeunes frères, des sentiments de piété. Dans ce but, il renfermait dans une cassette quelques friandises du dessert et me conduisant dans sa chambre, il m'apprenait à dire le chapelet, et à chaque *Pater noster* ou *Ave Maria*, il me donnait un grain de coriandre confit dans le sucre. »

CHAPITRE XV.

COMMENT LOUIS TRIOMPHA D'UNE DERNIÈRE ÉPREUVE.

Plusieurs jours s'écoulèrent, sans que le marquis fît la moindre allusion aux projets de Louis. Impatient de ces délais, celui-ci s'enhardit à dire à son père qu'il espérait toucher enfin à l'accomplissement de ses désirs. Mais quelle fut sa surprise d'entendre le marquis lui répondre qu'il ne savait pas avoir donné aucun consentement, et qu'on attendrait, pour laisser cette vocation mûrir, que Louis eût vingt-cinq ans! Du reste, il pouvait partir, s'il le voulait; mais, en ce cas, lui, renierait son fils.

Louis, à ce coup inattendu, resta anéanti. Il supplia son père avec larmes, pour l'amour de Dieu, de ne pas le réduire à cette extrémité. Le marquis fut inexorable. Voyant tout désespéré, le Bienheureux se retira désolé chez lui, pour recommander l'affaire à Dieu et réclamer les conseils du Père Général. Mais il fut si vivement pressé, qu'il lui fallut prendre immédiatement un parti. Il répondit donc que rien au monde ne pouvait lui déplaire davantage et que son âme n'aurait pas de repos tant qu'on lui interdirait d'entrer en religion. « Toutefois, dit-il, pour contenter Votre Excellence, à laquelle je désire plaire en tout après Dieu, pour suivre le conseil du Père Général qui m'ordonne de vous obéir en tout ce que permet la conscience, je me résigne à patienter encore deux ou trois ans, mais à deux conditions : la première que je passerai ce temps à Rome où je pourrai mieux conserver ma vocation et vaquer à mes études ; la seconde, que Votre Excellence écrira dès maintenant au Père Général pour lui donner un consentement formel. Si l'une de ces conditions n'est pas acceptée, il ne me restera plus, au cas où les Pères de le Compagnie ne voudraient pas me recevoir, qu'à courir le monde en fugitif plutôt que de désobéir à Dieu ».

Le marquis, fort contrarié d'une telle proposition, resta deux jours indécis et sans y répondre. Mais enfin, vaincu par tant de constance, persuadé que Louis était dans son droit, craignant surtout de le pousser à quelque extrémité plus désagréable encore, il se laissa fléchir et acquiesça à ce qu'on lui demandait. Le Bienheureux écrivit aussitôt au P. Aquaviva pour lui exposer les raisons de sa conduite ; en terminant sa lettre, il témoignait sa peine des retards mis à ce qu'il désirait le plus (1).

Louis passa tout ce temps dans la désolation, déplorant amèrement sa disgrâce d'être né noble et fils aîné, saintement jaloux de ceux à qui la médiocrité de leur fortune permettait

---

(1) « J'ai voulu faire connaître tout cela à Votre Paternité, et lui apprendre que je revêtirai sous peu de jours l'habit ecclésiastique et renoncerai à tout l'héritage paternel, sauf ce qu'on a jugé bon de réserver à de pieux usages. En attendant, je prie Votre Révérence de croire qu'en agissant ainsi j'ai voulu, suivant son conseil, contenter mon père ; j'ai pensé que je serais mieux à Rome qu'à Castiglione. Soyez, en tous cas, bien persuadé que rien ne pouvait m'être plus pénible que ces nouvelles entraves mises à une vocation que j'estime le plus grand bienfait de la Majesté divine. Aussi, croyez bien que je suis prêt à mourir mille fois avant de renoncer au ferme désir que j'ai de servir Dieu ».
(La fin de cette lettre nous a été conservée par le P. Piatti. V. *Acta Sanctorum*, t. VI Junii, p. 902.)

d'entrer aisément en religion. Mais Dieu, consolateur des affligés, si compatissant à ceux qui le prient dans la tribulation, leva subitement tous les obstacles et combla les vœux de son enfant bien-aimé.

On était à délibérer sur son établissement à Rome et le marquis voulait qu'il habitât dans le palais du cardinal Scipion de Gonzague. Il pria donc le duc de Mantoue, dont la femme était alors dans la Ville Éternelle, d'en écrire à cette illustre dame; ce que don Guillaume, pour l'affection qu'il portait à Louis, promit bien volontiers. Mais, quelque différend s'étant élevé, dans l'intervalle, entre les deux princes, l'affaire en resta là, ce que Louis regarda comme un coup de la Providence; car, sans cela il allait se trouver engagé dans des liens difficiles à rompre. Le marquis s'adressa alors au cardinal Scipion de Gonzague pour obtenir, par son entremise, que Louis eût un appartement particulier au Séminaire romain, où il vivrait avec sa suite. Le cardinal y mit beaucoup de zèle, mais il échoua dans sa démarche. Don Ferdinand pressa Louis d'écrire à Madame Éléonore d'Autriche, duchesse de Mantoue, à qui la Compagnie avait de grandes obligations, afin qu'elle réclamât cette faveur du Père Général. Mais Louis répondit sagement qu'il lui convenait moins qu'à tout autre de demander ce qu'il regardait comme contraire au bien de son âme et à sa bonne réputation; qu'il passerait pour léger et inconstant, lui qui avait fait intervenir la princesse auprès de l'Empereur dans l'affaire de son abdication.

Sur ces entrefaites, après avoir redoublé de ferveur dans la prière et de rigueur dans ses pénitences, se sentant rempli d'une force toute divine, il se rendit auprès du marquis, toujours retenu par la goutte, et fit un dernier effort pour le fléchir.

« Monsieur mon père, lui dit-il avec une grande fermeté, je me remets entre vos mains ; faites de moi ce qui vous plaira ; mais je proteste devant vous que je suis appelé de Dieu à la Compagnie de Jésus et qu'en vous opposant à ma vocation, c'est à lui-même que vous résistez ».

Cela dit, il se retira sans attendre la réponse.

Le marquis fut tellement bouleversé, qu'il ne trouva pas une parole. Puis, réfléchissant aux obstacles qu'il avait suscités à son fils, il craignit d'avoir offensé Dieu ; d'un autre côté, la douleur de perdre son enfant chéri l'attendrit tellement que, se tournant vers le mur, il versa un torrent de larmes, gémissant et poussant des cris. Tout le monde, en les entendant, se demandait ce qui pouvait bien se passer.

Enfin, il manda Louis et lui dit : « Mon fils, tu m'as frappé au cœur, car je t'aime et je t'estime comme tu le mérites. J'avais placé en toi toutes mes espérances et celles de notre maison ; mais puisque Dieu t'appelle, comme tu me l'assures, je ne veux pas te retenir. Va, mon fils, où il te plaît d'aller : je te donne ma bénédiction ».

Il prononça ces mots avec tant d'émotion et de tendresse et en poussant de tels soupirs qu'on ne pouvait le consoler.

Louis le remercia et sortit pour ne pas augmenter par sa présence la douleur de son père. Dès qu'il fut seul, il se prosterna les bras en croix et les yeux au ciel, pleurant, lui aussi, et bénissant Dieu auquel il s'offrit tout entier en holocauste.

CHAPITRE XVI.

LOUIS RENONCE DÉFINITIVEMENT AU MARQUISAT ET REVÊT L'HABIT ECCLÉSIASTIQUE.

A peine cette grande nouvelle se répandit-elle dans Castiglione, que tous les vassaux témoignèrent une extrême douleur. Durant le peu de jours que Louis passa encore au milieu d'eux, il ne pouvait sortir sans que tous, hommes et femmes, courussent aux portes et aux fenêtres pour le voir et le saluer. Ces braves gens pleuraient si fort qu'il se prenait à pleurer avec eux. On disait que c'était un saint et que Castiglione n'avait pas été jugée digne d'un tel prince. Quelques-uns l'accostaient en disant : « Seigneur Louis, pourquoi nous quittez-vous? Vous avez un si bel État, des vassaux si dévoués qui, outre l'amour naturel pour leur prince légitime, ont pour vous une particulière affection. Tous nous avions mis en vous notre espoir et, sur le point de prendre le gouvernement, vous nous abandonnez! » Et Louis répondait : « Je vous dis que je veux gagner une couronne au ciel. Un prince a trop de mal à se sauver; car on ne peut servir deux maîtres, le monde et Dieu. Moi, j'entends assurer mon salut, et vous, faites de même ».

Malgré son impatience, il dut attendre encore quelques semaines le retour de la marquise sa mère, alors à Turin auprès de la sérénissime infante duchesse de Savoie (1). De plus, d'après l'ordre exprès de l'Empereur, tous les plus proches parents de Louis devaient être présents à l'acte de renonciation; or, comme ces seigneurs résidaient à Mantoue, le marquis, pour leur commodité, voulut, malgré ses infirmités, se transporter dans cette ville.

Quand Louis quitta Castiglione, ce fut une explosion universelle de douleur au passage de son carrosse. Durant plusieurs jours, dans les maisons et dans les rues, on ne parlait que de lui; on se racontait ses vertus; on le célébrait comme un saint; on vantait son détachement du monde et sa constance à suivre l'appel de Dieu.

Louis demeura deux mois à Mantoue, passant presque tout le temps au collège des Pères. La cause de ce long séjour fut une difficulté qui s'éleva à propos d'une réserve de quatre cents écus faite en sa faveur. Le marquis, ayant su du recteur que nul, dans la Compagnie, ne pouvait rien garder pour son usage personnel, ne voulut plus de cette clause. Louis s'embarrassait peu de ce qu'on mettrait ou retrancherait dans l'acte; mais quelques jurisconsultes firent observer que, l'Empereur l'ayant signé avec cette disposition, on ne pouvait supprimer celle-ci sans infirmer tout le reste.

Enfin l'acte fut dressé sans cet article. Tout le monde étant d'accord, le 2 novembre 1585 au matin, dans le palais de Saint-Sébastien, habité par le marquis, se réunirent le prince don

---

(1) L'infante Catherine venait d'épouser en Espagne, cette même année 1585, le duc Charles-Emmanuel de Savoie. Les nouveaux époux firent leur entrée solennelle à Turin le 10 août, fête de saint Laurent.

Vincent, fils du duc de Mantoue, le seigneur Prosper de Gonzague, cousin de saint Louis, et plusieurs autres membres de cette illustre famille. En présence de toute cette assemblée, les formalités d'usage furent remplies. On sait par ces témoins

Saint Louis abdique en faveur de son frère Rodolphe.

oculaires que durant tout ce temps le marquis, accablé de douleur, ne fit que verser des larmes; Louis, au contraire, rayonnait de joie (1).

(1) « Au moment où Louis céda le marquisat à son frère, qui témoignait une joie enfantine : « Eh bien, mon frère, lui dit-il, lequel des deux est le plus content? Sois certain que c'est moi ». En entendant ces mots, plusieurs dames ne purent retenir leurs larmes. » (Déposition d'Ulysse Careno, de Mantoue.)

Les signatures données, il se retira dans sa chambre où il passa plus d'une heure à genoux, bénissant Dieu d'avoir enfin conquis le trésor de la sainte pauvreté. Puis il manda un vénérable prêtre, don Ludovico Cataneo, qu'il avait amené de Castiglione, et lui fit bénir un vêtement de jésuite qu'il avait fait secrètement tailler à Mantoue; se dépouillant alors de ses habits séculiers, même de sa chemise et de ses bas de soie, il prit son nouveau costume et apparut tout à coup au milieu des seigneurs qui tous avaient été retenus pour le dîner. A un spectacle si nouveau, ils ne purent retenir leurs larmes; le marquis surtout pleura pendant tout le repas. Louis, avec une gaieté modeste, saisit l'occasion de parler des dangers du monde, des biens éphémères d'ici-bas, des difficultés que les grands ont à faire leur salut, du ferme propos que chacun doit avoir d'assurer son bonheur éternel. On écoutait religieusement ce discours plein de sagesse, et l'on en gardait encore longtemps après le souvenir (1).

(1) « Je crois encore le voir, disait au procès de canonisation le prince François de Gonzague, tel qu'il était ce jour-là, le visage enflammé. Tous les assistants disaient qu'il était enfin au comble de ses vœux ».

CHAPITRE XVII.

COMMENT LOUIS PRIT CONGÉ DE TOUS, PARTIT POUR ROME ET ENTRA AU NOVICIAT.

Le jour suivant, 3 novembre, Louis dit adieu au duc Guillaume, à Mme Éléonore, au prince Vincent, et le soir, humblement agenouillé, il demanda la bénédiction à son père et à sa mère, qui la lui donnèrent avec l'émotion profonde que chacun peut imaginer. Pour lui, raconte Clément Ghisoni, son camérier, il ne versa pas une larme, dans sa joie de quitter le monde.

Le lendemain matin, il partit pour Rome avec la suite que son père lui avait donnée. Il y avait à la tête de ses gens, don Ludovico Cataneo qui lui servit de père spirituel durant le voyage, le seigneur Pierre-François del Turco, son gouverneur, le docteur Jean-Baptiste Bono et son valet de chambre. En cette circonstance, « il n'acquiesça ni à la chair ni au sang ». Son frère Rodolphe, auquel il venait de céder le marquisat, l'accompagna en voiture jusqu'au Pô, où, après les adieux, ils se séparèrent.

Sur le vaisseau qui portait Louis à Ferrare, quelqu'un ayant dit que son frère devait être bien heureux de lui succéder : « Sa joie, répliqua-t-il, n'égale certainement pas la mienne ».

A Ferrare, il visita le sérénissime duc Alphonse d'Este et la duchesse Marguerite de Gonzague, sa parente, et partit pour Bologne. Son désir était de s'arrêter à la *Santa Casa* de Lorette, par dévotion pour ce lieu saint qu'il ne connaissait pas encore, et afin d'accomplir le vœu que sa mère avait fait à sa naissance. A l'occasion d'un jubilé, ce vœu, il est vrai, avait été commué pour de légitimes motifs; toutefois, ce lui était une grande consolation d'y satisfaire. Mais, arrivé à Pietra Mala, sur la frontière du grand-duché de Florence, il trouva un cordon de sentinelles qui, par suite de la peste, ne laissaient passer personne. Il fallut donc rétrograder sur Bologne et se diriger vers Lorette par la Romagne. On ne peut dire de quelles consolations Dieu et sa bienheureuse Mère le comblèrent. Dès l'aube, il entendit à la suite cinq ou six messes dans la sainte Chapelle. Tout ému au souvenir de l'immense bienfait que le genre humain a reçu en ce lieu vénérable, il semblait ne pouvoir s'en éloigner. Pour se livrer en toute liberté à sa dévotion, il n'accepta pas l'invitation du Père recteur de loger au collège, mais préféra demeurer à l'hôtellerie avec tout son monde (1). Le bruit s'étant répandu qu'il allait à Rome pour entrer en religion, on le montrait du doigt, et l'on s'édifiait qu'un jeune homme noble et riche eut recherché la pauvreté et l'humilité avec la même ardeur qu'apportent les mondains à poursuivre les honneurs et l'opulence.

---

(1) « A Lorette, il invita tous ses gens à faire la sainte Communion; lui-même se confessa et communia deux fois, et demeura longtemps en prière dans le lieu consacré par l'incarnation du Verbe ». (Déposition d'un de ses serviteurs.)

Le lendemain, avant le départ, il voulut de nouveau entendre la messe et communier; puis, après une longue oraison, il monta à cheval et se dirigea vers Rome. Voici quelle était en voyage sa façon de vivre. Le matin, dès le lever, il faisait un quart d'heure d'oraison mentale et récitait ensuite les heures canoniales en compagnie de don Cataneo qui lui enseignait les règles de l'office divin; après quoi, il disait l'*itinéraire* et montait à cheval. Durant plusieurs milles, il cheminait seul, s'occupant de prières vocales ou de méditations... Personne n'osait le distraire; quand il voulait converser, il priait don Cataneo d'approcher et parlait avec lui des choses de Dieu.

Tandis que les chevaux se reposaient, Louis prenait une légère collation et récitait les vêpres et les complies. Puis il continuait sa route, songeant à la vie pénitente qu'il espérait mener en religion, à la conversion des infidèles qu'il désirait évangéliser un jour et à d'autres choses semblables. Le soir, arrivé à l'hôtellerie, bien qu'on fût au cœur de l'hiver et qu'il se sentît glacé de froid, il ne se chauffait jamais. Renfermé dans sa chambre, il faisait deux heures d'oraison devant un crucifix qu'il portait avec lui, prenait la discipline, récitait les matines et les laudes et descendait pour prendre un frugal souper. Il eût voulu faire ses jeûnes habituels le mercredi, le vendredi et le samedi; mais don Cataneo, le voyant si faible et si fatigué du voyage, le lui défendit. Louis ne permettait pas qu'on bassinât son lit ni qu'on l'aidât à se déshabiller, quoiqu'il eût quelque peine à quitter ses bas de grosse laine. Un soir, son directeur, touché de compassion, s'approcha pour lui rendre ce service et s'aperçut qu'il avait les jambes et les pieds glacés; mais il ne put lui persuader de se chauffer.

Louis descendit à Rome chez le cardinal Scipion de Gonzague, et après s'être un peu reposé, il se rendit à la maison du Gesù

Saint Louis aux pieds du P. Claude Aquaviva.

pour se présenter au P. Aquaviva qui vint à sa rencontre dans le jardin. Prosterné aux pieds du Général, le nouveau novice s'offrit à lui pour être son enfant soumis, avec tant d'humilité et de ferveur qu'on eut peine à le faire relever (1). Il présenta au Père une lettre du marquis de Castiglione qu'il convient de citer ici.

« Illustrissime et révérendissime Seigneur (2),

« Si, par le passé, j'ai jugé convenable d'ajourner mon consentement à l'entrée de mon fils Louis dans votre saint Ordre, craignant que son jeune âge ne l'exposât à l'inconstance, aujourd'hui que je crois pouvoir affirmer que Notre-Seigneur l'appelle, non seulement je n'ai pas osé le détourner de son dessein ou refuser plus lontemps d'accéder à ses instances, mais au contraire, pour la satisfaction de son âme et sa consolation, je l'envoie à Votre Seigneurie révérendissime, persuadé qu'elle sera pour lui un meilleur père que moi.

« Je n'ai rien de particulier à vous mander à son sujet, mais je certifie à Votre Seigneurie que je lui confie ce que j'ai de plus cher au monde, ce qui était toute l'espérance de ma maison, laquelle mettra désormais sa confiance dans les prières de ce cher fils et dans les vôtres auxquelles je me recommande, priant Notre-Seigneur d'accorder à Votre Révérence la félicité qu'elle désire.

« De votre illustrissime et révérendissime Seigneurie,

« Le très affectionné serviteur,

« LE PRINCE MARQUIS DE CASTIGLIONE ».

---

(1) « Parvenu au milieu du jardin, il tomba à genoux, et le Père Général, obligé de le relever, le baisa au front et l'appela son fils ». (Déposition du P. François Rosatino, témoin de cette scène).

(2) Don Ferdinand semble se rappeler surtout que Claude Aquaviva est le fils aîné du duc d'Atri.

En sortant du Gesù, Louis visita les cardinaux Farnèse, Alexandrin, d'Este, de Médicis qui fut plus tard (1587) grand duc de Toscane, et quelques autres, et reçut de tous l'accueil le plus affectueux. Farnèse et Médicis, en particulier, firent tous leurs efforts pour qu'il logeât dans leurs palais.

Après ces visites de courtoisie, il vénéra les sept églises et les autres lieux de pèlerinage, pieusement occupé dans le trajet à méditer ou à réciter les psaumes. Partout il donna mille témoignages de dévotion. Puis il alla recevoir la bénédiction du pape Sixte V. La nouvelle de ses projets s'étant répandue dans la cour pontificale, on faisait cercle autour de lui et on le regardait comme une sorte de prodige. Reçu en la présence de Sa Sainteté, il lui baisa les pieds et lui présenta les lettres de son père. Le pape lui fit plusieurs questions sur sa vocation et lui demanda en particulier s'il avait bien pensé aux fatigues qui l'attendaient dans la vie religieuse. Louis répondit que depuis longtemps il avait bien réfléchi et tout prévu. Le Saint-Père loua beaucoup sa résolution et sa ferveur, lui donna sa bénédiction et le congédia avec de grands témoignages d'affection. C'était un samedi ; il avait jeûné la veille au pain et à l'eau, et n'avait encore rien pris ce jour-là à quatre heures du soir où il eut son audience ; aussi, à peine rentré chez lui, il se trouva mal et eut à redouter un nouveau contretemps ; mais heureusement il n'en fut rien.

Le dimanche, il se rendit dès le matin au Gesù, entendit la messe et communia dans la chapelle des saints Abonde et Abondance, puis monta à la tribune pour entendre le sermon. Il resta à dîner au réfectoire avec le cardinal patriarche de Gonzague, sur l'invitation du Père général qui fit remplacer la lecture par une prédication. Le Patriarche était ravi de la modestie et du recueillement de ce jeune homme, plus encore de ses questions et de ses réponses, et il disait : « C'est merveille que cet enfant ne dise jamais une parole mal à propos et que tout soit si mesuré et si judicieux dans sa conversation ». Les gens du cardinal étaient eux-mêmes très édifiés et racontaient ce que nous avons déjà dit, que le matin, quand il entendait la messe dans la chapelle de Son Éminence, à peine arrivait-on à l'élévation, Louis versait un torrent de larmes qu'il ne parvenait pas à dissimuler.

Enfin, le lundi matin, 25 novembre 1585, fête de sainte Catherine, vierge et martyre, Louis, âgé de 17 ans et huit mois, monta joyeusement au Quirinal et entra au noviciat de Saint-André, accompagné de tous les siens et du cardinal Scipion de Gonzague qui lui dit la messe et le communia. Il dîna avec le Père Général qui était venu à Saint-André pour la circonstance. En entrant dans la maison, il se retourna vers ceux qui l'accompagnaient depuis Mantoue et leur recommanda de penser à leur salut. Il remercia le docteur Bono de l'avoir suivi, ordonna au majordome (1) de porter ses lettres à Livourne, au grand duc de Toscane, chargea son camérier de saluer de sa part la marquise sa mère et s'adressant enfin à don Cataneo : « Vous direz à mon père, de ma part : *Oubliez votre peuple et la maison de votre père,* » voulant faire entendre qu'à partir de ce moment il avait brisé tous les liens qui l'enchaînaient au monde. Le prêtre demandant s'il n'avait rien à transmettre à son frère Rodolphe, il répondit : « *Qui craint Dieu, fera le bien.* » Sur quoi il dit adieu à ses gens, qui s'en retournèrent en pleurant la perte d'un si bon seigneur.

(1) Sans doute son gouverneur Pierre-François del Turco, majordome du prince Jean de Médicis.

Il remercia aussi le cardinal de Gonzague de s'être entremis pour l'heureuse issue de sa vocation et lui promit de prier pour lui. A ces paroles, le Patriarche ne put retenir ses larmes et avoua qu'il était saintement jaloux de n'avoir pu choisir la meilleure part. En partant, il disait aux Pères : « Vous venez de recevoir un ange du Paradis ».

Saint Louis dans sa cellule.

Délivré de tous les soucis de la terre, Louis fut conduit par le maître des novices, le Père Jean-Baptiste Pescatore, dans une chambre où il devait passer quelques jours en retraite et faire *la première Probation* suivant les règles de la Compagnie. En y entrant, il lui sembla être au ciel et il s'écria : « *Voilà le lieu de mon repos à jamais! J'y habiterai, car je l'ai choisi* ».

Puis, laissé seul, il se mit à genoux, remerciant Dieu, avec des larmes de joie, de ce qu'il l'avait délivré de l'Égypte et conduit dans la terre promise où coulent en abondance le lait et le miel des célestes consolations, s'offrant tout entier en perpétuel holocauste à la divine Majesté et demandant la grâce de vivre dignement dans sa maison et de mourir à son saint service.

Toute sa vie, il célébra avec une particulière dévotion l'anniversaire de son entrée en religion et prit pour patronne sainte Catherine dont on faisait la fête ce jour-là.

DEUXIÈME PARTIE.

SAINT LOUIS DE GONZAGUE DANS LA COMPAGNIE DE JÉSUS.

> « J'estime ma vocation le plus grand et le plus insigne bienfait qu'ait pu m'accorder la Majesté divine, et je suis prêt à mourir mille fois plutôt que d'abandonner ma ferme résolution de servir Dieu. »
>
> (Lettre de saint Louis de Gonzague au R. P. Claude Aquaviva, général de la Compagnie de Jésus.)

CHAPITRE PREMIER.

AVEC QUELLE PERFECTION LOUIS COMMENÇA SON NOVICIAT.

Après avoir décrit la vie de saint Louis dans le monde et les vertus dont dès lors il était orné, il est temps de raconter ses saintes actions depuis son entrée dans la Compagnie de Jésus.

On peut bien dire qu'il y fut comme *une lampe allumée*, mais qui, dans l'ombre de la vie religieuse, n'était plus autant exposée aux regards pour l'édification du monde. La raison en est qu'il mourut jeune, avant d'avoir achevé ses études de théologie et d'être élevé au sacerdoce. Ajoutez que, pendant le peu d'années qu'il vécut, la prudence paternelle de ses supérieurs lui lia les mains et le contraignit à modérer ses rigueurs passées. A ne juger sa conduite que par ce qui paraît au dehors, il semblerait au premier coup d'œil que Louis, en se soumettant à la règle religieuse, renonçait à ces actes héroïques dont il avait l'habitude dans la maison paternelle. Mais quiconque est versé dans les choses de Dieu et les envisage dans leur réalité, verra clairement que Louis, par l'obéissance, donnait à ses actions une perfection et un mérite qu'elles n'avaient pas dans le siècle. Il agissait avec plus de lumière; il pratiquait plus de vertus; dépouillé de toute volonté propre, il ne suivait que le bon plaisir divin. Ses moindres actes étaient ennoblis par l'intention de la plus grande gloire de Dieu et par le sentiment intense d'une parfaite charité.

Parmi ces admirables vertus, il en est deux qu'il convient de signaler ici : son amour de la vie commune et sa fidélité aux moindres règles.

Né prince, de complexion délicate, il se soumit à la discipline domestique non seulement sans réclamer aucune exception, mais sans profiter des petits adoucissements que les supérieurs lui offraient, surtout dans les commencements. Il s'adonnait avec joie aux offices les plus vils, comme s'il n'eût fait que servir toute sa vie. En second lieu, il se persuada qu'un parfait religieux doit observer toutes les règles et s'astreindre aux moindres exercices. C'est à quoi il mit tout son zèle. Il parvint ainsi à une si haute perfection, qu'il mérite d'être proposé à tous pour modèle.

C'est au noviciat qu'il posa les fondements solides de toutes les vertus. Dans cette première *probation* dont nous avons parlé, il resta plongé dans un recueillement plein d'allégresse, méditant, lisant, l'esprit si uni à Dieu que la lecture elle-même lui était une méditation. Mais étant tombé malade, par suite du changement de climat ou pour la trop grande ardeur qu'il apportait à toute chose, les supérieurs abrégèrent ce temps de solitude, d'autant plus volontiers que sa retraite de Mantoue où il avait lu les constitutions l'avait suffisamment instruit. Quant à sa vocation, il était bien inutile de la soumettre à de nouvelles épreuves.

Il passa donc aux mains du médecin jusqu'à son complet

rétablissement. On trouva alors son linge teint de sang, par suite des continuelles disciplines prises pendant son voyage de Mantoue à Rome.

Quand il commença à se mêler aux novices, le Père maître remarqua qu'il portait la tête trop inclinée. Pour corriger cette habitude, il lui fit doubler d'un fort carton un collet de linge qui lui maintenait la tête droite, ce que Louis accepta avec empressement, souriant aimablement lui-même de cette légère épreuve. Il obtint de ses supérieurs de troquer son bréviaire doré sur la tranche et sur la couverture contre un exemplaire plus commun, tant il avait horreur de ce qui pouvait rappeler la vanité mondaine.

C'est le sentiment des saints Pères, confirmé par l'Écriture, que Dieu, dans les secrets conseils de sa providence, éprouve parfois ceux qui le servent avec fidélité. Tantôt, sans qu'il y ait la moindre faute de leur part, il se sert du démon, tantôt il agit directement par lui-même. Il en use ainsi particulièrement avec les âmes les plus avancées, qu'il sèvre pour un temps des consolations dont il avait coutume de les favoriser. Saint Bernard montre que telle est la conduite ordinaire de Dieu, et il l'explique par de solides raisons.

Notre-Seigneur ne voulut pas priver Louis de ce mérite. Il l'éprouva, dans le commencement, par une extrême sécheresse d'esprit, sans trouble néanmoins et sans défaillance. Seulement le novice restait privé de ces douceurs spirituelles qu'il goûtait d'ordinaire dans le siècle. Il s'en plaignait doucement à Dieu, qui, dès qu'il était en oraison, dissipait les nuages et lui rendait la paix. Son bien-aimé se cachait pour se faire désirer, et reparaissait bientôt pour le consoler.

Un jour, pour le décourager, le démon lui suggéra qu'il ne

serait bon à rien dans la Compagnie; mais, Louis, découvrant le piège, triompha de la tentation en moins d'une demi-heure.

Il avoua que c'était là seulement ce qui l'avait troublé durant son noviciat, et que tout le reste du temps il avait joui d'une paix parfaite. Quoi de surprenant, puisqu'il s'était mis au-dessus de toutes les vicissitudes humaines et rapportait toute chose au bon plaisir de Dieu! C'est ce qui le rendait en quelque sorte imperturbable.

PATER NOSTER IN CŒLIS

CHAPITRE DEUXIÈME.

QUELS FURENT LES SENTIMENTS DE LOUIS A LA MORT DU MARQUIS SON PÈRE.

Louis perdit son père deux mois et demi après son entrée en religion; à cette nouvelle, il montra bien quel empire il avait sur lui-même en face des événements les plus pénibles à la nature. La lettre qu'il écrivit à sa mère pour la consoler commençait par ces mots : « Je rends grâces à Dieu de ce que je puis dire plus librement aujourd'hui : *Pater noster qui es in cœlis.* » Ce qui émerveilla tout le monde, ceux-là surtout qui savaient l'amour qu'il avait pour son père, amour si grand qu'il disait qu'après Dieu il n'avait rien de si cher au monde.

Il avouait à l'un de ses amis que, s'il eût considéré cette mort en elle-même, il en eût été extrêmement désolé, mais qu'en y voyant la main de Dieu, il ne pouvait s'affliger de ce qui était de son bon plaisir. Il y reconnaissait aussi l'action d'une amoureuse providence à son égard; car, si son père fût mort quelques mois plus tôt, il était à craindre qu'on ne l'eût pas reçu dans la Compagnie de Jésus, pour ne pas priver sa maison de son chef, ses vassaux d'un prince qu'ils chérissaient, son jeune frère du secours de sa prudence. Peut-être aurait-il consenti à demeurer quelque temps encore dans le monde, et ensuite que serait-il arrivé? C'était donc Dieu lui-même qui, par amour pour Louis, avait mené à bien l'affaire de sa vocation avant la mort de son père.

La Providence divine ne s'était pas moins manifestée en faveur du marquis. Chevalier plein d'honneur, mais ambitionnant les grandeurs mondaines pour lui, pour ses fils, pour toute sa maison, don Ferdinand, dès l'entrée de Louis en religion, changea de vie, s'appliqua à la dévotion au point d'exciter l'admiration de tous ceux qui en furent les témoins.

Il renonça au jeu, sa grande passion; tous les soirs, il faisait mettre sur son lit de souffrance le crucifix laissé par Louis, récitait les sept Psaumes de la pénitence avec les litanies, aidé de Ghisoni, le camérier de son fils, qu'il avait retenu auprès de lui. La marquise et ses enfants s'unissaient à sa prière, et le malade versait des larmes, poussait des soupirs, signes évidents d'un cœur touché et contrit. Puis, prenant en main le crucifix, il se frappait la poitrine, disant : « Pardon, Seigneur! j'ai péché; pardon, Seigneur! » Étonné lui-même de cette prompte conversion : « Ah! ajouta-t-il, je sais bien d'où viennent ces larmes; tout cela, je le dois à Louis. C'est lui qui m'a valu du bon Dieu cette grâce de la componction ».

Il manda don Ludovico Cataneo, revenu de Rome, l'emmena avec lui à Notre-Dame de Mantoue et lui fit une confession générale, ainsi que ce saint prêtre me l'a raconté lui-même; et depuis il persévéra dans la même ferveur. Il se fit de là conduire à Milan pour y consulter les médecins; mais il y mourut bientôt.

Le P. François de Gonzague, qui était encore Général de son ordre, se trouvant alors en cette ville, vint un soir le prévenir de sa mort prochaine. Le prince, devinant ce qu'il lui voulait à pareille heure, le pria de lui envoyer un de ses religieux pour qu'il pût se confesser de nouveau. Il le fit le soir même ; le lendemain matin, il rédigea son testament et après avoir pris ses dernières dispositions, il consola les siens qui pleuraient, leur dit de bénir Dieu qui l'appelait à lui et il expira. C'était le 13 février 1586. Par son ordre, son corps fut porté à Mantoue et enterré dans l'église de Saint-François.

Louis, en apprenant les circonstances de cette sainte mort, de la bouche du P. François de Gonzague et des autres membres de sa famille, en fut bien consolé et rendit grâces à Dieu (1).

(1) Le prince François, frère de saint Louis, s'exprime en ces termes dans sa déposition juridique au procès de canonisation : « Quand Louis nous eut quittés, notre père, qui s'était violemment opposé à sa vocation, fut merveilleusement touché et changé et s'adonna tout entier à la piété. Entre autres actes de dévotion, il se fit apporter sur son lit un petit crucifix d'ébène, cher à Louis qui, devant lui, ouvrait son cœur à Dieu. Il y fixait les yeux et récitait avec beaucoup de larmes les sept Psaumes de la pénitence. Je l'ai appris de ma mère et du serviteur qui lui répondait ; je l'ai vu moi-même de mes yeux, mais sans comprendre alors ce qui se cachait en cela de mystère. Ludovico Cataneo m'a affirmé que mon père lui fit sa confession générale. Or je ne doute pas que mon père n'ait dû cette conversion à Louis dont les prières lui obtinrent de Dieu de se préparer convenablement à une sainte mort. C'est ce que me déclara peu après à Milan l'illustrissime P. François de Gonzague, évêque de Mantoue, qui assista le mourant et fit pour lui les recommandations de l'âme. Depuis lors je n'ai plus vu mon cher Louis ». Il ne put le revoir, en effet, car il partit pour la cour de l'Empereur et ne revint à Castiglione que quatre années plus tard ; Louis était mort.

Le P. Croiset (a) nous donne un fragment de la lettre écrite par saint Louis à sa mère à l'occasion de la mort du marquis. « Voici, dit-il, à peu près, comme il répondit : « Madame ma chère mère, je suis d'autant plus touché de votre extrême affliction qu'elle est très juste ; mais ce qui doit nous consoler vous et moi, c'est que Dieu ne fait rien que pour un plus grand bien. La mort si chrétienne de mon cher père doit être encore un grand sujet de consolation pour nous, puisque c'est un préjugé si bien fondé de son bonheur dans l'autre vie ».

(a) *Le Parfait Modèle de la jeunesse chrétienne* (nouvelle édition, 1821), p. 151.

CHAPITRE III.

COMBIEN SAINT LOUIS FUT ADONNÉ A LA MORTIFICATION DURANT SON NOVICIAT.

Louis aimait à dire qu'il avait appris cette maxime du marquis son père, que celui qui embrasse un état ou commence une œuvre, doit s'y appliquer le plus parfaitement possible. « Si mon père pensait ainsi dans les affaires du monde, ajoutait-il, j'y suis obligé bien davantage dans les affaires de Dieu ».

Toute sa conduite montre combien il fut fidèle à ce principe; car il mit toute son ardeur à se mortifier et à s'avancer dans la vertu. Et pour ne dire que ce qui, en ce temps-là, étonnait le plus en lui, Louis semblait ne plus avoir souvenir des siens. Un jour qu'on lui demandait combien il avait de frères, il lui fallut réfléchir un instant avant de répondre. Un Père voulant savoir si la pensée de ses parents ne l'importunait pas quelquefois : « Jamais, dit-il; car je ne pense à eux que pour les recommander à Dieu tous ensemble (1) ».

---

(1) Il est des esprits légers, oublieux des leçons de l'Évangile, qui reprochent aux saints leur prétendue insensibilité. Il importe de leur rappeler que le même Dieu qui nous fait

Il était maître de ses pensées, parce qu'il était maître de ses sens. Il les gardait avec la plus grande vigilance et ne perdait aucune occasion de les mortifier. Jamais on ne le voyait sentir une fleur ou se complaire à une odeur agréable. En visitant les malades dans les hôpitaux, il s'attachait aux plus rebutants et affrontait tous les dégoûts sans un signe de répugnance.

Il affligeait son corps par les disciplines, le cilice, le jeûne au pain et à l'eau, estimant qu'il n'en ferait jamais assez. Sa santé délicate ne permettait pas d'accéder en cela à tous ses désirs; c'était la seule chose dont il eut quelque idée de se plaindre.

Un jour, il avouait à un Père qu'il ne faisait presque plus de pénitences étant religieux, en comparaison de ce qu'il s'en imposait dans le monde; mais il s'en consolait en pensant que « la religion est un vaisseau sur lequel ceux qui par obéissance ne font rien avancent autant que ceux qui rament avec le plus d'efforts ». Un jour de vigile, il obtint du maître des novices la permission de jeûner au pain et à l'eau; mais celui-ci s'apercevant qu'il n'avait presque rien pris, lui ordonna d'aller à la seconde table et de manger tout ce qu'on lui présenterait. Il obéit ponctuellement.

Le repas fini, le P. Striverio lui dit en plaisantant : « Allons, frère Louis, voilà une belle façon de jeûner ; manger peu une première fois pour y retourner une seconde. — Que voulez-

---

un précepte d'aimer nos parents a dit aussi : « Celui qui veut venir après moi doit haïr son père et sa mère ». Cette parole n'est dure qu'à ceux qui n'en comprennent pas le sens. Haïr son père et sa mère, cela signifie qu'on ne doit pas les préférer à Dieu, qu'on doit les aimer, non pas d'un amour humain et charnel, mais pur et tout surnaturel.

La suite de cette histoire prouvera que telle fut bien l'affection, toujours tendre et forte, que Louis garda pour sa famille. Les lettres qu'il écrivit, les démarches qu'il entreprit pour rétablir la paix parmi les siens rendent témoignage que, plus il aima Dieu, mieux il sut aimer ses proches, ceux qui, plus que tous les autres, sont pour chacun de nous *le prochain*.

vous que j'y fasse, répondit Louis avec un bon sourire : *Ut jumentum factus sum apud te,* je suis comme une bête devant vous, » dit le Prophète.

Il mortifiait l'ouïe non moins que la bouche. Quelqu'un contait-il des nouvelles ou autres choses futiles, Louis changeait le discours, s'il le pouvait. Si l'âge ou la dignité des personnes ne le permettait pas, il gardait le silence de façon à montrer qu'il n'écoutait pas volontiers.

Quant à la modestie des yeux, déjà si parfaite dans le monde, elle fut plus admirable encore dans la religion. Les novices avaient coutume d'aller quelquefois en congé à une *vigne* ou villa, et Louis s'y était souvent rendu avec les autres. Or il arriva, je ne sais pour quel motif, que les Frères furent envoyés, un jour, à une autre maison de campagne. Au retour, on demanda à Louis laquelle des deux villas lui plaisait davantage; ce qui l'étonna fort. Il croyait avoir été au lieu ordinaire de la promenade; cependant ce n'étaient ni la même route, ni la même disposition du logement. Enfin il se souvint qu'en effet il avait trouvé ce jour-là une chapelle qu'il n'avait pas vue auparavant.

Il mangeait depuis trois mois au réfectoire, sans avoir remarqué dans quel ordre étaient disposées les tables. Envoyé par le Père ministre pour prendre un livre à la place du Recteur, il dut prier quelqu'un de la lui indiquer. Une autre fois, déjà novice depuis assez longtemps, il avouait au Père maître, comme un scrupule qui le tourmentait beaucoup, que par hasard et sans le vouloir, il avait jeté deux ou trois fois les yeux sur un voisin pour voir ce qu'il faisait ; il craignait que ce ne fût de la curiosité. Bien plus, il ajouta que c'était la première fois qu'il éprouvait un scrupule en fait de regards.

Il semblait avoir entièrement perdu la sensation du goût. Les mets, bons ou mauvais, n'avaient aucune saveur pour lui; cependant il montrait quelque préférence pour ce qui plaisait

Saint Louis va mendiant par les rues de Rome.

moins. En mangeant, il s'appliquait à la lecture publique ou à quelque pieuse réflexion; le matin, il pensait au fiel dont le Sauveur fut abreuvé sur la croix; le soir, aux prodiges de la dernière Cène de Notre-Seigneur avec les disciples.

Mais, par-dessus tout, il veillait sur sa langue. Si on ne savait les dangers et les maux qu'elle occasionne, on serait tenté d'estimer excessive la circonspection que Louis apportait dans ses entretiens. Il répétait souvent la prière du roi-prophète : « *Mettez, Seigneur, une garde à ma langue et une porte de sûreté à mes lèvres,* » et il avait coutume de dire, avec la sainte Écriture : « *Qui ne pèche en paroles est un homme parfait. Si quelqu'un s'imagine être pieux, sans mettre un frein à sa langue, il n'a qu'une piété vaine* ».

Aussi ne saurait-on dire avec quelle exactitude il gardait le silence au dedans et au dehors de la maison. Désigné un jour pour accompagner un Père, il se rappela avoir entendu dire que la permission de sortir n'entraînait pas toujours celle de parler. Il prit donc avec lui un petit livre et, tout en cheminant, il en lisait quelque chose, puis le méditait. Le Père, édifié de cette délicatesse, le laissa faire, s'entretenant de son côté de saintes pensées.

Si Louis aimait le silence, c'est qu'il craignait de commettre quelque imperfection en parlant et que les consolations spirituelles qu'il goûtait avec Dieu lui ôtaient tout désir de converser avec les hommes. Fallait-il parler, il pesait, pour ainsi dire, chaque mot. Pendant la récréation, il interrompait quelquefois son discours, jugeant qu'il valait mieux se taire; se sentait-il poussé à poursuivre, il s'imposait un moment de silence.

Pour ce qui est du vêtement, il réclamait avec instance ce qu'il y avait de plus usé. Le supérieur lui fit faire un jour une soutane neuve; Louis eut tant de répugnance à la prendre, que le tailleur s'en aperçut, ainsi que les autres personnes présentes. Comme il rendait compte ensuite de la peine qu'il avait éprouvée à cette occasion, son directeur lui répondit qu'elle venait peut-être de l'amour-propre et du souci de sa réputation. Il s'examina donc plusieurs jours de suite à ce sujet, mais ne put rien trouver en lui de semblable. Il remarqua bien qu'au début de son noviciat, il lui était venu quelque pensée de complaisance, mais, par la grâce de Dieu, il n'y avait jamais consenti. Cependant, pour plus de sûreté, il dirigea toutes ses méditations de la Passion vers cet objet, afin d'extirper les moindres germes d'amour-propre et d'acquérir un profond mépris et une sainte haine de lui-même.

Les humiliations lui paraissaient plus nécessaires et plus profitables encore que les mortifications corporelles. La pratique qu'il en avait les lui rendaient presque indifférentes. Souvent, il demandait d'aller par la ville de Rome avec de vieux habits, la besace sur l'épaule, pour mendier. Interrogé s'il éprouvait alors quelque fausse honte ou quelque répugnance : « Non, dit-il, car je me propose d'imiter Jésus-Christ et pense au mérite éternel que je puis acquérir ainsi. Cela me fait tout accepter de bon cœur et avec allégresse. Même humainement parlant, je ne vois pas ce qui pourrait, en cela, me mortifier; car, de deux choses l'une : ou bien ceux qui me voient ne me connaissent pas, et alors que me fait leur jugement et que m'importe, puisque je ne suis pas connu? Ou bien ils me connaissent, et en ce cas ils sont édifiés, je ne perds rien à leurs yeux, et s'il y a péril, c'est moins du côté de l'humiliation que de la vaine gloire. Le monde lui-même n'estime-t-il pas chose honorable la pauvreté volontaire embrassée pour l'amour de Dieu? »

Pareillement, quand on l'envoyait, les jours de fête, enseigner le catéchisme dans les rues et les places publiques aux pauvres et aux paysans, il se livrait à ce ministère avec un zèle, avec une joie qui touchaient tout le monde. D'illustres prélats faisaient alors arrêter leurs carrosses pour le voir et l'entendre (1). Une fois entre autres, rencontrant un homme qui ne s'était pas confessé depuis six ans, il lui parla avec tant de force qu'il parvint à l'amener au saint tribunal avec plusieurs autres.

Il avouait qu'en une seule circonstance, il était quelque peu sensible à l'humiliation, c'était quand au réfectoire ou à la salle commune on le reprenait publiquement de ses défauts, non qu'il se souciât du moins d'estime qu'on pourrait avoir de lui, mais parce que les défauts qu'on lui signalait lui déplaisaient en eux-mêmes. Cette correction fraternelle, disait-il, lui était fort avantageuse. Sans doute, il lui eût été facile de détourner son esprit ailleurs, mais il n'en faisait rien pour ne pas « frauder la sainte obéissance » et pour acquérir un plus grand mérite. Pendant ce temps, il s'excitait à une sainte joie par la pensée que cette épreuve lui donnait quelque ressemblance avec Notre-Seigneur, ce qui lui fournissait la matière d'une longue méditation.

Le maître des novices, le voyant si plein de bonne volonté, voulut l'éprouver en quelque chose de fort nouveau pour lui; durant quelques jours, il le donna pour aider le frère chargé du réfectoire à balayer, à nettoyer, à dresser la table. Le frère qui avait ordre d'affecter de ne trouver rien de bien fait et de ne pas lui épargner les reproches, remplit exactement sa mission, sans que Louis s'excusât jamais ou essayât même

---

(1) « J'ai vu souvent à Rome, au Champ de Flore, Louis entouré d'une foule nombreuse expliquer les vérités de la religion catholique avec tant de clarté et de chaleur, qu'il enthousiasmait non seulement les auditeurs, mais les spectateurs eux-mêmes. Un jour, et j'en fus témoin, le cardinal de Cusa vint à traverser la place. Voyant cette multitude attentive, il fit arrêter son carrosse pour écouter le jeune orateur qui, debout sur des tréteaux comme en ont les faiseurs de tours et les marchands d'élixirs, faisait le catéchisme et exhortait à la vertu ». (*Procès de canonisation.*)

de justifier en rien sa conduite. Ravi de tant d'humilité et de patience, le bon frère n'en croyait pas ses yeux (1).

Le patriarche de Gonzague étant venu un jour voir Louis au noviciat, prit à part le Père recteur et lui demanda ce que devenait son jeune parent. « Monseigneur, répondit le Père, je ne puis dire qu'une chose à Votre Seigneurie illustrissime, c'est que tous tant que nous sommes nous avons à tirer grand profit d'un tel exemple ».

En un mot, dans les premiers mois de son noviciat, Louis se montra si modeste et si recueilli, si rigoureux à réprimer ses sens, si enclin à rechercher les humiliations, si parfait observateur des moindres règles, si humble envers lui-même, si affable envers ses frères, si respectueux à l'égard des supérieurs, si prompt à suivre leurs ordres, si dévot pour Dieu, si détaché de toute affection mondaine, si brûlant de charité, enfin si parfait en toutes vertus, que les novices le regardaient comme un saint et baisaient pieusement les objets qu'il avait touchés. Quelques-uns s'empressaient de recueillir les choses à son usage comme autant de reliques. Moi-même, j'eus pour ma part le petit office de Notre-Dame qu'il avait apporté, lequel passa en d'autres mains et se conserve encore religieusement en Sicile. Un Père prédicateur obtint le bréviaire dont Louis se servait dans le monde et le garda comme un trésor, tant on avait en haute estime sa parfaite sainteté !

(1) « Quand il allait à la maison professe du Gesù pour y servir les messes, son office rempli, il revenait à la sacristie et vénérait à genoux les reliques des saints qu'on y conserve, sans s'asseoir comme les autres. Le sacristain lui ordonnait parfois de se lever et Louis obéissait aussitôt ». (*Procès de canonisation.*)

CHAPITRE IV.

COMBIEN IL SE RÉJOUIT D'ALLER A LA MAISON DU GESU POUR Y SERVIR LA MESSE.

A Rome, il est d'usage que les novices de la Compagnie, après quelques mois passés à Saint-André du Quirinal pour s'y former à la discipline religieuse, aillent pour plusieurs semaines à la maison professe du Gesù.

Ils ont là leur logement distinct et s'occupent à servir les messes, à lire au réfectoire et à remplir d'autres modestes fonctions. L'un d'eux, nommé le préfet, distribue, sous l'autorité du supérieur, les divers offices; mais, en outre, un Père des plus graves de la maison est chargé de leur conduite spirituelle et leur sert de maître des novices.

Louis était depuis trois mois au noviciat lorsqu'il reçut l'ordre de se rendre au Gesù. Il en fut très heureux pour deux motifs également surnaturels. Il espérait profiter des saints exemples de ces vieillards, modèles de la vie religieuse, qui, après avoir blanchi dans le saint ministère de l'apostolat, s'occupent, les uns du soin de l'église ou de la maison, les autres du gouvernement de la Compagnie entière dans lequel ils assistent le général dont le Gesù est la résidence (1). De plus, la grande dévotion qu'avait Louis envers le très saint Sacrement de l'autel lui faisait rechercher le bonheur de servir la messe. Cette dévotion, qu'il ressentait déjà dans la maison paternelle, avait encore grandi ; elle était si universellement connue, que, lorsqu'on songea à faire le portrait du bienheureux, plusieurs eurent l'idée de le représenter en adoration devant la sainte hostie. Louis avait puisé cet amour pour le Dieu caché, dans ses communions si fréquentes et si ferventes. On ne s'étonnera pas de la pureté de conscience et de la préparation diligente qu'il apportait à cette sublime action. Il se servait d'une communion pour se disposer à un autre ; outre maints exercices de piété, il avait coutume de diviser la semaine de telle sorte que le lundi, le mardi, le mercredi, dédiés par lui aux trois personnes divines, fussent consacrés à l'action de grâces et les trois jours suivants à demander à l'adorable Trinité des faveurs spéciales pour célébrer dignement son dimanche. Chaque jour, à certaines heures déterminées, il se rendait à l'église ou à la tribune, pour visiter le très saint Sacrement et faire un peu d'oraison. La veille de la communion, tous ses entretiens roulaient sur ce divin mystère duquel il parlait avec tant de ferveur que des prêtres cherchaient à passer la récréation du samedi avec lui pour jouir de ses pieux discours. Ils disaient qu'ils ne célébraient jamais mieux le saint sacrifice que le dimanche, tant leur cœur était enflammé par les ardents colloques du jeune novice. Il en était de même

---

(1) Il est superflu d'avertir le lecteur que l'invasion sacrilège des États pontificaux a forcé le Père général à se réfugier loin de Rome. La maison professe a été presque tout entière confisquée et des soldats italiens y remplacent les fils de Saint-Ignace.

pour ceux qui pendant la semaine désiraient communier ou dire la messe avec une particulière ferveur; ils s'ingéniaient pour se trouver avec Louis la veille et faire adroitement tomber l'entretien sur ce sujet.

C'était en pensant au bonheur du lendemain que Louis s'endormait; c'est en y pensant encore qu'il se réveillait. Après une heure de méditation sur la sainte Eucharistie, il se rendait à l'église avec tous les autres pour assister à la messe qu'il entendait tout entière à genoux et immobile. Dès qu'il avait communié, il se retirait dans un coin et restait un temps assez long comme en extase; l'âme remplie de divines affections et de célestes douceurs, il semblait avoir peine à se lever et à quitter l'église. Tout le reste de la matinée, il gardait le silence, occupé de prières vocales, d'oraison mentale, lisant parfois quelques passages de saint Augustin ou de saint Bernard.[1]

Le P. Jérôme Piatti, homme de grande vertu, très expérimenté dans les voies spirituelles, fut au Gesù le directeur de Louis. Il se réjouit d'autant plus de le voir sous sa conduite qu'il avait, dès les premiers jours, conçu une haute idée de la vertu du jeune novice. C'est ce qu'il mandait au Père Muzio Vitelleschi, alors à Naples où il achevait ses études théologiques.

« Très cher frère en Jésus-Christ,

« La paix de Jésus-Christ!

« Pour répondre à la lettre que j'ai reçue de vous, cher Vitelleschi, je ne saurais mieux faire que de vous parler d'un grand novice qui vient d'entrer à Saint-André. C'est un jeune homme [nommé Louis de Gonzague, fils aîné et héritier du prince marquis, proche parent du duc de Mantoue (1)... Mais sa noblesse est peu de chose en comparaison de ses belles qua-

Saint Louis en oraison (Gravure de Wierix).

lités. Son talent est si remarquable que, bien qu'il n'ait encore que dix-huit ans et qu'il ait longtemps vécu à la cour, il sait très bien la logique et la physique. Il parle avec tant de sagesse et de prudence que vraiment tout le monde en est émerveillé.

(1) Nous abrégeons cette longue lettre du P. Piatti, et omettons les détails déjà rapportés dans cette histoire.

Je ne vous en donnerai qu'une preuve, c'est que le marquis son père le chargeait des plus importantes affaires de sa maison. Dans la lettre où ce prince offrait son fils au Père général, il disait qu'il lui donnait ce qu'il avait de plus cher au monde et l'objet de toutes ses espérances. Mais tout cela n'est rien auprès de sa vertu et de sa sainteté... Je ne sais si je dois ajouter une chose qui va diminuer votre joie comme elle a diminué la nôtre, mais je ne veux pas la passer sous silence, afin que vous priiez pour lui. Sachez donc que, de tous les biens de la nature et de la grâce, un seul lui manque, la santé ; elle est si faible qu'à le voir seulement on tremble pour lui. Quoi qu'il en soit, il est certain que si la bonne Providence daigne en prendre soin, rien ne lui manquera de notre côté ; tel est l'ordre du Père général et nous avons commencé à y satisfaire. En tous cas, il sera bien mieux sous la sage conduite de la Compagnie qu'abandonné à une ferveur qui ne connaît aucun frein. Priez donc le Seigneur pour lui et ne doutez pas que, si Dieu lui donne la santé et les forces, vous ne le voyiez faire un jour de grandes choses pour le divin service.

« J'ai voulu vous narrer exactement tout cela, tout en omettant bien des faits édifiants, afin de vous faire partager notre allégresse, qui est si grande qu'on ne parle presque pas d'autre chose ici ; mais c'est à condition que vous m'obtiendrez, en retour de la consolation que je vous donne, la grâce d'imiter ce jeune frère, perle précieuse que la divine Majesté confie à la Compagnie. Que Dieu vous bénisse !

« De Rome, le 29 novembre 1585.

« Votre frère et serviteur en Jésus-Christ.

« Girolamo Piatti. »

C'est ainsi que parlait ce Père, même avant d'avoir intimement connu Louis. Quand il eut pénétré dans sa conscience au Saint Tribunal et traité avec lui des choses de Dieu, il prit des notes sur tout ce qu'il apprenait de ce pieux jeune homme qu'il se plaisait déjà à proclamer un saint. Un jour qu'il parlait du ciel avec un de ses frères et disait que les élus dans le paradis se perdent pour ainsi dire dans le vouloir divin, n'aimant et ne voulant que ce que Dieu aime et veut lui-même : « Il me semble, ajouta-t-il, en avoir un exemple manifeste dans notre Louis ; les saints du ciel, voyant Dieu se complaire en cette âme, s'empressent de la combler de dons et de grâces célestes. Je croirais même qu'il y a entre eux une sainte émulation à qui lui fera plus de bien, tant ils admirent la prédilection divine dont elle est l'objet ». Le même Père, passant par Sienne, vantait les vertus héroïques de ce jeune homme et disait qu'à voir en lui une sainteté si grande, il s'étonnait qu'il ne fît pas de miracles. Et je me souviens avoir entendu dire de même au cardinal Bellarmin.

CHAPITRE V.

DE LA VIE QUE MENAIT LOUIS A LA MAISON PROFESSE.

Louis habita la maison professe du Gesù plus longtemps que les novices n'ont coutume d'y demeurer. Tous les matins, après une heure d'oraison mentale, il se rendait à la sacristie et servait cinq ou six messes avec grande dévotion. Plein de tendre prévenance pour ses frères, surtout pour deux qui lui semblaient plus délicats, il pria le supérieur de veiller sur leur santé et de ne pas leur permettre de servir trop de messes.

Le temps qu'il avait libre, il le passait à l'écart et en silence, méditant, récitant l'office de Notre-Dame ou lisant quelque livre de piété. Était-il nécessaire d'avertir ou d'interroger le sacristain, il lui parlait la tête découverte, les mains sur la poitrine, avec un respect et une soumission dont celui-ci était confondu. Il lui obéissait ainsi qu'à ses compagnons avec autant d'empressement et d'exactitude que s'il eût entendu Notre-Seigneur Jésus-Christ lui-même.

Un jour de Jeudi-Saint, le sacristain le chargea de rester auprès du sépulcre et d'avoir soin des cierges qu'on y brûlait. Louis demeura là plusieurs heures, sans lever les yeux sur la belle décoration de l'autel qu'on venait admirer en foule. Un frère lui demandant ce qu'il en pensait, il avoua ne pas l'avoir vue, chargé qu'il était d'un autre office.

Il vénérait le jeune préfet des novices à l'égal du Père général lui-même. Il se levait et se découvrait à son passage et lui donnait de telles marques de déférence que celui-ci, tout confus, pria le confesseur d'y mettre un terme. C'est que Louis ne considérait jamais l'homme en celui auquel il obéissait, mais seulement le représentant de Dieu; la voix qu'il entendait, c'était celle de Jésus-Christ lui-même. A quoi il s'appliquait, disait-il, moins pour le grand mérite d'une semblable soumission que pour la douceur qu'il avait à penser que Notre-Seigneur lui commandait et qu'il avait l'occasion de le servir. Il ajoutait qu'il lui était plus agréable d'obéir aux supérieurs subordonnés qu'à ceux qui ont la plénitude de l'autorité, qu'il y avait en cela non pas de l'humilité, mais ce qu'il appelait un certain orgueil. Selon lui, humainement parlant, il est difficile à un homme de se soumettre à un autre homme, si surtout celui-ci est inférieur par le savoir, par la naissance ou d'autres avantages; mais se soumettre à Dieu ou au lieutenant de Dieu, ce qui est la même chose, quelle gloire, quel mérite aussi, mérite d'autant plus grand que celui qui commande a moins de qualités et qu'on cède moins, en l'écoutant, à quelque sentiment naturel.

Après avoir passé les heures de la matinée au service de l'église, les novices tour à tour lisaient à table et servaient à la cuisine. Louis remplissait ces humbles emplois comme s'il ne fût pas né pour autre chose. Au réfectoire, il lisait lentement et posément. Un jour que le bruit fait par hasard au dehors empêchait le jeune lecteur d'être distinctement entendu, le préfet des novices se mit à reprendre Louis, lui reprochant, pour voir ce qu'il répondrait, le dommage qu'il causait à tous. Celui-ci, loin de s'excuser, demanda pardon, promit de se corriger et recommença le passage qu'il avait déjà lu.

Le P. Jérôme Piatti, jugeant qu'il apportait une attention excessive à l'oraison et à ses autres exercices de piété, lui commanda de prolonger, matin et soir, sa récréation avec ceux qui mangeaient à la seconde table, bien qu'il prit place à la première. Le Père ministre, qui ignorait l'ordre donné, trouvant Louis à cette seconde récréation, lui imposa une pénitence au réfectoire et l'obligea à s'accuser publiquement d'avoir violé la règle du silence. Louis obéit sans s'excuser, sans rien dire, mais continua de rester, la fois suivante, à la même récréation. Nouveau reproche, nouvelle pénitence accomplie avec la même humilité. Alors le P. Piatti l'appela et lui dit qu'il avait donné quelque scandale en se laissant reprendre deux fois pour le même motif. « Pourquoi, lui dit-il, n'avoir pas averti le Père ministre de la permission que je vous avais donnée? — La pensée m'est venue, en effet, répondit Louis, que je pouvais ainsi scandaliser mes frères, mais j'ai craint, d'autre part, que l'amour-propre ne me suggérât cette excuse. J'avais donc résolu de me taire, mais à la troisième fois d'avertir le Père ministre, afin d'éviter le scandale ». Il lui semblait que rien n'édifiait davantage que l'empressement à faire une pénitence, même quand on n'avait ni faute ni négligence à se reprocher.

Plusieurs fois, on lui imputa par erreur les manquements d'autrui; il se taisait, il acceptait le châtiment, comme s'il eût été le vrai coupable, mais son innocence éclatait bientôt, quand celui qui avait commis la faute venait de lui-même s'en accuser.

Dans l'après-midi, il accompagnait les Pères de la maison qui ont coutume, plusieurs fois la semaine, d'aller visiter les prisons et les hôpitaux. Tandis que les confesseurs entendaient les détenus ou les malades, Louis leur faisait le catéchisme ou les préparait aux sacrements (1). A la maison, il s'occupait à balayer ou à remplir d'autres humbles offices. Une fois qu'il pliait le linge avec d'autres novices, il se souvint qu'il n'avait pas fait, ce jour-là, sa lecture dans Saint Bernard. Il eut la pensée d'interrompre son travail, ce qui lui était permis ; cependant il n'en fit rien, se disant : « Si tu lisais Saint Bernard, que t'enseignerait-il sinon l'obéissance? Fais donc comme si tu l'avais lu et continue d'obéir ».

(1) Le P. Decio Striverio, alors novice et plus tard provincial de Venise, fit, au procès de canonisation, la déposition suivante : « Pendant notre noviciat, nous allâmes souvent, Louis et moi, par les rues et les places de Rome pour enseigner la doctrine chrétienne aux gens du peuple. Plusieurs fois nous nous arrêtions à cette fin sur la place Montanara où, les jours de fête, les pauvres de la ville et les paysans accourent en foule. Je me souviens aussi que nous nous rendions ensemble à l'hôpital de Sainte-Marie de la Consolation, pour assister les moribonds, ce dont il s'acquittait toujours avec beaucoup de charité et de zèle. En route, il me disait et j'apprenais de lui dans quels sentiments on doit servir les malades, c'est-à-dire en s'imaginant que la Bienheureuse Vierge Marie confie à nos soins Jésus-Christ son Fils, tout couvert de plaies. Tel est l'esprit qui l'animait lui-même. Un jour, nous nous trouvâmes au chevet d'un malheureux dont les linges étaient souillés de sang corrompu. A cette vue, Louis pâlit, puis rougit et changea de visage. Craignant quelque accident, je le priai d'aller plus loin et de me laisser seul faire ce lit. Mais domptant les sens rebelles, il s'obstina à m'aider. Quand je lui demandai ensuite d'où provenait l'émotion qu'il avait éprouvée, il m'avoua que la vue du sang suffisait à le faire s'évanouir. Il l'avait néanmoins supportée par mortification et par charité.

« Cette charité ne brillait pas moins au dedans du noviciat. A toute occasion favorable il s'efforçait d'exciter ses frères à l'amour de la perfection et de toutes les vertus. Il remplissait très fréquemment les plus bas offices, et d'autant plus volontiers qu'ils étaient plus bas : porter en public, au bout d'un long bâton, les corbeilles remplies de ce qu'on distribuait aux pauvres ; laver à la cuisine les couteaux et les plats ; ôter les toiles d'araignées ; nettoyer les lampes disposées pour l'usage commun ; se mêler aux plus humbles Frères coadjuteurs ; rechercher pour la chambre, le lit, le vêtement, ce qu'il y avait de plus grossier, telles étaient ses industries ordinaires.

« Il poussait si loin l'esprit de pauvreté, qu'il n'apporta au noviciat qu'un bréviaire et une image de crucifix peinte sur toile ; encore remit-il ces deux objets aux mains du supérieur, afin de se dépouiller davantage ».

Il était si fidèle observateur des règles, même des plus petites, que jamais le respect humain ne lui en fit transgresser aucune. Un jour, le cardinal della Rovere, son parent, vint à la sacristie pour lui parler. Louis s'excusa, alléguant qu'il n'en avait pas la permission. Le cardinal en fut très édifié.

En somme, il fut d'un si parfait exemple, que tout le monde l'aimait et le regardait comme un saint. Après deux mois passés au Gesù, il retourna au noviciat de Saint-André.

CHAPITRE VI.

AVEC QUELLE PERFECTION LOUIS ACHEVA SON NOVICIAT.

Édifié lui-même des exemples de vertus dont il avait été témoin à la maison professe, Louis, dès son retour à Saint-André, rendit compte de son âme au maître des novices et se remit à tous les exercices ordinaires avec une nouvelle ferveur. Il s'en acquittait avec une si grande perfection que nul ne pouvait signaler en lui la moindre défaillance. Lui-même qui, pour ainsi dire, soumettait au scalpel toutes ses pensées et tous ses actes, n'y trouvait rien à reprendre. Voici comment on le sut.

Il vint un jour proposer au maître des novices un scrupule qui l'affligeait beaucoup; c'est qu'il avait beau s'examiner avec toute la diligence possible, il ne trouvait rien en lui qui allât au péché véniel. Il s'en troublait, craignant de s'ignorer lui-même et d'être plongé dans ces ténèbres spirituelles qu'il avait appris être un des grands dangers de l'âme. On peut juger par là quelle était la pureté de sa conscience. Et ce n'est pas merveille; Dieu le comblait de tant de grâces! L'usage qu'il avait de la mortification depuis sa première enfance lui avait fait acquérir une sorte d'impassibilité qui le rendait insensible à tout ce qui est humain. On ne découvrit jamais en lui le moindre signe de colère, ou d'impatience, le moindre premier mouvement de passion. Chose d'autant plus étonnante, qu'il était d'un tempérament sanguin, d'un espit vif et plus avisé qu'on ne l'a d'ordinaire à cet âge. C'était donc bien l'effet de la grâce divine et d'une habitude acquise au prix de généreux efforts.

En tout ce qui le touchait, il se laissait toujours conduire par la raison, jamais par la passion qui égare si souvent les autres. Dans les conversations il ne se faisait pas un point d'honneur de l'emporter; il exposait simplement son avis, sans contredire ni contrister personne. Pour défendre la vérité, il se contentait d'une simple parole dite avec calme et d'un air aimable; si l'on insistait, il se désintéressait de la question.

Il avait grand soin d'étouffer en lui tout désir non seulement indifférent, mais louable, pour peu qu'il s'aperçût que son cœur en était troublé. Il jouissait ainsi d'une paix parfaite qui semblait être son état naturel.

Et ce qui l'y affermissait davantage, c'était la continuelle pensée de Dieu présent à toutes ses actions, qu'il cherchait par suite à faire le plus parfaitement possible; c'était surtout son union intime avec Dieu entretenue par l'oraison, à laquelle il s'appliquait avec tant de zèle. Il aimait à dire que *celui qui n'est pas homme d'oraison et de mortification n'arrivera jamais à la perfection;* ce que d'ailleurs démontre l'expérience. « Tous les troubles, toutes les inquiétudes chez les personnes pieuses, ajoutait-il, viennent de là ». Il eût voulu le persuader à tous, estimant qu'on ne peut goûter une fois les douceurs de l'oraison, sans s'y attacher pour jamais. Au contraire, quiconque en interrompt la pratique, n'y revient guère, en aurait-il le loisir.

IN MEDITATIONE EXARDESCET IGNIS.

CHAPITRE VII.

D'UN ADMIRABLE DON D'ORAISON EN SAINT LOUIS.

Louis mettait toutes ses délices à prier et à méditer. Le P. Robert Bellarmin, depuis cardinal, donnant les exercices spirituels aux étudiants du Collège romain et leur apprenant à faire la méditation, appuyait ses avis de ce mot remarquable : « *C'est ce que j'ai appris de notre Louis* ».

Le bienheureux mettait tous ses soins à se préparer à cette grande action. Le soir, avant le coucher, il passait un quart d'heure et plus à prévoir et à ordonner la méditation du lendemain. Le matin, il faisait si bien qu'il était toujours libre de tout autre soin avant de la commencer. Il employait ce temps à se recueillir et à se délivrer de toute préoccupation étrangère; car, disait-il, il n'est pas possible qu'une âme qui s'inquiète de quelque autre chose en ce moment, puisse recevoir en elle l'image de Dieu que, par la méditation, elle s'efforce de reproduire. Je me souviens l'avoir entendu user de cette comparaison : « L'eau agitée du vent ne représente point, parce qu'elle est trouble, les traits de l'homme qui s'y mire ; restât-elle pure, on y voit l'image de membres séparés du corps et disjoints les uns des autres. Ainsi en est-il d'une âme en proie au souffle des passions : elle ne saurait copier le divin modèle et devenir le portrait vivant de la divine Majesté qu'elle contemple ».

Au signal de l'oraison, Louis s'agenouillait religieusement sur son simple prie-Dieu, usant de toutes les industries pour garder son esprit attentif. Il y mettait tant de contention, que la vie, refluant vers les parties supérieures, semblait abandonner le reste du corps, de sorte qu'il avait peine ensuite à se relever et à se tenir debout. Ce qui lui arrivait surtout quand il adorait les attributs de Dieu, sa bonté, sa providence, son amour, et en particulier l'infinité de toutes ses perfections.

Il avait le don des larmes, et c'est en vain que les supérieurs cherchèrent le moyen de les contenir, craignant avec raison pour ses yeux et sa vie. Qu'il n'eût alors aucune distraction, c'est une grâce dont chacun peut apprécier la valeur en faisant un retour sur lui-même. Tout le temps qu'il vécut dans la religion, durant un espace de six années, il ne s'aperçut jamais qu'on venait, selon l'usage, faire la visite de l'oraison.

En rendant compte à son supérieur, comme veut la règle, non seulement de ses défauts, mais encore des grâces reçues, des vertus pratiquées, il leur découvrait humblement et sincèrement tout ce qui se passait dans son âme. Or, un jour qu'on l'interrogeait sur les distractions qu'il pouvait avoir dans la prière, il répondit avec candeur que toutes ses distractions durant six mois, réunies ensemble, ne rempliraient pas le temps d'un *Ave Maria*.

Il trouvait un peu plus de difficulté à la prière vocale ; non qu'il y fut inattentif, mais parce qu'il ne pouvait pénétrer si promptement et si aisément le sens des psaumes ou des autres prières. Néanmoins, il y goûtait une grande douceur, particulièrement au psautier, à cause des saintes affections dont il est rempli. Il en était parfois si ému qu'il pouvait à peine prononcer les paroles. Au noviciat, récitant le grand office des prêtres, il mettait au moins une heure à dire les matines.

Quant aux sujets de ses méditations, il avait grande dévotion aux mystères de la Passion de Notre-Seigneur dont il se rappelait le souvenir trois fois le jour en récitant une courte antienne et en jetant souvent les yeux sur le crucifix. C'était avec tant de recueillement et d'amour qu'il lui semblait, disait-il, être toujours au Vendredi-Saint. Nous avons déjà parlé du bonheur qu'il avait à s'occuper de la sainte Eucharistie.

Il avait une tendre piété envers les saints Anges et recevait de ces esprits célestes de belles inspirations, comme en témoigne la méditation qu'il composa en leur honneur.

Enfin on peut vraiment dire que toute sa vie religieuse fut une continuelle oraison, tant l'usage qu'il avait de prier et de s'élever à Dieu par les degrés des choses sensibles lui en avait donné l'habitude. Il en arriva à se servir à peine des sens, des yeux pour voir, des oreilles pour entendre, tout absorbé dans ce qui se passait au dedans. Là seulement il trouvait la paix et le bonheur. Etait-il obligé de s'occuper au dehors, même à quelque chose d'utile, il en éprouvait un certain malaise, comme si un de ses membres fût sorti de sa place. Au contraire, rien ne lui était plus facile et plus doux que de garder son âme unie à Dieu Notre-Seigneur, même au milieu des soucis extérieurs qui ne troublaient jamais son recueillement.

Il m'avouait un jour qu'il avait autant de peine à se distraire de Dieu que certains prétendaient en avoir à se garder unis à lui, et que, pour éloigner sa pensée de cet unique objet, il devait se faire une extrême violence et lutter contre lui-même.

Durant le jour, parmi ses occupations, Dieu le visitait par des

Gravure de Jérome Wierix.

consolations durables qui persistaient des heures entières et remplissaient tellement son âme qu'elles rejaillissaient dans le corps, le foyer intérieur faisant rougir et rayonner sa face. Il en était parfois tellement embrasé, que son cœur, agité de palpitations violentes, semblait vouloir sortir de sa poitrine.

Oublieux du soin de sa santé parmi ces délices intérieures, il s'affaiblissait de plus en plus; ses douleurs de tête surtout étaient continuelles et violentes. Aussi les supérieurs, voyant que cette contention d'esprit, dans un corps délicat et ruiné par les pénitences passées, mettait sa vie en péril, lui interdirent les jeûnes, les abstinences, les disciplines, et commencèrent à prolonger le temps de son sommeil en réduisant celui de l'oraison. Ils ne lui en accordèrent plus qu'une demi-heure à peine, et lui interdirent même l'usage trop fréquent des oraisons jaculatoires. En outre, ils l'occupèrent à des travaux manuels pour le distraire le plus possible de ses dévotions trop prolongées, lui répétant que la gloire de Dieu l'obligeait à se modérer et à conserver sa santé. Ils n'eurent aucune peine à le persuader et à manier son âme comme ils voulaient; car il poussait fort loin l'obéissance et la vertu d'indifférence, ainsi qu'il le montra en cette occasion. Un de ses supérieurs lui ayant fait espérer du Général de la Compagnie la permission de revenir à son heure d'oraison, ce que lui interdisait le maître des novices, Louis, qui se sentait trop incliné à ce désir et craignait que, s'il n'était pas bien accueilli, son âme en fût troublée, jugeant d'ailleurs que ce serait aller contre la sainte indifférence, mit tout en œuvre pour combattre son pieux penchant et tenir son âme dans un parfait équilibre.

Son ennui venait de ce qu'il ne savait comment s'y prendre pour obéir; quelque effort qu'il fît pour se distraire de Dieu, peu à peu et à son insu il se sentait emporté vers lui et comme abîmé en sa contemplation; son âme s'y précipitait ainsi que la pierre vers son centre, sans qu'aucune force pût l'arrêter.

Un jour, inquiet de ne pas se conformer sur ce point à la volonté des supérieurs, il dit confidemment au P. Gaspard Alpieri, alors son compagnon de noviciat : « Vraiment, je ne sais que faire! Le Père recteur m'interdit l'oraison de peur d'augmenter mes maux de tête, et je me fais plus violence pour me distraire de la pensée de Dieu que pour en avoir l'esprit toujours occupé; l'usage m'en est devenu comme naturel, j'y trouve la paix et le repos, et nulle peine. Je m'efforcerai pourtant d'obéir du mieux que je pourrai ».

Voyant que toute oraison lui était interdite, il trouvait une compensation à visiter souvent le très Saint-Sacrement; mais, à peine à genoux, il se retirait de peur qu'une seule bonne pensée ne le ravît en Dieu. Toutefois ces précautions étaient assez inutiles : plus il fuyait Dieu par obéissance, plus Dieu semblait le poursuivre et l'attirer à lui. C'étaient plusieurs fois le jour des lumières et des consolations célestes qui inondaient son âme. A leur approche, les repoussant par obéissance, il disait avec humilité : « Retirez-vous de moi, Seigneur; retirez-vous! » et il cherchait à se distraire.

Grande aussi était la difficulté qu'il avait à contraindre ses sens extérieurs à le servir; tout absorbé au dedans, il ne savait plus ni voir ni entendre.

C'est avec cette perfection que Louis passa tout le temps de son noviciat à Saint-André, c'est-à-dire jusqu'à la fin d'octobre 1586, admiré des supérieurs qui dirigeaient son âme, modèle achevé de ses frères qui se disputaient le bonheur de jouir de ses exemples et de ses discours.

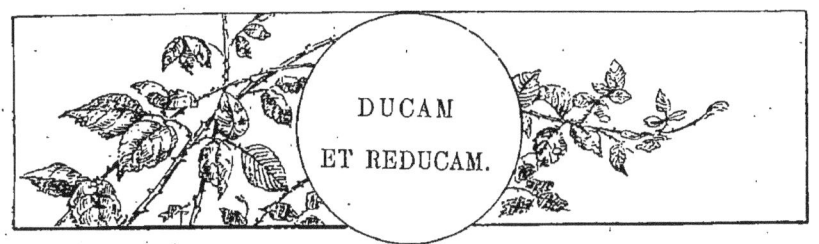

DUCAM
ET REDUCAM.

CHAPITRE VIII.

COMMENT LOUIS PARTIT POUR NAPLES AVEC SON MAITRE DES NOVICES ET Y SÉJOURNA PLUSIEURS MOIS.

Au temps où Louis vivait au noviciat de Saint-André à Montecavallo, le Recteur de la maison, tout ensemble maître des novices, était le P. Jean-Baptiste Pescatore, de Novare, homme d'une prodigieuse sainteté. Très mortifié, d'une douceur inaltérable, plein de mépris pour lui-même, fort adonné à l'oraison, rigoureux observateur de la règle, aimable et gracieux dans son commerce, compatissant pour les pauvres, mêlant à merveille l'affabilité à la gravité et la sévérité à la douceur, il s'accommodait aux différents caractères, de sorte qu'il pouvait dire avec saint Paul : « Je me suis fait tout à tous, pour vous gagner tous à Jésus-Christ ».

J'ai connu plusieurs de ses novices et je n'en sais pas un seul qui ne fît l'éloge de sa direction et ne le regardât comme un saint. Il était tendrement aimé et chacun recourait à lui avec confiance. Tout ce qu'il disait, il l'enseignait mieux encore par son exemple. On raconte qu'il éteignit un incendie par sa prière;

qu'il pénétrait les plus secrètes pensées des cœurs; qu'un jour, la communauté n'ayant rien pour dîner, il se mit en oraison et qu'un ange, sous la figure d'un jeune homme, le mandant à la porte, lui remit assez d'argent pour subvenir à ce pressant besoin. Tout cela lui valut une grande réputation de sainteté. Quand il mourut, recteur du collège de Naples, après avoir reçu le saint viatique, il fit tout au monde pour détruire l'idée qu'on avait de sa vertu, mais il ne parvint qu'à la faire éclater davantage, et c'est après en avoir donné ce dernier témoignage qu'il s'envola au ciel.

Louis avait pour ce bien-aimé Père le plus tendre respect, non seulement parce qu'il était son supérieur et le représentant de Dieu, mais à cause des rares vertus qu'il voyait en lui et qu'il s'efforçait d'imiter. Aussi, attentif à toutes ses paroles et à tous ses actes, il lui ouvrait pleinement son cœur pour être plus sûrement conduit. Le Père, de son côté, prenait plaisir à l'intimité de cette âme pure, si docile aux leçons de la piété, si remplie de grâces et de vertus. Que de choses nous saurions d'elle, s'il avait pu, avant sa mort, nous révéler ce qu'il en avait appris!

Or, vers l'automne de 1586, le P. Pescatore tomba malade jusqu'à cracher le sang. Le Père général décida qu'il irait à Naples, espérant que ce changement d'air lui serait salutaire. Averti de cette disposition, le Père, causant un jour avec Louis, lui demanda s'il irait volontiers à Naples avec lui : « Bien volontiers », répondit Louis, sans arrière-pensée. Le malade emmenait avec lui trois novices d'une santé délicate : un Français, Jean Pruinet, qui mourut jeune; Georges Elfiston, qui fut depuis professeur de philosophie à Dôle et nous a laissé la relation de ce voyage, et le troisième fut Louis, qui souffrait toujours de ses maux de tête.

Cette nouvelle attrista le bienheureux qui craignait d'avoir été pour quelque chose dans cette décision, par suite de la réponse qu'il avait faite; il jugeait qu'il aurait dû se contenter de dire qu'il s'en remettait à la volonté des supérieurs. Le Père général sans doute ne s'était pas déterminé sur un mot jeté au hasard, mais uniquement en considération de la santé du novice. Quoi qu'il en soit, le bienheureux prit la résolution de ne jamais manifester un désir par oui ou non, mais de se confier en tout, avec un parfait abandon, à l'obéissance. C'est ce qu'il dit à plusieurs, leur avouant que son chagrin serait de faire sa volonté.

Mais ce lui fut une douce consolation de se mettre en route avec de tels compagnons; « car, disait-il à un de ses Frères, je me réjouis d'apprendre du P. Pescatore comment un religieux de la Compagnie doit se conduire en voyage ».

On partit de Rome le 27 octobre. Les pèlerins commençaient à perdre de vue la ville, quand Louis, se tournant vers elle, récita avec un vif sentiment de dévotion l'antienne : *Petrus apostolus et Paulus doctor gentium*, avec l'oraison des deux saints apôtres : *Deus, cujus dextera*. Le P. Pescatore, par ordre des médecins, voyageait en litière; un des novices prenait place auprès de lui, les deux autres allaient à cheval. Louis, malgré son ardent désir de converser avec son Père, insistait pour céder à un autre la place la plus commode; mais, comme il était le plus faible, il dut s'asseoir dans la litière où il eut l'art de se mortifier encore.

Pendant la route, le disciple récitait avec le vieillard le saint office, conversait longuement des choses de Dieu, et recueillait avidement les enseignements qui tombaient des lèvres de son maître. Celui-ci, sachant qu'il semait en bonne terre, s'ouvrait volontiers et communiquait à Louis les trésors de son expérience. Le saint jeune homme avouait plus tard qu'il avait plus appris en ces quelques jours qu'en de longs mois de noviciat.

Ils arrivèrent à Naples le 1er novembre. C'est l'époque où se rouvrent les classes; les supérieurs jugèrent bon que Louis, après quelque repos, suivît le cours de métaphysique, partie de la philosophie qu'il n'avait pas étudiée dans le monde, et il s'y appliqua aussitôt (1).

Le P. Jean Camerata, son professeur, dans les informations juridiques faites à Naples, lui rendit ce témoignage : « J'ai connu le bienheureux Louis toujours très humble, très détaché de lui-même. Il cédait à tout le monde et cherchait toutes les occasions de s'abaisser. Très mortifié, très pieux, adonné à l'oraison, en intime commerce avec Dieu, parfait observateur des règles, d'une grande pureté de conscience, il joignait à ces vertus un génie pénétrant. Je le sais, pour l'avoir particulièrement connu, tandis qu'il était mon élève à Naples. D'ailleurs, tout le collège avait de lui la même estime ». Et trois ans plus tard, témoin au procès canonique instruit à Rome, le même Père ajoutait : « M'étant défait de toute ma correspondance, je ne conservai qu'une lettre que le bienheureux Louis m'avait écrite de Portici en 1587, pour me consoler dans une maladie et me promettre ses prières. Plusieurs me l'ont demandée, mais j'ai refusé de m'en priver, la regardant comme une re-

---

(1) Saint Louis eut pour compagnon d'études, à Naples, sur les bancs de la philosophie, le futur martyr du Japon, le bienheureux Charles Spinola, qui écrivait, le 26 février 1621, de la trop fameuse prison d'Omura au P. Pierre Mascarenhas, assistant de la province du Portugal : « Je prie Votre Révérence de vouloir bien faire dire deux messes, l'une à l'autel de notre Père saint Ignace, l'autre à celui du Bienheureux Louis de Gonzague, mon compagnon d'autrefois, *in gratiarum actionem*, et pour qu'ils m'obtiennent de Dieu l'accomplissement de mes désirs ».

lique. Je sais que plusieurs se recommandaient à ses prières : les Pères, les étudiants, et en particulier les maçons qui bâtissaient le collège ».

Le P. Antoine Beatillo ne rend pas un moins beau témoignage. « On croirait à peine, dit-il, quelle édification donnait l'angélique Louis au collège de Naples, tant à ceux de la maison qu'aux étrangers, surtout par sa rare modestie. Du plus loin qu'on l'apercevait, on se groupait dans les cours pour le voir, quand il allait en classe ou en revenait; on l'admirait et on rendait grâces à Dieu de connaître un si grand Saint.

« Un jour qu'on apprit à Naples que le pape Sixte V avait promu au cardinalat le patriarche Scipion de Gonzague, quelqu'un vint au collège pour en donner avis à Louis. La leçon étant commencée, il fallut en attendre la fin, et on se réunit en grand nombre pour savoir comment l'humble jeune homme recevrait la nouvelle. Louis ne s'en émut pas plus que s'il eût été question d'un étranger. Et cependant il portait une vive affection à son illustre parent, qui l'avait aidé dans l'affaire de sa vocation. Il écouta ce qu'on lui disait, les yeux baissés, non sans rougir un peu, mais témoignant plus de gêne que de satisfaction. »

D'ailleurs, au témoignage unanime de ceux qui vécurent alors avec lui, Louis, au collège de Naples, ne rechercha que l'obscurité et l'oubli. Il considérait les mortifications qui lui survenaient comme autant de bienfaits de Dieu; et de fait il devait bien en être ainsi, car souvent les précautions même que prenaient ses supérieurs pour ménager sa santé et le préserver de la fatigue se tournaient souvent en épreuves nouvelles, bien contre leur gré. Il tomba gravement malade d'une érésipèle; et comme on reconnut, au commencement de sa convaleslescence, que le climat lui était contraire et que ses maux de tête ne faisaient qu'augmenter, le Père général le rappela à Rome dont il prit la route le 8 mai 1587, après un séjour de six mois à Naples.

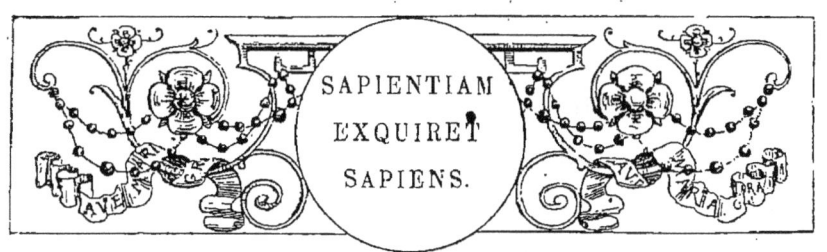

CHAPITRE IX.

DE SA VIE AU COLLÈGE ROMAIN.

Grande fut la joie qu'éprouvèrent les étudiants du Collège romain, au retour de saint Louis à Rome. Ceux surtout qui l'avaient connu au noviciat de Saint-André, se promettaient de tirer grand fruit de ses vertueux exemples et de ses pieux entretiens. Il n'était pas moins heureux de venir étudier à Rome, siège du vicaire de Jésus-Christ, et au Collège romain, première université de la Compagnie de Jésus. Depuis cette époque jusqu'à sa bienheureuse mort, je fus, avec beaucoup d'autres, du nombre de ses familiers. Je puis rendre témoignage des choses que je vais raconter, d'autant plus que dès lors je les ai notées dans l'intention de les écrire plus tard.

A Rome, saint Louis étudia la métaphysique, et il acquit en peu de temps une si profonde connaissance de cette science, ainsi que de la logique et de la physique, que son maître, le P. Paul Valle, depuis professeur de théologie au même collège, de l'avis des autres supérieurs, le jugea très capable de soutenir une thèse publique sur toute la philosophie. On fit donc imprimer des propositions sur les matières du cours et un mois après son entrée, il les défendit publiquement. Ces disputes ont lieu d'habitude dans la classe de théologie. Mais les éminentissimes cardinaux della Rovere, Mondovi et Gonzague ayant daigné y assister avec d'autres prélats et seigneurs, la grande salle des écoles en fut cette fois le théâtre. Louis mérita les applaudissements de tous les assistants et en particulier de ces grands personnages, tous ravis des progrès qu'il avait faits en si peu de temps, malgré sa mauvaise santé.

Et à ce sujet, je dois ici mentionner deux circonstances particulières. D'abord, avant de soutenir cette thèse publique, il se demanda s'il devait, pour s'humilier, mal répondre aux questions qu'on allait lui poser. Ne voulant pas s'en remettre sur ce point à ses propres lumières, il demanda conseil au P. Muzio de Angelis, l'un des professeurs de philosophie avec lequel il s'était souvent entretenu de choses spirituelles; car ce Père était non seulement très lettré, mais aussi très vertueux et très expérimenté en pareille matière. Pour de sages raisons, le Père lui conseilla de ne le point faire. Et cependant, en commençant son argumentation, Louis resta encore quelque peu en suspens, tant il avait le désir de se mortifier; mais les motifs apportés par son sage conseiller prévalurent, et il se décida à répondre du mieux qu'il pourrait. Je remarquai, en outre, l'extrême répugnance qu'il avait des louanges. Un des quatre docteurs qui argumentaient contre lui, fit je ne sais quel avant-propos à son honneur et à celui de la famille de Gonzague. Sur quoi, le pauvre Louis se prit à rougir de telle sorte, que les assistants, comprenant le déplaisir qu'il ressentait, en eurent grande compassion. Le seigneur cardinal de Mondovi, en particulier, fut charmé de sa rougeur ingénue et de sa modestie. Louis, de son côté, répondit aux arguments du docteur d'une façon qui dénotait quelque légère irritation contre lui.

Saint Louis soutient une thèse publique.

De l'étude de la philosophie, il passa aussitôt à celle de la théologie. Il s'y appliqua durant quatre ans et eut successivement pour maîtres les Pères Augustin et Benoît Giustiniani, Génois, Gabriel Vasquez et Jean Azor, Espagnols, tous professeurs de longue expérience et de grand savoir, comme leurs écrits le montrent suffisamment. Saint Louis les avait en profonde vénération et les louait fort. Jamais on n'ouït dire qu'il ne partageât point leurs opinions, qu'il censurât leur manière d'enseigner ou le temps qu'ils mettaient à traiter une question; qu'il établît quelque comparaison entre eux ou qu'il fît plus d'estime de la doctrine et de la personne de l'un que de l'autre. C'est pourtant ce qui arrive fort aisément. Bien au contraire, il professait pour tous le même respect. Il s'efforçait de s'approprier l'opinion du maître; il cherchait des raisons pour la défendre et la démontrer, ne laissant jamais les passions l'emporter en lui sur la raison. Les opinions singulières ne lui plaisaient point : d'inclination, il recherchait les écrits de saint Thomas d'Aquin. Outre la particulière dévotion qu'il avait pour la sainteté de ce docteur, l'ordre, la clarté, la sûreté de sa doctrine avaient pour lui un vif attrait.

Il avait l'esprit élevé, l'intelligence nette, le jugement plein de maturité. Ses maîtres le reconnaissaient aussi bien que nous, ses condisciples. Un de ses professeurs a raconté que Louis lui proposa un jour une difficulté telle que nul autre étudiant ne lui en présenta jamais de pareille et qu'il avait dû y penser longtemps avant de pouvoir y répondre. A ces heureuses dispositions, il unissait une grande ardeur à l'étude; il s'y livrait autant que sa faible santé et les ordres des supérieurs le lui permettaient. Avant de se mettre au travail, il s'agenouillait toujours pour faire un peu d'oraison; ensuite, loin de lire divers auteurs, il réfléchissait, au contraire, sur ce que ses maîtres avaient enseigné. S'offrait-il à son esprit quelque doute qu'il ne pouvait résoudre lui-même, il le notait, puis il l'exposait au professeur avant la fin de la répétition, ayant soin d'attendre que ses condisciples eussent tous présenté les leurs. Ou bien, quand il avait groupé en faisceau plusieurs objections, il choisissait l'heure qu'il jugeait la moins incommode pour ses maîtres, et se rendait dans leurs chambres pour leur demander la solution. Il s'exprimait alors en latin et restait debout la barrette à la main, à moins qu'on ne le forçât de se couvrir. La réponse obtenue, il retournait immédiatement dans sa cellule.

Jamais, en matière d'études, il n'aurait lu un seul livre sans la permission et l'avis de ses professeurs. Un trait montrera jusqu'où allait son obéissance. Un jour, je ne sais quel doute sur la question de la prédestination l'avait amené dans la chambre du P. Augustin Giustiniani. Le Père lui en ayant donné la réponse, lui ouvrit le septième tome de Saint Augustin, et lui indiquant du doigt ce qu'écrit à ce sujet le saint docteur vers la fin du livre *De Bono Perseverantiæ*, lui dit de lire ce passage. Saint Louis se mit à lire toute la page, mais se garda bien de la tourner pour voir les dix lignes qui, se trouvant au verso, terminaient le livre, car le Père, qui n'y avait point pris garde, ne lui avait pas dit d'aller plus loin.

En classe comme à la maison, il prenait part aux discussions aussi souvent que le bidelle (1) le lui ordonnait, et s'offrait même à remplacer ceux qui manquaient. Son esprit brillait particulièrement dans la position de la thèse et la manière de la défendre. En un ou deux arguments, il tranchait le nœud de la difficulté. Nulle ostentation de son intelligence ou de son

---

(1) Nom donné, dans les Scolasticats de la Compagnie, au Frère chargé de transmettre aux autres les ordres du supérieur.

savoir ; nul signe qui trahit la volonté de surpasser les autres. Il discutait avec une vigueur contenue, sans paroles vives, sans amertume, sans cris. L'opposant avait le temps de répondre et d'expliquer sa pensée sans être interrompu. Et le doute dissipé, la difficulté résolue, saint Louis avec grande ingénuité se taisait.

Avant le signal de la classe, il avait coutume d'aller à l'église visiter le Très Saint Sacrement. Il faisait de même, matin et soir, avant de rentrer à la maison. Le vénérable P. César Franciotti, condisciple de Louis, admirait en lui le plus parfait modèle d'une angélique modestie : « Je voyais, écrit-il, ce saint enfant venir à la leçon et prendre place avec les autres. Il unissait la vivacité à la modestie, la gaieté au recueillement, l'enjouement à l'humilité, la retenue à la tranquillité sereine ». Quand il allait en classe ou en revenait, on remarquait en lui une modestie, une gravité si grandes que les étudiants externes, comme à Naples, s'arrêtaient dans la cour du collège pour le voir passer et demeuraient tout édifiés de son maintien. Un abbé étranger, entre autres, qui avait achevé ses études de théologie, n'allait en classe que pour l'admirer. Pendant la leçon, il le regardait continuellement sans pouvoir détacher de lui les yeux.

Les supérieurs, considérant sa faiblesse et ses indispositions continuelles, ne lui permirent pas d'écrire les leçons. D'autant plus que, n'étant pas accoutumé à cet exercice, il n'aurait pu suivre la dictée rapide des professeurs. Ils lui ordonnèrent donc de se les faire rédiger et il obéit. Toutefois, il lui semblait peu convenable que, réduit à cet expédient, il disposât d'argent et pût s'imaginer qu'il payait lui-même le rédacteur. A son avis, diverses imperfections contraires à la pauvreté et à la règle pouvaient en résulter. Il laissa donc au procureur du collège le soin de payer, sans s'en inquiéter davantage. Il

Modestie de saint Louis allant en classe.

prêtait de bon cœur ces rédactions à quiconque les demandait, ne les réclamait jamais et attendait toujours qu'on les lui rendît.

Une année, le savant P. Gabriel Vasquez ne put achever la dictée de son traité sur la Trinité. Se contentant de faire noter les choses les plus nécessaires, il communiqua le reste du manuscrit aux étudiants pour qu'ils en prissent copie. Les supérieurs dirent à Louis de s'en procurer une. Mais il se mit à parcourir le texte du maître et négligeant les parties les plus faciles, il se contenta de faire copier les plus difficiles et les plus nécessaires. Quelqu'un lui en demandant la raison : « Je suis pauvre, répondit-il, et je dois garder la pauvreté : les pauvres ne doivent dépenser que pour le nécessaire ». Dans les dernières années de ses études, il craignit que ce recours à un copiste ne fût attribué à la vanité et à la mollesse plutôt qu'à un besoin réel. Il fit donc instance auprès des supérieurs pour qu'il lui fût permis d'écrire lui-même en classe et sut si bien faire valoir ses raisons que cette autorisation lui fut accordée. Mais ne pouvant suivre la dictée, il écoutait un instant ce que disait le maître, le notait brièvement et, à la fin de la leçon, voyant ce que ses condisciples avaient écrit, il ajoutait ce qu'il avait omis d'essentiel. Ce procédé incommode lui plaisait fort, parce qu'il était de bon exemple pour autrui.

Dans sa chambre, il n'avait que les livres indispensables, jugeant indigne d'un ami de la pauvreté d'avoir chez soi des ouvrages dont il ne se sert que rarement. Il trouvait plus simple d'aller, au prix de quelque gêne, les consulter à la bibliothèque ; aussi, vers la fin, n'avait-il plus que la Bible et la Somme de saint Thomas.

Au Collège romain, il y avait, outre les Pères et les maîtres, plus de quarante étudiants en théologie. Or, le nombre des exemplaires de la Somme théologique n'était point suffisant pour que chacun d'entre eux eût le sien. Il n'était point permis, du reste, d'avoir des livres à soi ni de s'en procurer. Un jour, saint Louis vint à apprendre qu'un scolastique nouvellement arrivé ne possédait pas la Somme. Il s'en alla chez le Père recteur et lui demanda la permission de donner la sienne à son condisciple, alléguant qu'en cas de besoin il pourrait consulter celle de son compagnon de chambre. Il fit si bien, que le recteur le lui permit. Louis en eut une très grande joie : il avait témoigné sa charité à son frère et se voyait plus pauvre qu'auparavant, puisque rien ne lui appartenait en propre, et que de la propriété commune la Bible seule lui restait.

Voilà ce que je puis raconter des études de Louis. Il me reste à parler beaucoup plus longuement des vertus chrétiennes qui toutes brillaient en lui, vivant exemplaire de perfection intérieure et extérieure. On en a pour témoins oculaires deux cents religieux de la Compagnie, qui habitaient alors le Collège romain.

Mais je ne dois pas omettre de dire d'abord que Louis fit en ce temps-là ses premiers vœux et reçut les ordres mineurs.

Deux ans s'étaient écoulés depuis l'entrée de Louis dans la Compagnie de Jésus, qui avait eu autant de joie de le posséder que lui-même à vivre sous sa règle. Aux approches de la fête de sainte Catherine, vierge et martyre, anniversaire de son entrée au noviciat, il fit quelques jours de retraite, et prononça les vœux de pauvreté, de chasteté et d'obéissance, le 25 novembre 1587. L'assistance fut nombreuse ce jour-là. Le P. Vincent Bruno, alors recteur, dit la messe, donna à Louis la sainte communion et reçut ses vœux. Cet acte solennel remplit le saint d'une grande allégresse : enfin, il était vraiment religieux et uni désormais à Dieu par des liens plus étroits.

Le 25 février de l'an 1588, on lui imposa la tonsure à Saint-

Jean-de-Latran ainsi qu'à plusieurs autres jeunes religieux de la Compagnie de Jésus. De ce nombre fut le vénérable Abraham Giorgi, Maronite, qui, en se rendant des Indes en Éthiopie, fut martyrisé pour la sainte Foi. Dans la même basilique et avec les mêmes compagnons, il fut ordonné portier le 28 février; lecteur, exorciste et acolyte, le 6, le 12 et le 20 mars.

Passons maintenant à l'exposé de ses principales vertus, alors dans tout leur épanouissement, puisque aussi bien c'est le Collège romain qui eut le privilège d'en respirer le plus longtemps le parfum.

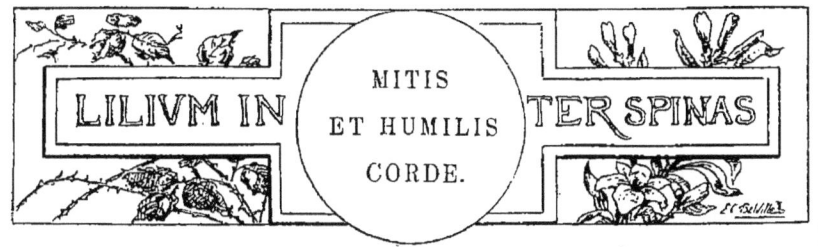

CHAPITRE X.

DE SON HUMILITÉ.

Commençons par l'humilité, fondement de la perfection religieuse et de la sainteté, sauvegarde de toutes les vertus. Louis en fut tellement rempli, que jamais les dons inestimables répandus par Notre-Seigneur en son âme ne lui inspirèrent le moindre orgueil et qu'il ne cessa de s'y appliquer de préférence.

On retrouva, après sa bienheureuse mort, quelques écrits spirituels de sa main que j'ai eu le bonheur de posséder quelque temps. Il en est un qu'il avait composé pour lui servir de règlement de vie et qui contient quelques motifs d'acquérir l'humilité. Voici ses propres paroles qui seront fort utiles à chacun de nous.

« Premier principe : tu es créé de Dieu et obligé à t'acheminer vers lui à titre de création, de rédemption et de vocation. Tu en concluras que tu dois t'abstenir, non seulement de toute action tant soit peu mauvaise, mais même de celle qui est indifférente et inutile, et qu'il faut, au contraire, que toutes tes opérations, tant intérieures qu'extérieures, soient autant d'actes de vertu qui te fassent toujours tendre à Dieu.

« De plus, pour diriger plus particulièrement tes voies vers cette unique fin, tu t'établiras solidement sur ces trois autres principes :

« Premièrement, par la vocation commune à tous ceux de la Compagnie de Jésus et qui est particulièrement la tienne, tu es appelé à suivre l'étendard de Jésus-Christ et de ses saints : d'où il suit que tu dois accepter ou fuir toute charge, tout office, tout exercice comme convenable ou non à ta vocation, suivant qu'il est conforme ou non à l'exemple de Jésus-Christ et de ses saints; à cet effet, il faut te rendre familières la vie et les actions de Jésus-Christ et celles des saints par la méditation et par une lecture attentive et réfléchie.

« Secondement, pour régler tes affections, tiens pour certain que tu vivras d'une vie d'autant plus religieuse et spirituelle que tu chercheras davantage à te guider au dedans d'après les vues de l'éternité et non par les considérations du temps, de telle sorte que toutes tes affections, tes désirs, tes joies aient un motif spirituel, non moins que tes aversions et tes déplaisirs, persuadé que c'est ce qui constitue essentiellement l'homme intérieur.

« Troisièmement, crois bien que, si le démon te livre de plus continuels assauts du côté de la vanité et de la propre estime, comme étant la partie plus faible de ton âme, tu dois, par contre, faire un plus grand et plus continuel effort pour lui résister sur ce point par l'humilité et le mépris de toi-même; dans ce but, tu t'appliqueras à acquérir ces vertus, si admirables en Dieu Notre-Seigneur et dont la nécessité est démontrée par l'expérience.

« Pour obtenir l'humilité, le premier moyen est de bien comprendre que, si cette vertu convient tout particulièrement à l'homme eu égard à sa bassesse, toutefois *elle ne pousse pas sur notre terre*, mais qu'il faut la demander au ciel *d'où vient toute grâce excellente, tout don parfait*...

« Le second moyen, c'est de recourir à l'intercession des saints, de ceux-là surtout qui se sont signalés en cette vertu... »

Dans un autre écrit intitulé : *Sentiments de dévotion*, nous lisons encore : « Tu dois offrir à Dieu tes désirs, non pas comme étant les tiens, mais comme ceux du Cœur de Jésus lui-même, puisque, s'ils sont bons, ils sont en Jésus avant que d'être en toi et qu'ils seront exposés par lui à son Père éternel avec incomparablement plus d'ardeur. Pour obtenir quelque vertu, tu dois recourir aux saints qui en sont les modèles, par exemple, à saint François pour la pauvreté, à saint Alexis pour l'humilité, pour la charité à saint Pierre, à saint Paul, à sainte Marie-Madeleine. Car, de même que, pour obtenir d'un prince terrestre un grade dans l'armée, on a recours de préférence au général et à ses colonels, et qu'on ne réussira pas en s'adressant au grand maître du palais ou aux autres officiers de la cour, ainsi, pour obtenir de Dieu le courage nous devons prier les martyrs, pour la pénitence les confesseurs et ainsi des autres vertus. »

On le voit, c'est le même esprit qui a dicté ces deux précieux écrits (1).

Louis avait un très bas sentiment de lui-même, qui se manifestait dans ses paroles et dans tous ses actes. Jamais un geste, jamais un mot ne trahissait la moindre estime de soi. La no-

---

(1) L'un et l'autre sont compris dans le décret approbatif de la Sacrée Congrégation des Rites, du 9 août 1719. — Ils résument parfaitement la doctrine des *Exercices spirituels* de saint Ignace.

blesse de sa maison, ses qualités personnelles, son intelligence, son grand savoir, tout ce qui pouvait lui attirer la louange, il le dissimulait avec un soin incroyable. La seule appréhension d'un éloge, le faisait rougir comme une jeune fille. J'en citerai seulement deux exemples.

Un jour qu'il était malade, le médecin qui vint le voir (1) débuta par des compliments sur l'illustre maison de Gonzague, sur l'étroite parenté de Louis avec les ducs de Mantoue, etc... Mais lui, qui ne cherchait qu'à se cacher, témoigna la peine qu'il ressentait. Et comme de pareilles scènes se renouvelaient souvent, il montrait chaque fois tout son déplaisir. Affranchi de tout autre mouvement de passion, il ne pouvait ne pas en vouloir un peu à qui rappelait ce qu'il était dans le monde et lui en marquait du respect.

Une autre fois, Louis fit au réfectoire un sermon aussi solide que pieux sur la Purification de la sainte Vierge et charma tous les auditeurs. Le P. Jérôme Piatti l'ayant quelque peu félicité, l'orateur rougit tellement, fut si contristé, si confus d'une louange qu'il ne croyait pas méritée, que tout le monde en reçut grande édification. Rien ne le rendait plus aimable que cette humilité.

A la maison, dans la rue, partout il cédait le pas aux autres. Lui arrivait-il de sortir avec des frères coadjuteurs, il leur donnait la préséance. Ainsi en agissait-il avec le cuisinier du collège. Les bons frères se confondaient, mais Louis faisait valoir de si spécieuses raisons, qu'on se soumettait pour ne le point contrister. Cependant les supérieurs l'en reprirent et lui défendirent d'en user ainsi à l'avenir, par respect pour le ca-

---

(1) Le docteur Jean Zecco, de Bologne, médecin du pape Sixte V. — Louis lui répondit : « Nous sommes religieux, et nous ne sommes plus rien de ce que nous étions. » (Procès de canonisation.)

ractère ecclésiastique dont il devait tenir plus de compte que de son goût pour les humiliations.

« Je l'ai vu, disait le cardinal Bellarmin, donner la droite dans les rues aux frères coadjuteurs, et tout ravi que je fusse

Gravure de Jérôme Wierix.

de son humilité, je ne laissai pas d'aviser ceux-ci de leur devoir. »

Louis se complaisait dans la compagnie de ces bons frères. Au signal du repas, il allait d'ordinaire s'asseoir dans un coin, au bout du réfectoire, à une table où se plaçaient ceux qui sont occupés à la cuisine. Mais les supérieurs, ayant égard à sa complexion délicate, lui ordonnèrent de prendre place avec les convalescents, de prolonger son sommeil et de s'abstenir de toute besogne fatigante. Craignant que ces ménagements ne vinssent de quelque estime de sa personne, Louis mit en avant des motifs si plausibles et les fit valoir avec tant d'insistance, qu'il obtint de se conformer en tout à la vie commune. Et comme quelques-uns de ses intimes le priaient de s'en remettre à l'obéissance, il répondit qu'étant religieux, il devait faire tout son possible, dans les limites de la soumission, pour vivre comme les autres religieux et qu'il s'agissait peu de la santé quand il était question de la règle.

En ce temps-là, plus de deux cents personnes habitaient au Collège romain et les chambres n'étaient pas assez nombreuses pour que chacun des étudiants eût la sienne. Seuls les prêtres, les professeurs et les autres Pères en charge jouissaient de ce privilège; pour tous les autres, un même local contenait plusieurs tables de travail et plusieurs lits. En vain voulut-on faire une exception en faveur de Louis; il représenta au recteur que le bon exemple exigeait qu'il eût au moins un compagnon et il l'obtint.

Il aurait bien voulu qu'on l'envoyât au séminaire en qualité de surveillant, cette humble fonction entraînant beaucoup d'incommodités et une grande sujétion. Mais on ne le permit pas. Son désir était, après sa théologie, d'être chargé d'une classe de grammaire pour former les plus jeunes enfants à la vertu et à la piété. Il appelait bienheureux ceux qui remplissaient un pareil emploi, dont il estimait surtout l'obscurité. Mais en réclamant cette faveur, il prétendait, pour voiler son humilité, qu'il ne savait bien ni la grammaire ni le latin, premiers éléments qu'il disait lui être nécessaires pour bien servir la

Compagnie. Le recteur lui donna alors un compagnon de chambre avec lequel il pût parler cette langue, et on fut vite convaincu qu'il la possédait à merveille.

Souvent il allait par la ville avec un vêtement déchiré, une corbeille ou un sac sur l'épaule, demandant avec joie l'aumône, plus empressé à rechercher l'humiliation que les mondains à courir après les honneurs. Le lundi et le mardi de chaque semaine il servait matin et soir à la cuisine, enlevant les restes de la table pour les donner aux pauvres qui l'attendaient à la porte. Chaque jour de fête, après la lecture, il balayait les chambres, enlevait les toiles d'araignées, nettoyait les lanternes des escaliers et des corridors. Il était alors si heureux, qu'on avait coutume de dire en le voyant : « Voilà Louis qui triomphe ; il est au comble de ses désirs ». Il avouait lui-même que la joie qu'il éprouvait était toute spontanée et comme naturelle.

En somme, on peut affirmer que Louis fut vraiment un grand contempteur de lui-même et qu'il rechercha toujours et en toute chose sa propre humiliation (1).

(1) Le P. Muzio Vitelleschi, le futur général de la Compagnie de Jésus qui, pendant quatre années entières, vécut avec Louis au Collège romain, où il fut même son compagnon de chambre, faisait la déposition suivante pour le procès de canonisation, le 25 octobre 1607. Après avoir raconté les actes de vertu dont il fut témoin, « je dirai même, ajouta-t-il, sans manquer au respect dû aux saints qui règnent avec Dieu dans le ciel, que je m'imaginais parfois que saint Thomas d'Aquin ne vivait pas autrement parmi ses Frères, au temps de ses études, et que Dieu aurait fait des miracles par l'intercession de Louis encore vivant, si on y avait eu recours ».
Un de ses Frères qui habita la chambre de Louis au Collège romain, tandis que celui-ci était à l'infirmerie, nous en a laissé l'exacte description : « Je trouvai, dit-il, un réduit étroit de huit palmes environ en largeur et en profondeur, si bas qu'un homme de taille moyenne touchait le plafond de la main. Il n'y avait, dans un coin, qu'une fenêtre très étroite. Telle est la chambre que Louis avait réclamée et obtenue. Elle renfermait pour tout ameublement un pauvre lit avec un seul matelas de laine, une petite table supportant la Bible et un livre ascétique, et sur un pupitre de bois noirci, le long du mur, la Somme de saint Thomas d'Aquin. A cette vue, je fus confondu, en pensant que ce prince si opulent dans le monde avait tout quitté pour l'amour de Jésus-Christ et qu'il se privait dans la religion de ce qui est accordé aux autres comme le strict nécessaire. » (Procès de canonisation.)

VIR
OBEDIENS
LOQUETUR
VICTORIAS.

CHAPITRE XI.

DE SON OBÉISSANCE.

A une humilité si profonde, Louis joignait une obéissance parfaite. Pour en donner une idée, il suffit de dire qu'il n'avait pas souvenir d'avoir jamais violé le moindre commandement des supérieurs; jamais un acte volontaire, ni même un premier mouvement irréfléchi qui y fût opposé, sinon peut-être quand on le distrayait de ses dévotions. Alors même cette première impulsion toute instinctive était-elle fort rare, et immédiatement réprimée avec une extrême énergie. Non seulement la volonté, mais le jugement était absolument soumis. Il ne cherchait pas ce qui pouvait motiver un ordre; qu'il émanât d'un supérieur, c'était assez pour n'y trouver rien à redire.

C'est qu'il considérait les supérieurs comme les lieutenants de Dieu. Il aimait à dire : « Notre devoir est d'obéir à Dieu, notre Créateur; mais, parce qu'il est invisible, nous ne pouvons recevoir immédiatement de lui ses ordres ni savoir ce qu'il veut de nous. Aussi a-t-il placé sur terre des représentants de son pouvoir et des interprètes de sa volonté! C'est par leur entremise qu'il nous apprend ce qu'il exige de nous. Il veut que nous leur obéissions comme à ses ambassadeurs ». Telle était, à son avis, la pensée de saint Paul s'adressant aux Éphésiens : « Obéissez aux maîtres selon la chair, comme vous le feriez à Jésus-Christ ; obéissez en serviteurs de Jésus-Christ, faisant en esprit la volonté de Dieu ». Il interprétait de même ces paroles de l'apôtre aux Colossiens : « Quoi que vous fassiez, faites-le en esprit pour Dieu et non pour les hommes ».

« Quand un roi envoie par un de ses chambellans quelque ordre à un vassal, on ne dit pas que c'est l'envoyé qui commande, mais bien le prince : le vassal qui reçoit l'ordre, l'accepte comme venant du souverain. Ainsi le religieux doit recevoir les commandements des supérieurs comme venant de Dieu par l'intermédiaire d'un homme, et s'y conformer dès lors avec promptitude et respect ».

De cette persuasion naissaient la vénération qu'il portait à tous ses supérieurs, l'attachement qu'il avait pour eux. De là aussi le grand plaisir qu'il prenait à leur obéir. Qu'ils fussent plus ou moins élevés en dignité, savants ou ignorants, saints ou imparfaits, nobles ou de basse naissance, l'obéissance était la même : ne tenaient-ils pas la place de Dieu ?

Il ajoutait que celui qui s'avise d'obéir pour ce motif, a double avantage. D'abord il n'éprouve ni peine ni difficulté, mais, au contraire, un grand plaisir et une grande facilité, puisqu'il sait que telle est la volonté de Dieu et qu'il estime une faveur suprême de le pouvoir servir. Ensuite, devenant vraiment et formellement obéissant, il est sûr de recevoir la récompense promise à la véritable obéissance. Il en est tout autrement de ceux qui se soumettent ou parce qu'on leur ordonne ce qui est conforme à leur goût, ou parce que celui qui commande a quelque titre particulier à leur estime et à leur affection. Ceux-là ne semblent point dignes du mérite de l'obéissance, puisque leur motif n'est pas cette vertu. De plus, s'ils rencontrent des supérieurs qui leur plaisent moins et qui leur donnent des ordres contraires à leur inclination, ils en souffriront forcément et seront par là même en grand péril.

A ses yeux, c'était bassesse d'âme que d'obéir à un autre homme par quelque considération humaine et non pour ces motifs surnaturels.

Il disait aussi que, s'il aimait tant l'obéissance, c'est qu'il avait remarqué dans les ordres des supérieurs une providence toute particulière de Dieu envers lui. Bien souvent, sans avoir rien dit, on lui avait spontanément accordé ou ordonné ce qu'il désirait pour l'amour de Dieu ou ce que la grâce lui inspirait. Un jour qu'il contemplait les divers lieux consacrés par Notre-Seigneur durant sa Passion, il fut pris d'un grand désir de visiter les sept églises de Rome. Sans qu'il eût rien demandé, voici que, contre toute attente, le supérieur le fait appeler à l'heure même et l'envoie visiter les sept églises. Louis en fut doublement heureux, et pour la faveur elle-même, et parce qu'il y vit une attention délicate de la Providence envers lui.

Quand un supérieur lui faisait quelque réprimande, il prenait un air grave et recueilli. Debout, la tête découverte, les yeux baissés, il écoutait humblement ce qu'on lui disait, ne contestant ni ne s'excusant jamais. Alors que j'étais supérieur, j'eus une fois occasion de le reprendre de je ne sais quelle négligence qu'il commettait souvent par distraction. Son émotion fut telle, qu'il s'évanouit. A peine revenu à lui, il se jeta à genoux; les larmes aux yeux, il se mit à me demander pardon avec tant d'humilité, que je ne pouvais le faire se relever.

Il est de la vertu d'obéissance de garder fidèlement les règles de la vie religieuse. Louis les observa avec une exactitude qui aurait pu sembler excessive. Il ne se rappelait pas d'avoir enfreint la moindre d'entre elles. C'était une exactitude rigoureuse, comme si la plus petite infraction dût entraîner un très grand dommage. Quand il s'agissait d'y être fidèle, il ne se gênait avec personne, religieux ou séculier. Un jour, le supérieur l'ayant envoyé faire visite au cardinal della Rovere, son parent, celui-ci voulut le retenir à dîner. « Illustrissime Seigneur, dit Louis, cela ne se peut pas; car c'est contre une de nos règles ». Le cardinal demeura fort édifié de cette réponse, et depuis il ne lui demanda ni proposa plus rien sans ajouter la condition : « Si ce n'est pas contre votre règle ». Car il craignait d'offenser la conscience délicate de Louis et voulait en même temps coopérer à la grâce du Seigneur en lui.

Une autre fois, étant dans sa chambre en compagnie d'un condisciple, celui-ci, voulant écrire une lettre et n'ayant pas de papier, en demanda une demi-feuille à Louis. Or, il est une règle qui défend de donner ou prêter quelque chose sans permission. Louis, pour l'observer, fit semblant de n'avoir rien entendu; mais sortant aussitôt, il alla demander la permission au supérieur. Puis il dit avec bonne grâce à son compagnon : « Il me semble que tout à l'heure vous me demandiez du papier ». Et il lui en offrit.

Je ne saurais enfin donner meilleure idée de sa très vigilante observation des règles, qu'en disant que, durant toutes les années qu'il passa en religion, jamais il ne transgressa la règle du silence, ni celle de parler latin tant qu'il étudia, choses où il est cependant bien facile de s'oublier.

CHAPITRE XII.

DE SON ESPRIT DE PAUVRETÉ.

Louis se complaisait dans la pauvreté religieuse, plus que l'avare en ses trésors. S'il la pratiquait déjà dans le siècle, au point de se mal vêtir, on peut penser quel zèle il y apporta dans la Compagnie qu'il se plaisait à appeler la vraie demeure de la sainte pauvreté.

Dès lors, il eut en horreur tout ce qui pouvait avoir quelque apparence de propriété. Nul vêtement qui ne fût à la communauté; aucun livre à son propre usage et qu'il pût emporter avec lui; ni montre, ni étui d'aucune sorte. Et quant aux objets de dévotion, il n'en possédait pas qu'il pût offrir aux autres et n'aimait point en recevoir. Jamais il ne voulut détenir reliquaire d'aucune sorte, ni chapelet de matière précieuse ou curieuse, ni tableau ou petit cadre particulier. Les images suspendues dans sa chambre lui suffisaient. C'est tout au plus s'il en conservait deux petites en papier : l'une de sainte Catherine, vierge et martyre, patronne de son entrée dans la Compagnie; l'autre de saint Thomas d'Aquin, dont il étudiait la doctrine. Et encore avait-il fallu beaucoup d'instances et la permission des supérieurs pour les lui faire accepter. De plus, il ne voulut avoir ni dans son bréviaire au noviciat, ni dans son office de Notre-Dame au collège, aucune de ces petites images en papier dont plusieurs se servent pour remplacer les signets.

Il ne manquait pas de personnes qui, par affection pour lui, non seulement lui offraient divers objets de dévotion, mais le forçaient pour ainsi dire à les recevoir et sollicitaient elles-mêmes pour cela l'autorisation des supérieurs. Louis, autant qu'il le pouvait, refusait adroitement; si, pour ne point blesser quelqu'un, il était contraint d'accepter, il remettait aussitôt ces petits présents aux mains des supérieurs, demandait la permission de s'en dessaisir et les donnait à la première occasion.

Ne rien posséder, ne rien désirer au monde, être détaché de toute chose, voilà quel était son plus grand bonheur. Quand on lui fournissait des habits d'été ou d'hiver, il ne disait pas : ceci est trop long ou trop court, trop étroit ou trop large. Le tailleur lui demandait-il si tel vêtement lui seyait bien, il répondait d'ordinaire : « Il me semble qu'il va bien ». Il se réjouissait beaucoup d'être le plus mal partagé et quand on le laissait libre, il choisissait toujours ce qu'il y avait de pire.

Une règle de la Compagnie de Jésus ordonne à chacun de se bien persuader que des choses de la maison les plus viles lui seront données pour sa plus grande mortification et son plus grand profit spirituel. Louis interprétait cette règle ainsi : « Un pauvre qui demande l'aumône, ne s'attend pas à recevoir les meilleurs vêtements de la maison, mais les plus déchirés, les plus usés, tout ce qu'il y a de moins bon. De même, si nous sommes de vrais pauvres, nous devons nous persuader que la maison doit toujours nous réserver les choses les plus

B. ALOYSIVS GONZAGA.
Illus*t.* D*næ* D. Bibianæ de Pernestain, Oratoris Cæsarei, apud S*r*. D. Paullum V. coniugi, aº 1607.
Cum Gratia et Privilegio   Hieronymus Wierx D.D. faciebat.

mauvaises. Soyons donc assurés qu'il en sera et qu'il convient qu'il en soit ainsi ».

Il a raconté plusieurs fois à un confesseur le grand privilège que Dieu Notre-Seigneur lui avait départi d'avoir été souvent le plus mal partagé en ces occasions. L'amour qu'il avait pour la pauvreté le lui faisait considérer comme une faveur toute spéciale.

Il se faisait si petit qu'on l'eût pris vraiment pour un pauvre mendiant recueilli par pitié; tout ce qu'on lui donnait, lui paraissait un présent de la charité. A table, s'il s'apercevait qu'un mets pouvait nuire à sa santé, il cessait d'en manger; mais, comme il n'aurait jamais voulu qu'on le remplaçât par un autre, il s'efforçait d'échapper à la vigilance de ceux qui servaient.

MAJOR HORUM EST CHARITAS.

CHAPITRE XIII.

DE SES AUTRES VERTUS ET SURTOUT DE SA CHARITÉ.

Nous avons déjà longuement parlé (1) de la pureté virginale de corps et d'âme qu'il eut le privilège de conserver jusqu'à son dernier soupir. Il l'avait placée sous la garde d'une mortification poussée parfois jusqu'à l'excès, nous l'avons vu, et que l'obéissance avait peine à contenir dans les bornes. Comme on s'étonnait qu'avec sa faible santé il importunât les supérieurs pour faire sans cesse de nouvelles pénitences, il répondait qu'il demandait parfois ce qu'il n'espérait pas obtenir, afin d'avoir au moins le mérite de son bon désir. « Mais, lui disait-on, pourquoi ne pas vous en tenir aux avis des Pères graves et pieux qui vous ont si souvent engagé à modérer vos austérités? — Je les vois, répliquait Louis, ne pas pratiquer eux-mêmes ce qu'ils me conseillent et j'estime qu'il vaut mieux suivre leur exemple que de m'en tenir à une parole de compassion et de charité. — Mais ne vaut-il pas mieux refréner la volonté que

(1) Au chapitre II de la 1re partie.

les sens ? — Il faut faire ceci, sans omettre cela. — Cependant, à votre âge... — La jeunesse est l'âge qui convient le mieux à la pénitence ; plus tard viennent les infirmités qui la rendent difficile. Les saints, vers la fin de leur vie, ont coutume de diminuer les austérités corporelles à mesure qu'ils font de plus grands progrès dans les voies de l'esprit. »

D'ailleurs, Louis mortifiait ses passions du dedans et veillait attentivement sur les moindres mouvements du cœur. Il recherchait avec sollicitude le principe et la fin de toutes ses pensées et de tous ses désirs, et, au témoignage du vénérable cardinal Bellarmin, en précisait si parfaitement la nature qu'on eût dit que ses yeux pénétraient jusqu'au plus intime de lui-même.

Que dire de sa franchise et de sa loyauté dans les moindres paroles ? On pouvait être sûr avec lui qu'un oui était un oui, qu'un non était un non. Jamais dans sa bouche de ces équivoques, de ces subtilités si fréquentes dans le commerce des hommes du monde et qui sont la peste des sociétés.

D'ailleurs, dans l'exercice de toutes ces vertus, il ne faisait que mettre en pratique les règles données par saint Ignace dans les *Exercices spirituels* qu'il regardait avec raison comme également efficaces à convertir les pécheurs et à renouveler l'esprit des parfaits. Chaque année, il s'y appliquait au temps des vacances et résumait tout ce qu'il y avait puisé de meilleur en de courtes sentences latines dont quelques-unes nous ont été conservées.

Mais il n'avait pas de vertu plus à cœur que la charité. Il aimait Dieu parfaitement. A son nom seul, son âme était ravie et son visage tout enflammé (1). Il aimait le prochain pour Dieu

(1) « Quand Louis parlait de Dieu, son visage rougissait doucement et semblait enflammé, mais il n'y mettait point d'affectation. On sentait que son cœur s'élevait vers Dieu et

plus que lui-même. Serviteur des malades dans les hôpitaux, il avait obtenu la permission générale de visiter ses Frères à l'infirmerie. Quand ses maux de tête l'empêchaient d'étudier, il s'y rendait pour remplir les plus humbles offices.

Mais il avait encore bien plus de zèle pour le salut des âmes. S'il l'avait pu, il serait immédiatement parti pour les Indes afin d'y travailler à la conversion des infidèles. Déjà, dans le monde, tel était son plus ardent désir. Ne pouvant encore prêcher et confesser, il ne laissait pas de s'employer au bien spirituel de tous avec autant d'industrie que de prudence.

Non content d'édifier par ses saints exemples tous ceux qui vivaient avec lui, il s'efforçait, avec l'approbation de ses supérieurs, de détourner le discours des choses inutiles ou même des matières de classe pour l'amener adroitement sur des sujets de piété. Après avoir recommandé son projet aux prières de quelques saints religieux, il choisit, parmi ses jeunes Frères, ceux qui lui paraissaient plus aptes à remplir ses vues et les engagea à l'imiter. Chaque jour, il lisait quelque chose d'un livre spirituel ou de la Vie des saints afin de nourrir l'entretien. Avec ses égaux et ses inférieurs, il entamait lui-même la pieuse conversation. Avec des prêtres ou des supérieurs, il se contentait de proposer ses doutes ou de solliciter des avis. Dès qu'il était quelque part, on était sûr que la piété faisait les frais de tous les discours, et s'il survenait dans un groupe, on changeait aussitôt de conversation pour lui faire plaisir.

Arrivait-il quelque nouveau, soit du noviciat, soit d'ailleurs, il s'efforçait d'entretenir en lui, par lui-même ou par quelque

se reposait en lui. Il vivait toujours en sa sainte présence ; on comprenait, rien qu'à le voir, que Dieu était sa fin, son unique objet, sa société de tous les instants ». (Procès de canonisation.)

compagnon de celui-ci, la ferveur qu'il apportait du noviciat. Dès que le nouveau venu paraissait à la récréation, il s'insinuait auprès de lui et lui disait que, s'il désirait conserver et augmenter sa dévotion, il trouverait maint compagnon prêt à l'y aider. Puis, lorsqu'il avait fait avec lui, en parlant, plus ample connaissance, il lui désignait quatre ou cinq des plus fervents, et avisait ensuite ces derniers de saisir l'occasion de s'entretenir avec le condisciple nouvellement arrivé.

De plus, s'il apprenait que quelqu'un du collège avait besoin d'aide spirituelle, il s'ingéniait de toute manière à gagner son affection. Durant des jours et des semaines, il s'entretenait avec lui pendant la récréation, ne s'inquiétant pas de ce que pouvaient dire les autres. Quand il lui semblait l'avoir amené à donner quelque marque de la vertu et de la perfection qu'il désirait en lui, peu à peu il se relâchait de cette intimité en lui disant que, pour la commune édification, il valait mieux mettre plus d'universalité dans ses relations. Il l'exhortait alors à choisir de bons compagnons, lui en nommait quelques-uns en particulier et allait prier ceux-ci de chercher à converser avec lui, sachant, disait-il, qu'il avait de bons désirs. Se détachant ainsi de l'un, il s'attachait à un autre.

Par ces saintes industries, il produisit en peu de semaines un grand fruit et parvint à enflammer même les plus froids. On vit alors dans le Collège romain tout entier une telle ferveur que c'était bénédiction de Dieu. Il y avait, à cette époque, plus de deux cents personnes au Collège; et je me souviens d'avoir vu avec admiration, plusieurs fois en été, tout ce monde se disperser sous les galeries et dans le jardin par groupes de trois ou de quatre et converser ainsi. Comme je les connaissais tous, je savais sûrement qu'il n'était aucun d'entre eux qui ne discourût des choses de Dieu. La récréation était ainsi comme une conférence spirituelle ; plusieurs avouaient n'en pas tirer moins de fruit que de l'oraison elle-même, et peut-être même davantage ; d'autant plus qu'ils en venaient à se communiquer divers sentiments spirituels dont Dieu les gratifiait dans l'oraison ; et de cette manière, chacun participait aux lumières de tous.

Cela se faisait avec tant de suavité et au si grand plaisir de tous, que chacun, dégoûté du reste, fût plutôt rentré dans sa chambre, que de ne point parler en récréation de ces pieux sujets. Ces mêmes entretiens les occupaient dans leurs sorties, alors qu'ils se promenaient par les chemins ou jouissaient des vacances à la maison de campagne. Il leur semblait que ces jours ne pouvaient leur offrir de plus agréables passe-temps que de pouvoir se retirer deux, trois ou quatre ensemble, et traiter de Dieu et des choses du Ciel.

Au temps des grandes vacances, en septembre et en octobre, alors que, les leçons terminées, on envoie les jeunes gens du collège se reposer quelques jours à Frascati des fatigues de l'étude, chacun emportait, avec permission des supérieurs, un livre favori. C'étaient Gerson, la vie de saint François, de sainte Catherine de Sienne et du saint Père Ignace. Les uns lisaient les chroniques de saint Dominique, les autres celles de saint François. Ceux-ci préféraient les confessions et soliloques de saint Augustin ; ceux-là l'exposition du Cantique de saint Bernard. Certains, plus avancés dans la vie spirituelle, ne trouvaient pas peu de plaisir à lire la vie de la bienheureuse Catherine de Gênes ; d'autres, enclins au mépris d'eux-mêmes, savouraient celles du bienheureux J. Giacopone et de Jean Colombini. Tout pleins de la lecture de ces ouvrages et d'autres semblables, ils sortaient matin et soir, deux à deux, trois à trois, et se promenaient sur les collines en se racontant divers traits de ce qu'ils avaient lu (1).

Parfois, on se rencontrait au nombre de dix ou douze dans

AD SODALITATEM DEIPARAE VIRGINIS.

les forêts et dans les bois. Alors on s'arrêtait pour faire en compagnie des conférences spirituelles. Si grandes étaient la

(1) « J'ai passé avec lui les vacances d'automne à Tivoli. Pour prendre de l'exercice, il allait souvent en pèlerinage à Notre-Dame de *Grotta-Ferrata*, et vénérait aussi dans le même sanctuaire les reliques des saints Nil et Barthélemy, de l'ordre de Saint-Basile. Parfois je l'accompagnais, et j'ai remarqué que ces promenades lui faisaient encore plus de bien à l'âme qu'au corps, par suite de ses pieux entretiens en route. » (Procès de canonisation.)

douceur et la dévotion que tous en éprouvaient, si vives étaient leur joie et leur ferveur, qu'on les eût pris pour des anges du paradis. Ainsi les vacances de Frascati ne faisaient pas moins de bien à l'âme qu'au corps, chacun servant d'exemple aux autres pour avancer dans les voies de Dieu.

C'est ce dont peuvent témoigner bon nombre de Pères et de Frères, dispersés maintenant par les diverses contrées du monde et cultivant avec fruit la vigne du Seigneur. Et comme toute la gloire en revenait à Louis, tous avaient pour lui une amitié mêlée de pieuse admiration. On courait après lui pour lui parler et l'entendre; et quand on ne le pouvait, on en ressentait une peine semblable à celle qu'on éprouve à ne pouvoir approcher d'une chose sainte.

Mais ce qui le rendait encore plus aimable à tous, c'est qu'il ne tenait pas si continuellement tendu l'arc de l'esprit qu'il ne le relâchât quelquefois. Prudemment et judicieusement, il savait s'accomoder aux lieux, aux temps, aux personnes avec grande suavité; et tout sérieux qu'il fût en sa conduite, il n'était dans la conversation ni triste ni importun, mais doux, gracieux, affable envers tous. Souvent s'échappait de ses lèvres quelque mot plaisant et spirituel, ou bien il racontait quelque anecdote propre à égayer dans les limites de la modestie religieuse.

Telle fut la vie de saint Louis durant les deux années et demie qu'il passa au Collège romain, tels furent les fruits que produisit son exemple.

CHAPITRE XIV.

LOUIS EST ENVOYÉ DANS SA PATRIE POUR ACCOMMODER UN GRAVE DIFFÉREND SURVENU ENTRE SON FRÈRE RODOLPHE ET LE DUC DE MANTOUE.

Horace de Gonzague, seigneur de Solferino, étant mort à Mantoue, la nouvelle en fut portée au marquis Rodolphe, frère cadet du bienheureux. Ce prince, alors à Castiglione, se trouvait à l'église, occupé à entendre le sermon. Il sortit aussitôt, fit battre le tambour, réunit en deux heures six cents fantassins et courut s'emparer du château de Solferino qui lui revenait de droit, son oncle étant mort sans enfants.

Mais Guillaume, duc de Mantoue, arguant d'un testament fait en sa faveur, envoya dire au jeune marquis d'avoir à quitter la place et de lui céder ce fief. Rodolphe répliqua qu'il était le serviteur de Son Altesse, mais que, le fief étant d'empire, son oncle n'avait pu en disposer par testament ni le dépouiller de ce qui lui revenait par légitime succession ; qu'il en avait pris possession et entendait bien le garder. Le duc trouva quelque peu dur que ce jeune homme prétendît se faire raison et trancher le litige. Il jugea donc de son honneur de défendre les dernières volontés du défunt et se mit en campagne avec une nombreuse infanterie et une grosse troupe de cavaliers. Cependant les rivaux s'accordèrent à s'en remettre à l'arbitrage suprême de l'empereur et licencièrent leurs gens. Mais un capitaine au service du duc profita de la nuit pour donner l'escalade et occupa la citadelle au nom de son maître.

La marquise mère, donna Marta, abandonnant alors à son fils Rodolphe le gouvernement de Castiglione, se rendit à Prague avec ses trois autres fils dont le plus âgé, François, n'avait que neuf ans. L'enfant n'en récita pas moins un long et beau discours à l'Empereur qui, ravi de sa grâce, le retint auprès de lui et le plaça parmi ses pages. Un commissaire impérial vint prendre possession de Solferino jusqu'au règlement définitif du procès. La cause fut instruite sans retard, et le jugement rendu en faveur de Rodolphe.

Mais de mauvais conseillers, suppôts du démon, attisèrent entre les deux compétiteurs une haine d'autant plus violente que leur affection avait été plus vive. L'affaire de Solferino fut mise au second plan dans leur querelle. Le marquis fut calomnié de toute manière et menacé d'une ruine complète. En vain de grands personnages, parmi lesquels l'archiduc Ferdinand, frère de l'empereur Maximilien, interposèrent leur médiation; tout fut inutile.

Ce fut alors qu'Éléonore d'Autriche, duchesse de Mantoue et donna Marta, marquise de Castiglione, dans le désir de rétablir la paix et de mettre fin au scandale, recoururent à un autre expédient. Louis seul, dans leur pensée, pouvait réconcilier ces ennemis acharnés; le duc Vincent qui venait de succéder à son père avait toujours eu pour lui beaucoup d'amitié (1), et Rodolphe, qui lui devait le marquisat, lui témoignait une grande déférence.

Louis se trouvait à Rome. La crainte de perdre la paix intérieure dont il jouissait et d'aller contre les règles de son Institut le fit hésiter d'abord à se mêler à toutes ces intrigues. Mais, ayant recommandé l'affaire à Dieu et réclamé à cette fin les prières de ses Frères, il s'en ouvrit au P. Bellarmin, son confesseur. Celui-ci, après avoir fait oraison, lui dit : « Allez, Louis; il m'est avis que votre démarche tournera au service de Dieu ». Sa réponse fut un oracle pour le Bienheureux, qui, dans une parfaite indifférence, attendit la décision du Père Général. A la demande de la duchesse Éléonore, Louis eut donc l'ordre de se rendre à Mantoue.

Il venait de terminer sa seconde année de théologie et se trouvait à la villa de Frascati pour les vacances de septembre, quand le P. Bellarmin, survenant tout à coup, lui communiqua la volonté du P. Aquaviva. Louis devait immédiatement revenir à Rome et de là se rendre au plus tôt à Mantoue, puis à Castiglione. Il ne prit pas plus d'un quart d'heure pour se mettre en route, laissant tous ses Frères désolés de son absence. Nous l'accompagnâmes tous jusqu'au dehors d'une *vigne* qui appartenait au Collège romain, et comme nous revenions, le P. Bellarmin se mit à nous parler avec attendrissement des vertus de ce jeune homme, à vanter sa sainteté et à raconter bien des choses qui excitaient notre ferveur. « Louis, disait-il, je le tiens pour certain, est confirmé en grâce et je ne saurais mieux faire que de le considérer pour me représenter saint Thomas

---

(1) Le duc Guillaume était mort sur ces entrefaites le 14 août 1587. Le duc Vincent Ier lui avait succédé à l'âge de vingt-cinq ans.

d'Aquin au temps de ses études ». J'ai moi-même entendu ces paroles qui furent rapportées au procès de canonisation.

Arrivé à Rome, Louis, après avoir reçu les ordres du Père Général, alla rendre visite aux cardinaux, ses parents. Comme il était chez le cardinal della Rovere, il fut pris d'un évanouissement causé par ses violentes douleurs de tête et l'épuisement de son corps. On le plaça sur le lit du prélat qui le gronda amicalement du peu de soin qu'il avait de sa santé; mais le saint jeune homme répondit qu'il était loin de faire tout ce qu'il devait.

On lui donna pour compagnon de voyage un Frère coadjuteur fort prudent, nommé Jacques Borlasca, chargé de prendre soin de lui, avec pouvoir de lui imposer tout ce qui lui semblerait utile à sa santé. En vain s'efforça-t-on de lui faire prendre un parasol, en considération de ses maux de tête; il refusa également de porter des gants. Il n'en usait jamais depuis qu'il était dans la Compagnie, ni pour aller à cheval, ni pour garantir contre le froid ses mains enflées et remplies de gerçures. Le matin, au moment où il allait se mettre en selle, on lui apporta des bottes qui avaient appartenu à un grand personnage, et comme il allait les mettre, quelqu'un dit : « Voilà les bottes du seigneur un tel ». A ces mots, Louis, qui craignait qu'on ne les eût choisies pour ce motif, les tournait, les retournait, cherchant un prétexte pour s'en défaire. « Et qu'ont-elles donc, ces bottes, lui dit son compagnon? Ne vous vont-elles pas? » Et comme Louis ne répondait rien : « Laissez-moi les échanger contre d'autres », ajouta-t-il. Il les emporte, s'éloigne un instant et les rapporte pliées d'une autre façon. Louis, qui ne les reconnut pas, les mit aussitôt et trouva qu'elles lui allaient fort bien.

Ce fut le 12 septembre 1589 que le Bienheureux quitta Rome en compagnie du P. Bernardin de Médicis, un de ses intimes, qui allait professer l'Écriture sainte au collège de Milan. Durant le voyage, il n'omit rien de ses oraisons, de ses examens, de ses litanies, de toutes ses dévotions ordinaires. Sur le chemin, dans les hôtelleries, il ne s'entretenait que de Dieu. Les *veturini* l'écoutaient avec ravissement et ne voulaient point s'éloigner de lui, par affection pour sa personne.

A Sienne, il refusa certaines prévenances qui lui parurent excessives et ne voulut point qu'un Père qui l'affectionnait beaucoup lui lavât les pieds, comme il était d'usage de faire dans la Compagnie pour les voyageurs.

Grande fut sa joie de revoir Florence, berceau de sa première ferveur. Il y laissa le P. Bernardin de Médicis qui devait passer quelques jours auprès des princes ses parents et se rendit à Bologne, où les Pères du collège, sur le bruit de sa sainteté, l'entourèrent aussitôt pour s'entretenir pieusement avec lui. Durant la journée qu'il demeura dans cette ville, le P. Recteur lui ayant donné le sacristain pour lui faire visiter les curiosités, Louis pria le Frère de ne le mener qu'aux églises et à d'autres lieux de dévotion, avouant qu'il se souciait peu de tout le reste. Après avoir visité deux ou trois des églises principales, il revint à la maison.

Sur la route de Bologne à Mantoue, Louis, s'étant arrêté dans une hôtellerie, ne trouva qu'une chambre avec un seul lit. Il ne fit aucune objection; mais son compagnon, prenant l'hôte à part, lui remontra qu'étant religieux, ils n'avaient point coutume de partager le même lit et le pria d'en préparer un second. Celui-ci répliqua qu'il n'en ferait rien, voulant réserver les autres lits pour les gens de qualité qui pourraient venir la nuit frapper à sa porte. Et comme le bon Frère s'échauffait, Louis qui l'entendit le pria de se calmer. « Eh quoi ! s'écria son compagnon, cet hôtelier attend des gentilshommes ; nous prend-il pour des paysans ? — Frère, répliqua Louis en souriant, ne vous fâchez pas ; vous avez tort. Nous faisons profession de pauvreté, et cet homme nous traitant comme des pauvres que nous sommes, nous n'avons pas à nous plaindre ». Cependant, le soir venu, comme il ne se présenta pas d'autres voyageurs, le Frère obtint ce qu'il demandait.

Arrivé à Mantoue, Louis rendit aussitôt ses devoirs à la duchesse Éléonore, déjà fort avancée en âge. Cette pieuse princesse, ravie de le revoir, l'embrassa avec une tendre affection et conversa assez longtemps avec lui. Louis avisa de son arrivée le marquis Rodolphe qui donna l'ordre de tout préparer pour le voyage de son saint frère à Castiglione.

Comme Louis se rendait en cette ville, il chargea une personne qu'il rencontra par hasard à Brescia d'annoncer sa prochaine arrivée à son frère. Le messager partit en courant et propagea partout la nouvelle. Castiglione fut en émoi ; on se précipitait aux fenêtres, on sortait en foule des maisons ; Louis fut accueilli avec un pieux enthousiasme. Les cloches sonnèrent à toute volée ; la forteresse tira une belle salve d'artillerie ; le peuple s'agenouilla en pleine rue sur son passage, comme on aurait fait pour un saint. Louis était tout confus de ces manifestations.

Le marquis vint à sa rencontre jusqu'au bas de la colline que couronne le château. A peine descendait-il de son carrosse, qu'un de ses vassaux encouragé par la présence de Louis, vint demander grâce à genoux, pour je ne sais quel délit. Rodolphe lui répondit qu'il pardonnait pour l'amour de son frère.

Dès que le Bienheureux fit son entrée au château, les gens de la cour lui prodiguèrent comme autrefois le titre d'excellentissime, ce dont il ne pouvait s'empêcher de rougir.

Il ne trouva pas sa mère à Castiglione. Elle résidait alors, à douze milles de la ville, dans le domaine de San Martino. Un exprès lui fut dépêché, et le jour suivant la marquise revint avec deux de ses jeunes fils (1). A peine descendue à son palais, situé à quelque distance de celui du marquis, elle fit avertir Louis, qui se rendit immédiatement auprès d'elle avec son compagnon. Cette pieuse dame accueillit son saint enfant avec la vénération qu'on porte aux choses saintes. Le respect triomphant de l'amour, elle n'osa pas l'embrasser, mais elle le reçut à genoux, s'inclinant devant lui jusqu'à terre. Ce qui n'étonnera pas, si l'on se souvient qu'elle n'avait jamais cessé, depuis sa naissance, de le regarder comme un Prédestiné et de l'appeler son ange.

(1) François et Christiern.

CHAPITRE XX.

DE SA MANIÈRE DE VIVRE A CASTIGLIONE ET EN D'AUTRES LIEUX.

Louis passa toute la journée avec sa mère. Tandis qu'il s'entretenait avec elle, il voulut que son compagnon fût toujours présent. Cependant celui-ci, s'étant aperçu que sa présence gênait un peu la marquise dans ce qu'elle pouvait avoir à dire à son fils, se retira prudemment sous prétexte de dire son rosaire. Étant rentré après un assez long temps, il trouva la marquise et son fils à genoux, faisant ensemble oraison. Quand, le soir, ils furent retirés dans leur chambre, Louis demanda à son compagnon pourquoi il était sorti. Il lui répondit que, le Père Général ayant permis qu'il vînt de si loin trouver la marquise sa mère, il ne croyait pas qu'il convînt de s'opposer à ce qu'elle pût lui découvrir son âme en toute liberté; que quand il serait question de quelque autre dame, il lui obéirait volontiers et serait toujours présent. A quoi Louis ne répliqua rien.

Il demeura plusieurs jours à Castiglione pour s'informer en détail des différends et des prétentions de son frère et du duc de Mantoue. On ne saurait exprimer quelle édification Louis causa pendant tout ce temps. Jamais il ne sortait qu'à pied, quoique, par ordre de sa mère et de son frère, il eût toujours un équipage à son service. Il recevait tant de saluts dans les rues, qu'il était obligé de marcher la barrette toujours à la main. Il traitait indifféremment avec toutes sortes de personnes; il le faisait avec autant d'humilité, de douceur et de soumission que s'il avait traité avec ses supérieurs. Il ne souffrait pas que personne de la maison lui rendît service. Quand il était besoin, il recourait à son compagnon. Encore fallait-il qu'il y eût nécessité, et dans ce cas, il attendait toujours que la charité suggérât à quelqu'un de l'aider. Il ne comptait pas même aller loger chez sa mère ou chez son frère, mais chez l'archiprêtre du lieu, si les supérieurs à qui il en parla ne lui avaient donné des ordres contraires.

Tout le temps qu'il fut à Castiglione, il se comporta avec une telle réserve, qu'il ne demanda jamais rien. L'hiver étant survenu, il eut besoin d'habits plus chauds; mais il ne voulut pas que sa famille lui en fît faire. Il écrivit au Père recteur du collège de Brescia, qu'il pria de lui envoyer quelques habits usés, déclarant qu'il n'en voulait pas d'autres. La marquise fit ses efforts pour lui faire recevoir au moins deux camisoles, l'une pour lui et l'autre pour son compagnon; ne pouvant y réussir, parce que Louis se faisait un scrupule de rien accepter de ce qu'il avait abandonné, elle pria son compagnon de les lui faire agréer. Un matin donc, tandis que Louis se levait, le Frère lui apporta une de ces camisoles, et, pour couper court à ses objections, il lui dit : « Votre mère vous fait cette aumône pour l'amour de Dieu, parce que vous en avez besoin; je veux que vous la receviez ». Louis, sans hésiter davantage, se soumit; il reçut cette camisole à titre d'aumône et pour obéir à son compagnon. Il en fut de même pour le linge. Il ne voulut point recevoir un certain nombre de chemises que la marquise, sa mère, lui avait elle-même travaillées; il voulut qu'on mît des pièces aux vieilles, et le bon Frère n'eut pas peu de peine à lui en faire au moins accepter deux à titre de pure aumône, l'une pour lui et l'autre pour son compagnon.

Pendant son séjour à Castiglione, il ne commanda jamais rien à personne du palais ni au dehors. Il se comportait à l'égard de tout le monde comme aurait pu faire un pauvre étranger qu'on loge pour l'amour de Dieu. Quand il avait à traiter avec le marquis son frère, il attendait comme les autres l'heure de son audience dans l'antichambre, sans permettre qu'on lui fît savoir qu'il y était. A la table de son frère, il se laissait servir comme les autres, sans rien refuser; il prenait un peu plus de liberté en mangeant chez sa mère, d'autant plus qu'elle ne voulait que ce qui pouvait lui faire plaisir. Ainsi, pour qu'un domestique ne lui servît point à boire, il faisait mettre devant lui de l'eau et du vin, comme cela se pratiquait dans la Compagnie. Il ne faisait aucune attention à ce qu'on servait. La grande habitude qu'il avait de se mortifier lui avait fait perdre le goût de ce qu'il mangeait. Quand sa mère lui disait : « Prenez ceci; cela est bon, ou cela est encore meilleur », il l'acceptait, remerciait et n'y touchait pas. Il avait coutume de dire à son compagnon : « Oh! que nous sommes bien dans nos maisons! Je trouve en vérité plus de quoi satisfaire mon appétit dans une de nos mauvaises portions que dans tous les mets qu'on nous sert ici ».

Jamais il n'avait souffert que quelqu'un l'aidât à s'habiller ou à se déshabiller. Le premier soir, quelques pages s'étant trouvés dans sa chambre pour le servir, il leur déclara qu'il ne se coucherait point qu'ils ne se fussent retirés. De plus, ayant un cautère au bras gauche, il le pansait lui-même, sans même permettre que son compagnon l'aidât à ce pansement, tant il portait loin la délicatesse de la pudeur. Il n'aurait pas souffert que quelqu'un fît pour lui ce qu'il croyait pouvoir faire lui-même. Chez sa mère et chez son frère, quoique les domestiques fussent attentifs à le prévenir, il faisait lui-même son lit, et prenait plaisir à aider son compagnon à disposer le sien. Sa santé ne l'occupait point du tout, ni le soin de la conserver ; il n'y songeait que quand son compagnon l'en avertissait. Il sacrifiait à son amour pour la solitude, le plaisir qu'il aurait eu à s'entretenir avec sa mère et à lui donner la consolation de le voir. Le matin, dès son lever, il faisait une heure d'oraison, entendait la messe et récitait le grand office. Il disait le rosaire avec son compagnon à peu près sur le ton de la psalmodie. S'il se trouvait, dans la journée, maître de quelques moments, il disait à son compagnon : « Allons faire un peu d'oraison ». Tous les soirs pendant trois heures il se retirait seul ; et avant de se coucher, il récitait les litanies et faisait son examen de conscience. Il se confessait à l'archiprêtre, et tous les jours de fête il allait entendre la messe et communier à l'église principale du lieu. Beaucoup de personnes s'y rendaient exprès pour le voir, et témoignaient combien elles étaient désolées d'avoir perdu un seigneur si accompli.

La dernière fois qu'il se rendit à cette église, il y trouva une si grande foule de peuple accourue pour le voir, qu'il lui vint en pensée de les prêcher et de les exhorter à vivre dans la crainte de Dieu et à fréquenter les sacrements ; cependant il n'en fit rien, parce qu'il crut devoir commencer par prêcher lui-même d'exemple en mettant ordre aux affaires de sa maison.

Il fit plusieurs petits voyages à Brescia, à Mantoue et dans d'autres lieux où ses affaires l'appelaient. Dans la route, tout ce qui s'offrait à ses yeux lui donnait occasion de s'élever à Dieu et de s'entretenir de choses spirituelles. Quand son compagnon se trouvait fatigué de ses discours et voulait parler d'autre chose, il ne lui était plus possible de distraire Louis. Un jour qu'il se rendait au château de Guiffri pour parler à son oncle Alphonse de Gonzague, seigneur de ce lieu, il s'aperçut qu'on avait chargé des domestiques de l'accompagner; il pria le marquis de le dispenser de ce cérémonial. N'ayant pu l'obtenir, il ne fut pas plutôt sorti de Castiglione, qu'il les renvoya. Le cocher s'étant trompé de chemin, il n'arriva au château de Guiffri qu'à deux heures de nuit, lorsque les portes en étaient fermées. Il fallut du temps pour instruire les sentinelles de la qualité des personnes qui demandaient à entrer, et pour en faire un rapport au seigneur; enfin, après un temps assez considérable, on baissa le pont-levis, et la porte s'ouvrit. Plusieurs gentilshommes du prince portant des flambeaux se trouvèrent à cette porte; la garnison était sous les armes et bordait le passage depuis l'entrée jusqu'au palais du prince, lequel descendit au-devant de Louis et le reçut avec une joie singulière et toute sorte d'honneurs. Après l'avoir conduit dans un appartement splendidement meublé, il se retira pour le laisser reposer. Alors Louis, excédé de tous ces hommages et se voyant si magnifiquement logé, se tourna vers son compagnon et lui dit : « O mon frère, que Dieu nous aide cette nuit ! Où sommes-nous tombés pour nos péchés ! Que nous serions bien mieux dans les pauvres chambres de nos maisons et dans nos pauvres lits qu'au milieu de toutes ces superfluités ! » Ces grands égards lui étant extrêmement à charge, il brûlait de revenir à Castiglione. Il partit, en effet, le jour suivant pour cette ville où, après avoir pris les informations nécessaires, il se rendit à Mantoue pour négocier avec le duc.

Toutes les fois que ses affaires l'obligèrent à demeurer au collège de Mantoue, il y donna tant de preuves de vertu, que les Pères qui eurent l'avantage de l'y voir, racontaient encore longtemps après les merveilleuses impressions qu'avaient faites dans toute cette maison la modestie de Louis, son humilité, son mépris pour lui-même, l'honneur et le respect qu'il portait aux autres, sa prudence jointe à sa simplicité, les charmes de sa conversation, son détachement de toutes les choses corporelles, son union constante avec Dieu, qui était telle, qu'il ne faisait rien, ne disait rien, qu'en vue de cette divine présence. Enfin l'édification qu'il répandait dans le collège alla au point qu'on ne pouvait le voir sans se représenter une vive image de toutes les vertus; à son seul aspect tous se sentaient excités à la dévotion ; aussi les Pères avaient-ils coutume de dire qu'on voyait briller sur son visage une si grande sainteté, qu'il leur semblait une parfaite copie de saint Charles Borromée. Le recteur du collège de Mantoue était alors le P. Malevota, qui avait été reçu dans la Compagnie par saint Ignace. Ce Père, à l'exemple de saint Pacôme, qui fit faire une exhortation à ses moines par un novice, voyant dans Louis tant de prudence et de sainteté, jugea à propos de lui confier, un vendredi, le soin d'exhorter les religieux du collège. Ce discours était ordinairement réservé au supérieur ou à quelque Père des plus graves; jamais on n'en chargeait quelqu'un qui ne fût pas prêtre. Louis accepta, quoique avec bien de la répugnance, cette mission, et uniquement par obéissance. Il fit son exhortation sur la charité fraternelle, prenant pour texte ces paroles du Sauveur : « Mon précepte est que vous vous aimiez les uns les autres comme je vous ai aimés ». Il parla avec tant d'onction et de ferveur d'esprit, que tous ceux qui l'entendirent en furent aussi consolés qu'édifiés.

Portrait de Vincent de Mantoue. (Cabinet des Estampes, à Paris.)

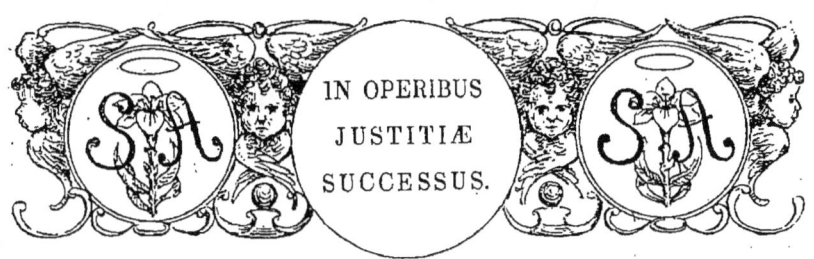

IN OPERIBUS JUSTITIÆ SUCCESSUS.

CHAPITRE XXI.

DU BON SUCCÈS DE SES NÉGOCIATIONS.

Louis commença à parler d'affaires avec le duc de Mantoue; mais, avant de traiter avec les hommes, il avait eu soin, pour ainsi dire, de tout conclure avec le roi du ciel, qui tient dans sa main tous les cœurs. Il avait obtenu de sa divine bonté cet heureux accommodement. On sait cela par des témoignages authentiques, et l'événement le démontra clairement, puisque tout fut terminé dans un entretien d'une heure et demie avec le duc. Il arrangea donc dans cette première entrevue tous les différents; il obtint tout ce qu'il put souhaiter et demander. Quoique le duc fût aigri par les mauvais rapports qu'on lui avait faits du marquis; quoique Louis fût plus proche parent du marquis que du duc, et que, naturellement parlant, il pût être soupçonné de partialité; quoiqu'il y eût encore bien d'autres motifs de refuser à Louis ce qu'il demandait, le duc, qui avait résisté aux sollicitations de plusieurs princes, ne découvrant dans Louis que des intentions droites et saintes, fut d'abord gagné, et ne sut lui faire difficulté sur rien (1).

(1) Antoine Possevin nous donne d'intéressants détails, omis par le P. Cepari, sur le suc-

Il se trouva des personnes qui voulurent ou empêcher ou du moins différer une réconciliation où le service de Dieu était intéressé. Entre autres, un personnage de grande autorité suggéra au duc que, puisqu'il était décidé à cette réconciliation, il ne devait pas la faire uniquement en considération de Louis, mais du moins la différer à un autre temps, afin de donner quelque satisfaction aux princes qui, les premiers, avaient travaillé à cet accommodement. Mais le duc répondit qu'il voulait en finir dès l'heure, parce qu'il le faisait uniquement pour plaire à Louis, sans lequel il ne s'y serait jamais déterminé. Louis se fit donner copie de tous les chefs d'accusation portés par le duc contre le marquis Rodolphe ; muni de cette pièce, il revint à Castiglione ; il fit lire au marquis toutes ces accusations, pour qu'il eût à se justifier en répondant article par article, et il l'aida à faire cette réponse. Ensuite il retourna à Mantoue porter au duc cette justification. Son Altesse en fut satisfaite, et Louis revint à Castiglione pour conduire son frère au duc, qui le reçut avec affection et le retint même à dîner avec lui ; ils passèrent ensemble toute la journée. Le duc fit son possible pour que Louis fût

cès de la mission de saint Louis à la cour de Mantoue. Ce qu'il raconte montre bien de quelle sagesse il était doué, puisqu'il réussit où de grands personnages et l'empereur lui-même avait échoué. « Le duc Vincent, nous dit-il, avait hérité du ressentiment de son père contre le marquis de Castiglione. Furieux de l'injure qu'il croyait avoir reçue, excité par les calomnies des courtisans contre un absent que personne ne défendait, il en était venu à des projets de terrible vengeance. Rodolphe, ignorant les dispositions de son parent, ne faisait rien pour le calmer. Louis trouva le duc de Mantoue au comble de l'exaspération. L'heure de l'audience venue, il lui adressa la parole devant de nombreux témoins : « Sérénissime prince, lui dit-il, si je parvenais, en démontrant la justice de ma cause et en dissipant vos soupçons au sujet de mon frère, à rentrer avec lui en grâce auprès de vous, nous aurions lieu d'être moins reconnaissants et vous en tireriez moins de gloire. Je viens donc simplement réclamer notre pardon par les entrailles de notre Sauveur, et je vous le demande à genoux ». Puis il plaida habilement la cause de son frère et parla avec une éloquence si persuasive, que le duc Vincent, fort prompt à la colère, s'apaisa aussitôt, et partagé entre la douleur et la tendresse, il embrassa Louis et répondit que Rodolphe le trouverait tout prêt à oublier le passé et à sceller la paix ». (*Acta Sanctorum*, t. IV, junii, p. 1000.)

aussi du dîner; mais il refusa constamment l'honneur que Son Altesse lui faisait, et, lui ayant fait agréer son refus, il revint

Guillaume et Vincent de Mantoue. (Portrait par Rubens.)

manger au collège. Le duc rendit alors au marquis le château et la seigneurie de Solferino, que les frères de Louis ont toujours depuis possédés paisiblement, et qu'ils ont laissés à leurs héritiers.

Quand cette affaire fut arrangée avec le duc, Louis en entreprit une autre qu'il regardait comme bien plus importante pour son frère Rodolphe. Jeune et libre, il s'était passionné pour une demoiselle de bonne maison, mais d'une noblesse bien inférieure à la sienne. C'était une fille unique et riche, qui passait pour avoir 500,000 livres de dot. Emporté par sa passion, il se détermina à l'épouser en secret, en présence du seul archiprêtre de Castiglione et des témoins nécessaires. Il avait eu soin d'obtenir de l'évêque une dispense de proclamation des bans, le 25 octobre 1588. Le marquis n'avait pris toutes ces mesures qu'afin que son mariage demeurât secret et ne vînt point à la connaissance de la marquise sa mère, et encore moins à celle de son oncle Alphonse de Gonzague, dont il était héritier pour le château de Guiffri, et qui devait naturellement être irrité d'un pareil mariage; car ce seigneur, n'ayant qu'une fille unique prête à être établie, songeait à demander au pape les dispenses nécessaires pour la marier à son neveu Rodolphe, afin que par ce moyen sa fille pût jouir de ses États.

Ce mariage du marquis avait eu lieu une année avant la venue de Louis à Castiglione. Comme on l'avait toujours tenu fort secret, tout le monde ne pouvait que mal juger de la conduite de Rodolphe. Louis fit donc de vives instances à son frère pour qu'il rompît ses liaisons avec cette personne, et qu'il entrât dans les vues de son oncle en épousant sa fille. Le marquis, ayant alors encore quelques motifs qui l'obligeaient de cacher son mariage, se contentait de donner de belles paroles à Louis. Mais celui-ci persuadé que, s'il ne finissait pas cette affaire tandis qu'il était à Castiglione, elle ne se ferait jamais, pressa si vivement le marquis, que celui-ci donna sa parole de le satisfaire.

Louis, content de cette promesse, partit pour Milan le 25 novembre 1589, et y continua ses études et ses pratiques de piété, en attendant que son frère vînt l'y trouver. Celui-ci s'y rendit, en effet, peu de temps après; il arriva au collège un jour de fête, précisément dans le temps que Louis, qui avait communié, faisait son action de grâces. Le portier vint l'avertir de l'arrivée de son frère, en ajoutant qu'il l'attendait à la porte. Louis, sans rien répondre, continua pendant deux heures ses prières, et descendit ensuite pour recevoir Rodolphe. Après les premiers compliments, le marquis lui apprit qu'il était marié depuis quinze mois avec la dame en question, mais qu'il n'avait pas publié son mariage, de peur d'irriter son oncle. Louis fut charmé d'apprendre que son frère ne vivait pas dans le péché, comme on le croyait; ainsi, après avoir, du consentement du marquis, consulté quelques Pères, il fut résolu que le marquis déclarerait son mariage, pour faire cesser un scandale dont Dieu était offensé et la dame déshonorée. Le marquis permit ce qu'on souhaitait, et Louis se chargea de faire sa paix avec la famille. Tout cela étant ainsi arrangé, Rodolphe repartit pour Castiglione, et Louis l'y suivit de près. Il disait à ce propos que dans deux voyages qu'il avait faits il avait accommodé deux affaires, l'une du monde, l'autre de Dieu. En effet, il engagea son frère à déclarer son mariage à la marquise sa mère, la priant de vouloir bien reconnaître son épouse pour sa fille et de la traiter en cette qualité. Après quoi Louis se chargea d'instruire le public de ce mariage, et d'en prévenir le duc de Mantoue, les cardinaux de Gonzague et les princes et seigneurs de la famille. Il en reçut des nouvelles très satisfaisantes. Il s'employa aussi près de son oncle, Alphonse de Gonzague, pour lui faire approuver tout ce qui avait été fait. Ces démarches dissipèrent le scandale occasionné par la conduite du marquis, et rétablirent l'honneur de la dame.

Après la conclusion de cette affaire, la marquise douairière pria Louis de prêcher dans quelque église de Castiglione; il en conféra avec son compagnon, et il prêcha un samedi. Quoique, désirant que la chose fût secrète, Louis eût défendu de sonner pour appeler le peuple, l'église ne laissa pas d'être remplie. Il fit un discours beau et touchant, dans lequel il exhorta les auditeurs à communier le jour suivant, dernier dimanche de carnaval. Cette invitation fut si bien accueillie de ses auditeurs, que tous les confesseurs furent obligés de passer la nuit au confessionnal. La marquise, mère de Louis, le prince Rodolphe, ainsi que sa femme, donnèrent l'exemple, qui fut suivi de plus de six cents personnes. Louis voulut servir la messe et réciter le *Confiteor* au nom des communiants. Il s'acquitta de cette pieuse fonction avec une sensible consolation pour lui et une grande édification pour les assistants, qui ne manquèrent pas encore l'après-dîner de se rendre au catéchisme que Louis leur fit. Ayant ainsi terminé heureusement les affaires de sa famille, Louis partit pour Milan le 12 mars 1590.

Louis était entré le 9 de ce même mois dans sa vingt-troisième année. Les grands froids de la Lombardie lui avaient enflé les mains au point que le sang sortait des plaies qui s'y étaient formées. Plusieurs personnes le pressèrent à ce sujet, presque jusqu'à lui faire violence, pour lui faire accepter des gants; mais, ami des souffrances, Louis ne voulut jamais user de ces adoucissements. En se rendant à Milan, il passa par Plaisance. Dès qu'il fut arrivé au collège, un des Pères, suivant l'usage de la Compagnie, alla à sa chambre lui rendre visite et l'embrasser. Il se sentit pénétré non seulement de dévotion en voyant l'air de sainteté qui brillait dans tout l'extérieur de Louis, mais encore de confusion, de le trouver occupé à nettoyer ses souliers. Ce Père l'avait vu autrefois séculier à Parme, environné de domestiques. Il fut vivement frappé du contraste que présentait l'état dans lequel il l'avait connu, avec l'humble situation où il le retrouvait. Enfin Louis arriva au collège de Milan. « Oh! quelle consolation j'éprouve, disait-il, de me voir fixé dans une maison de la Compagnie! Actuellement mon état est semblable à celui d'un homme gelé de froid qu'on coucherait dans un bon lit bien bassiné. Il me semble que j'éprouve ce froid glacial quand je suis hors de nos maisons, et cette bénigne chaleur quand j'y rentre ».

CHAPITRE XXII.

DE L'ÉDIFICATION QUE LOUIS DONNA AU COLLÈGE DE MILAN.

Le voyage avait si rudement éprouvé Louis qu'avant de pouvoir faire quoique ce fût, il tomba gravement malade. Le Frère Augustin Salombrini le soigna avec sa charité accoutumée. J'emprunte à la Vie de ce Frère, écrite par le P. Andrasta, quelques détails à ce sujet. Saint comme il l'était, Louis admirait la piété et la sainteté de son infirmier, répétait ses paroles avec grande consolation, et le Frère à son tour redisait avec une satisfaction non moins grande celles de son malade. Ils s'entretenaient longuement des choses de Dieu; car s'animer mutuellement, comme les séraphins d'Isaïe, à bénir Dieu et à le servir, telle est la récréation des saints. Ainsi l'un se trouva fortifié en son âme, tandis que l'autre reprenait ses forces corporelles. Louis fut si content des soins et de la conversation d'Augustin, qu'il obtint des supérieurs de l'emmener comme compagnon dans toutes ses pérégrinations, l'ayant toujours auprès de lui comme un ange gardien. Il ne faisait rien sans le consulter et ses conseils fidèlement suivis l'aidèrent à terminer les négociations et à établir la paix entre le duc de Mantoue et le marquis son frère. Lorsque Louis retourna à Rome, il obtint la permission de l'y conduire avec lui, ne voulant pas le quitter. Milan cependant se séparait à grand'peine de frère Salombrini. Ils s'en allèrent donc ensemble. Heureux temps où deux saints se trouvaient ainsi réunis! Ainsi parle le P. Andrasta.

Comme le feu ne saurait être sans échauffer, la lumière sans éclairer, le baume sans exhaler une suave odeur, ainsi Louis ne put être au collège de Milan sans allumer par ses paroles un feu divin dans ceux qui y demeuraient, sans les éclairer par ses exemples, et sans y répandre l'odeur de toutes les vertus dont son âme était enrichie. Comme une eau dont on a retardé le cours naturel se répand ensuite avec plus de force et de vivacité, de même Louis, après avoir séjourné quelques semaines à Castiglione, sans pouvoir s'y livrer à ses pénitences ordinaires, une fois rentré dans un collège de la Compagnie, semblait ne pouvoir se rassasier de mortifications et de pénitences. Il commença par paraître au réfectoire avec un habit tout déchiré, et s'accuser de ses fautes. Il fit encore d'autres pénitences fort édifiantes. Il eut un sensible plaisir de trouver ce collège dans une parfaite régularité. Comme la jeunesse y montrait autant de ferveur à acquérir la piété et la perfection religieuse que d'application à l'étude des sciences et des belles-lettres, tous furent également charmés d'avoir au milieu d'eux un modèle de toutes sortes de perfections.

Pendant que Louis fut à Milan, il continua ses études de théologie, prenant matin et soir des leçons comme les autres étudiants, et faisant comme eux tous les exercices propres de leur cours, sans jamais vouloir aucune dispense. Il fut bien aise d'avoir comme les autres un compagnon de chambre témoin de ses actions, ce qui fut d'un grand avantage pour ce jeune Frère. Ayant remarqué qu'on lui avait donné une Somme de saint Thomas mieux reliée que celles des autres, il ne fut pas possible de l'obliger à la garder; il fit tant d'instances, même avec larmes, que le supérieur consentit qu'on lui en donnât une autre, vieille et usée. Il n'avait en tout cela d'autre motif que de pratiquer la pauvreté.

Si, dans la journée, il trouvait après ses études quelques moments de reste, il allait, avec la permission du supérieur, aider à la cuisine et au réfectoire. Quand il préparait le réfectoire, il avait soin, pour se tenir plus uni à Dieu et rendre ce service plus méritoire, de donner un nom à chaque table. Il appelait celle où mangeait le supérieur la table de Notre-Seigneur; celle qui en était la plus proche, la table de la sainte Vierge; et puis celles des Apôtres, des Martyrs, des Confesseurs, des Vierges; et quand il devait étendre la nappe avec le réfectorier, il disait : « Allons étendre la nappe de Notre-Seigneur »; et ainsi des autres. Il remplissait cet office avec autant d'affection et de ferveur que si Notre-Seigneur eût dû manger à cette table, la sainte Vierge à la sienne, et les autres saints à la leur.

C'était une vraie consolation pour lui de passer le temps de la récréation avec les Frères coadjuteurs et de sortir avec eux, parce qu'il croyait alors pouvoir parler de Dieu avec plus de liberté. Il se faisait aussi un plaisir de les aider dans leurs besoins spirituels. Si l'on s'asseyait en récréation, il choisissait toujours le lieu le moins commode; si l'on était debout, il se tenait derrière les autres, écoutant humblement ce qui se disait. En marchant, il cédait toujours la place la plus honorable à celui qui était avec lui ; et l'on apercevait bien que ce qu'il en faisait n'était que l'effet d'une humilité sans affectation.

Un homme qui avait été son vassal, vint un jour le trouver pour lui demander quelque éclaircissement sur son marquisat. Louis répondit avec beaucoup de douceur qu'il n'était plus de ce monde, et qu'il n'avait plus d'autorité sur ces choses-là ; il prononça ces paroles avec tant de naïveté et tant d'humilité, que celui qui lui parlait en fut autant surpris qu'édifié.

On remarquait en lui un grand fonds de reconnaissance pour ceux qui lui rendaient quelque service, et il semblait persuadé qu'il n'avait jamais assez remercié.

Un jour, un Frère coadjuteur lui demanda s'il était difficile qu'un grand seigneur abandonnât la vanité du monde. Louis répondit que cela était absolument impossible si Notre-Seigneur Jésus-Christ ne faisait à ce grand ce qu'il fit à l'aveugle-né lorsqu'il lui mit de la boue sur les yeux ; faisant par là connaître à ce Frère que le mépris qu'on doit avoir de toutes ces vanités devait les rendre encore plus viles que la boue.

Quelqu'un du collège, recourant à lui et soupirant amèrement, lui demanda quelque secours spirituel, parce qu'il se trouvait fort imparfait. Louis, pour le consoler, lui cita les paroles du psaume : *Imperfectum meum viderunt oculi tui, et in libro tuo omnes scribentur* : voulant lui faire entendre par là que, si la vue de nos imperfections est bien capable de nous désoler, nous devons fortement nous consoler par la pensée que, quelque imparfaits que nous soyons, nous sommes cependant écrits dans le livre de Dieu, qui voit nos imperfections et nous les laisse, non point pour nous condamner, mais pour nous humilier et en tirer un plus grand bien. Louis en expliquant ainsi ces paroles avec ferveur et dévotion, donna une consolation sensible à celui qui lui avait parlé; ce qui l'aida beaucoup à s'affermir dans la vertu.

Louis se montra toujours passionné pour les mortifications sur l'honneur, soit à la maison, soit au dehors. Quelques-uns des jeunes Frères allaient prêcher pendant le carnaval dans les places publiques ; Louis demanda avec tant d'instance au Père recteur qu'il voulût bien le donner pour compagnon à quelqu'un d'eux, qu'il le lui accorda. On le vit alors parcourir les places publiques, rassemblant le peuple et priant les passants d'aller entendre la prédication de ce jeune religieux. Son humilité, sa charité, sa modestie étaient telles, qu'on se rendait à sa demande avec empressement. Les dimanches et fêtes, il faisait le catéchisme sur les places publiques. Cet emploi lui donnait une grande satisfaction; quoiqu'en s'en acquittant, il souffrit beaucoup du froid, qui était alors extrêmement vif à Milan, il n'y faisait seulement pas attention.

Un soir, il apprit que le lendemain un Frère devait aller demander l'aumône par la ville avant de faire ses vœux; Louis courut au supérieur pour obtenir la grâce de l'accompagner ; il fut si content qu'on la lui eût accordée, qu'après l'examen du soir il alla avertir ce Frère. Il eut dans cette journée une grande consolation spirituelle. Il répétait souvent dans les rues, et toujours avec un nouveau plaisir, ces paroles : « Encore enfant, Notre-Seigneur Jésus-Christ a demandé l'aumône ».

Une autre fois, qu'il quêtait par la ville avec un habit tout déchiré, une dame qui avait un extérieur fort mondain lui demanda s'il était du collège, où demeurait un Père de sa connaissance. Louis ayant répondu que oui, cette dame ajouta : « O le pauvre Père, où est-il allé mourir ! » Alors il prit occasion de ces paroles d'instruire cette dame et de la guérir de son erreur, lui assurant que ce Père qu'elle connaissait était fort heureux d'être où il était, qu'il jouissait d'une parfaite santé, et qu'il s'en fallait beaucoup qu'il fût dans un état de mort, comme elle se l'imaginait; qu'elle était elle-même bien plus à plaindre que lui, ayant le malheur de se trouver engagée dans l'état du monde, en danger de perdre son âme pour toujours, en suivant les maximes de la vanité, comme son extérieur l'annonçait. Ces paroles firent une telle impression sur cette dame, qu'elles l'engagèrent à changer de conduite et à mener une vie moins mondaine et plus édifiante.

Une des occupations confiées à Louis était d'ôter les toiles d'araignées des murailles du collège; il s'en acquittait avec soin; et s'il voyait quelque sénateur ou quelque autre personnage de distinction se promener dans les galeries, il se présentait aussitôt le balai à la main et faisait son office en leur présence, désirant en être méprisé et compté pour rien. Cela lui était si ordinaire, que quand les Pères du collège le voyaient passer avec son balai, sur-le-champ ils concluaient qu'il y avait quelque étranger dans la maison.

Un jour quelques évêques et prélats devaient dîner au collège; le supérieur, pour faire connaître Louis, lui ordonna de prêcher au réfectoire. Louis, qui n'aimait point à paraître et ne désirait que d'être inconnu, sentit beaucoup de répugnance à faire son discours dans cette circonstance; cependant, ne pouvant s'empêcher d'obéir, il se soumit, et fit un beau sermon sur les devoirs des évêques. Quand ensuite on lui en fit compliment, il répondit qu'il ne croyait pas s'être autrement distingué dans ce discours qu'en faisant connaître en public le défaut de sa prononciation. En effet, il avait peine à bien articuler la lettre R ; il était le premier à s'en accuser, et il désirait d'en être repris publiquement.

Étant toujours absorbé dans son union avec Dieu, il arrivait quelquefois qu'il ne s'apercevait pas qu'on le saluait. Il fallait qu'en public il fît violence à son recueillement pour ne point manquer à ce devoir de civilité.

Louis était un modèle parfait d'humilité, de modestie, d'obéissance et de régularité pour tout le collège. Comme tout le monde le pensait ainsi, on s'entretenait confidemment avec lui des choses de Dieu. Il cherchait, de son côté, à se lier avec les plus fervents, afin que le plaisir de parler de Dieu fût réciproque.

CHAPITRE XXIII.

TÉMOIGNAGE DE DEUX PÈRES QUI FURENT EN RELATION AVEC SAINT LOUIS A MILAN.

Après la mort de saint Louis, je reçus une lettre à son sujet du P. Bernardin de Médicis, de Florence, homme non moins illustre par ses vertus religieuses que par sa naissance. Il avait connu intimement Louis à Milan, où il professait la Sainte Écriture aux étudiants en théologie. Voici quelques passages de cet écrit :

« Notre bon Frère Louis me disait qu'il goûtait beaucoup la constance et la persévérance dans les petites choses, vertu à son avis fort nécessaire pour avancer dans la vie spirituelle : dès lors, en toutes ses actions, il se conformait à l'ordre qu'il s'était fixé. Se laisser guider par l'impression est, disait-il, fort périlleux; la route sûre est de procéder par voie de lumière, de connaissance et de raison. Aussi s'appliquait-il à toujours agir à la lumière de la foi. Néanmoins il lui semblait ne toucher jamais au but qu'elle lui montrait, car à mesure qu'il avançait, elle lui découvrait de nouveaux horizons. Il avait soif de souffrances et me disait qu'à ses yeux le signe le plus évident de sainteté, c'était de voir quelqu'un souffrir en bonne conscience, c'est-à-dire de le savoir juste et éprouvé de Dieu. Il pensait bien de tout le monde, sans approuver les défauts évidents, mais prompt à tout interpréter en bonne part, autant que possible.

« Il avertissait les autres de leurs manquements avec beaucoup de charité et de prudence, les priant de lui signaler les siens. En toute chose, il faisait preuve de ces mêmes vertus, sans se laisser aller à aucune légèreté. Aussi longtemps que j'ai eu des rapports avec lui, je n'ai pu constater dans sa conduite le moindre mouvement de passion, la moindre erreur volontaire, le plus petit manquement à la règle. Éminent en toute sorte de vertus, il n'affectait aucune singularité, ce que j'estime le plus haut degré de perfection. Voilà ce qui me revient à l'esprit à son sujet ».

Vers ce même temps, le bruit courut au collège de Milan que saint Louis avait un don d'oraison très sublime et qu'il n'était sujet à aucune distraction. Le P. Achille Gagliardi, homme docte et de grande autorité, en prit occasion de s'entretenir avec lui des choses spirituelles. Ils vinrent à parler de la voie unitive de la parfaite charité, ce que les auteurs sacrés nomment théologie mystique. Le Père découvrit alors qu'en outre des grâces signalées dont Dieu avait orné cette sainte âme, elle jouissait de plus d'une union parfaite avec Dieu et pénétrait dans ces mystérieuses profondeurs qu'enseigne le grand Denis l'Aréopagite. Cet exercice, il le connaissait et le goûtait si bien, il en avait étudié si intimement les secrets, que le Père en fut en même temps consolé et étonné, tant il voyait solidement enracinées de vertus héroïques et parfaites dans ce jeune homme entré en religion depuis quatre ans à peine. A son jugement, il avait atteint un degré auquel des personnes avancées et consommées dans la vie religieuse arrivent très rarement.

Portrait de saint Louis dans la chapelle du Collège romain.

D'ordinaire celui qui est aussi avancé dans la vie unitive semble éprouver de la peine à vivre avec le prochain, et aime à se tenir retiré sur ces hauts sommets avec le Seigneur, loin du bruit du monde. Le Père, pour éprouver Louis, lui avoua qu'il s'étonnait de ne pas le voir se mettre en garde contre un mode d'oraison directement opposé, ce semble, à la profession que fait la Compagnie d'être en relation avec tout le monde pour travailler au salut des âmes. Or, la voie mystique et unitive éloigne de toute conversation sous quelque prétexte que ce soit et choisit uniquement la meilleure part, c'est-à-dire la voie contemplative, abandonnant aux autres la voie active. Saint Louis répondit : « S'il était prouvé qu'elle occasionnât en moi les effets dont parle votre Révérence, alors oui, je la considérerais comme suspecte et périlleuse pour moi ». Cette réponse ne fit qu'augmenter l'étonnement du Père, car il vit que, par un don remarquable et une grâce divine particulière, Louis savait unir ces deux tendances, la contemplation et l'action, sans que l'une nuisît à l'autre. Il était donc arrivé à ce suprême degré de l'union avec Dieu par l'amour et la conformité avec la volonté divine, où l'âme éprise de Dieu, découvrant le zèle qu'il a du salut des âmes, se sent poussée à quitter les hauteurs de la contemplation pour venir au secours du prochain.

Depuis lors, le Père allait racontant à tous les merveilles qu'il avait découvertes en Louis, et il en a témoigné dans divers écrits sous la foi du serment.

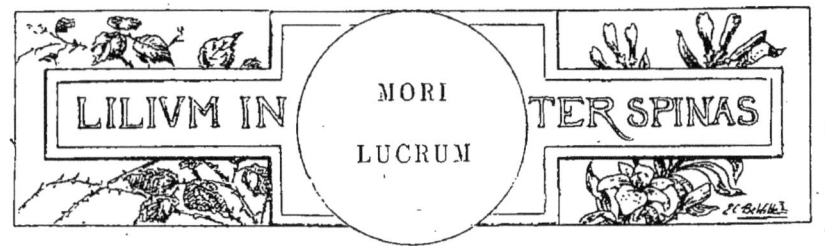

CHAPITRE XIX.

LOUIS CONNAIT PAR RÉVÉLATION SA MORT PROCHAINE.
IL EST APPELÉ A ROME.

Orné de tant de vertus, Louis était depuis longtemps un fruit mûr pour le ciel. La sainte vie qu'il avait menée jusqu'alors parmi les hommes, l'avait rendu digne d'aller vivre parmi les bienheureux. Le Seigneur lui donna quelque indice qu'il ne tarderait pas à l'appeler à lui, pour lui donner la récompense qu'il s'était acquise en si peu d'années par le soin qu'il avait eu de les rendre bien pleines. Il était encore à Milan lorsqu'un jour, un an environ avant son heureuse mort, comme il faisait le matin son oraison et se trouvait élevé à une haute contemplation, le Seigneur, par une lumière intérieure, lui fit connaître que le terme était proche, et que le temps qui lui restait à vivre devait être fort court. Il lui dit en outre de le servir pendant cette année avec plus de ferveur et avec un détachement plus parfait de toutes choses, et de s'appliquer avec plus de soin que par le passé à la pratique de toutes les vertus, soit intérieures, soit extérieures. Cette révélation produisit en lui un si grand changement, qu'il se sentit encore plus détaché qu'auparavant de toutes les choses de ce monde. D'abord il n'en fit part à personne; mais peu de temps après son retour à Rome, il raconta au P. Vincent Bruno et à quelques autres, la grâce que Dieu lui avait faite. Il poursuivit avec le même zèle ses études théologiques, sans pouvoir toutefois y apporter le même goût qu'auparavant, car il se sentait continuellement poussé à reporter vers Dieu toutes les ardeurs de son cœur.

Il souhaitait quitter Milan et retourner à Rome, où il avait pris les premières leçons de la vie religieuse, et où il avait tant d'amis spirituels; mais de crainte de blesser en rien la vertu d'indifférence et pour s'abandonner à la libre disposition de ses supérieurs, il ne fit rien connaître de son désir. Cependant le Seigneur voulut qu'il vînt consoler ses frères, qui le réclamaient au Collège romain. Le Père Général, voyant que Louis avait terminé les affaires pour lesquelles il était allé à Milan, que l'hiver ne faisait plus sentir ses rigueurs; pressé d'ailleurs par le P. Rosignoli, recteur du Collège romain, qui souhaitait le retour de Louis pour le bien spirituel de sa nombreuse jeunesse, se détermina à le faire revenir à Rome. J'eus ordre de lui en donner la première nouvelle. Ma lettre lui fit un plaisir si sensible, qu'il en eut du scrupule. Il pria le P. Médicis de lui dire une messe pour demander à Dieu qu'il ne fût pas exaucé dans son désir, si le Seigneur en devait être plus glorifié. Peu de temps après, il reçut du Père Général même l'ordre de revenir.

Parmi plusieurs lettres affectueuses qu'il écrivit alors, il m'en adressa une dans laquelle il s'exprimait ainsi : « Il me serait, je crois, bien difficile de vous dire la consolation que m'a causée mon rappel au Collège romain, tant je désire y revoir nos Pères et nos Frères. En attendant que je puisse, comme je l'espère en Notre-Seigneur, jouir de votre présence et de celle de tant d'amis que je retrouverai avec plus de joie que jamais, je vous prie de me rappeler particulièrement à leur souvenir, me recommandant du reste de tout cœur à tout le Collège romain ». Il écrivait aussi au P. Gaspar Alperes, son compagnon de noviciat : « A la nouvelle de mon retour, j'ai été d'autant plus heureux que, si nous avons une patrie ici-bas, je n'en connais pas d'autre que Rome, où j'ai été enfanté en Jésus-Christ ».

Ce fut donc au commencement de mai, l'an 1590, qu'il se mit en route avec le P. Grégoire Mastrilli et quelques autres Pères. Il garda pendant ce voyage la même règle que dans les précédents. Il retirait de cette conduite autant de consolation que ses compagnons de voyage en recevaient d'édification. C'est en vain qu'ils cherchaient à le distraire un peu de ses continuelles méditations, le voyant la plupart du temps garder le silence, tout absorbé en Dieu.

On éprouvait alors une grande disette. On ne voyait dans les routes, et en particulier dans les montagnes qui séparent la Toscane de la Lombardie, que de pauvres mendiants. Un des Pères voyageurs dit à ce sujet à Louis : « Mon cher Frère, que nous sommes redevables au Seigneur de ce que nous ne sommes pas nés comme ces pauvres ! » A quoi Louis répondit sur-le-champ : « Notre reconnaissance doit être bien plus grande de n'être pas venus au monde parmi les Turcs ». Louis estimait que ses compagnons de voyage avaient pour lui trop d'égards ; il assura même à l'un d'eux qu'il aimerait bien mieux être avec des personnes qui n'auraient pour lui aucune considération.

A Sienne, il souhaita de communier dans la chambre de sainte Catherine; il alla y servir la messe à un des Pères avec qui il était venu de Florence, et il communia avec les sentiments de la plus tendre dévotion. On le pria au collège de faire un discours de piété aux jeunes congréganistes de la Sainte-Vierge. Ayant accepté cette mission, il se retira dans une tribune pour faire oraison devant le saint Sacrement. C'est là qu'il prépara sans rien lire son discours; ensuite il se retira à sa chambre pour écrire brièvement ce qu'il avait médité. Il parla avec tant d'onction et d'efficacité à ces jeunes gens, qui d'ailleurs connaissaient parfaitement la haute naissance de celui qui les prêchait, qu'il fit naître chez plusieurs d'entre eux le désir de renoncer au monde et de se faire religieux. On fut même obligé de distribuer différentes copies de ce discours à ceux qui en grand nombre le demandaient avec instance. Un prédicateur de la Compagnie de Jésus conserva par dévotion l'original de ce discours, écrit de la main de Louis.

Après le dîner, Louis et ses compagnons partirent de Sienne; mais le lendemain matin, tandis qu'ils étaient à l'hôtellerie *della Paglia*, le fleuve, subitement grossi par un orage, se divisa en plusieurs courants, dont les premiers furent traversés, non sans un extrême danger. Comme on arrivait au bord du plus large et du plus profond, Louis, se retournant vers le P. Mastrilli : « Père, lui dit-il, ne passons pas ». De fait, ceux qui, plus courageux que prudents, risquèrent l'aventure, faillirent se noyer. Mais Louis, qui, toujours en prière, se recommandait à Dieu avec ses compagnons, vit, à la portée d'un trait d'arbalète, un jeune pêcheur qui allait délibérément d'une rive à l'autre. « Voilà le gué », s'écria-t-il. A ces mots, tous accoururent et trouvèrent un passage si facile qu'ils en furent stupéfaits. Les quarante voyageurs cherchèrent en vain des yeux le mystérieux inconnu : il avait disparu. « Je crois bien, dit le P. Mastrilli, en achevant ce récit, que ce fut l'ange gardien du bon Louis qui nous montra, ou plutôt nous traça ce chemin ».

Enfin l'on arriva à Rome. Ce fut avec beaucoup de joie que les Pères et les Frères du Collège romain le virent au milieu d'eux. Ils ne pouvaient se lasser de le regarder, de lui parler et de goûter les fruits de sa très sainte conversation (1).

(1) « Quand Louis et moi fîmes ensemble le voyage de Milan à Rome, raconte le P. Grégoire Mastrilli dans sa déposition juridique, à peine arrivions-nous à l'hôtellerie, qu'il se réfugiait dans la ruelle du lit et se mettait en oraison. J'ai remarqué que partout on célébrait sa sainteté, ses vertus, ses mœurs angéliques. Chacun, le montrant du doigt, s'écriait avec admiration : Voyez-vous ce jeune saint! Et moi-même, en vérité, j'admirais plus que personne sa haute perfection, le trouvant constamment absorbé en Dieu et insensible aux choses du monde...

« S'il désirait retourner à Rome, ce n'était dans l'intérêt ni de ses études ni de sa santé, mais pour se mettre au service des malades de l'infirmerie, pour y soigner en particulier le P. Corbinelli qui était fort âgé et un autre vieillard, le P. Pierre Parra, espagnol, privé de l'usage de ses mains. De fait, Louis lui rendit toute sorte de bons offices, lui coupant son pain, lui mettant les aliments à la bouche avec grande charité. Il s'occupait de préférence de ceux qui se montraient plus exigeants et moins patients. Il dressait la table des convalescents, lavait la vaisselle et portait les potions aux malades ».

CONSUMMATUS IN BREVI

CHAPITRE XX.

PERFECTION CONSOMMÉE DE LOUIS.

Le Sage dit que la vie du juste ressemble à une lumière éclatante qui, comme le jour, a son aurore et va toujours croissant, jusqu'à ce qu'elle parvienne à son plein midi. Telle fut la vie de Louis. Elle commença dès sa septième année à briller par la candeur de son innocence. Elle augmenta son éclat à mesure qu'il avançait en âge, montant de vertu en vertu. Sa lumière alla donc toujours en augmentant, jusqu'à ce qu'elle arrivât à une telle perfection de sainteté, qu'on peut dire qu'elle atteignit, dans cette dernière année de sa vie, la splendeur du jour parfait.

Tous ceux qui conversaient avec lui avouaient que, par ses pensées et par ses affections, il tenait déjà bien plus au ciel qu'à la terre. Sa vie était tout extatique; il était parfaitement détaché de toutes les choses du monde. Il me dit ces paroles à son arrivée à Rome : « J'ai déjà enterré mes morts, je n'ai plus à y penser : il est temps désormais que nous pensions à l'autre vie ».

Peu après son retour, il alla chez le Père recteur du collège, et lui remit tous ses écrits spirituels et ses cahiers de théologie. On trouva parmi ces derniers, certaines spéculations sur saint Thomas, qui étaient très belles. Le recteur lui demandant pourquoi il se privait ainsi de ses propres écrits, il lui répondit qu'il sentait y avoir un peu d'attachement comme à son ouvrage, et que, n'ayant au monde que cette seule affection, il voulait en faire le sacrifice, pour être véritablement détaché de tout. Il était alors parvenu à une sublimité de perfection que tous les religieux auraient grand profit à connaître et à imiter. L'homme goûte naturellement un certain plaisir et sent une certaine complaisance à se voir singulièrement aimé, surtout des supérieurs, et caressé des personnes de marque. On regarde ces témoignages de bienveillance comme des signes non équivoques de satisfaction. Il arrive de là que quelques-uns, non seulement s'en font un mérite, mais encore se plaisent à le raconter. Louis était bien éloigné de ce défaut. Si on lui donnait quelque signe d'estime, il n'y paraissait sensible qu'en faisant connaître la peine qu'il en éprouvait. Il était si parfaitement mort à l'amour-propre, que pour lui plaire on affectait de ne pas tenir plus compte de lui que de tous les autres.

Comme il était plein d'affabilité pour tout le monde, et que sa charité universelle le rendait le même pour tous, on recherchait sa conversation, et l'on se disputait le plaisir de l'entendre en récréation parler hautement de Dieu, des choses du ciel et de la perfection. Je sais par expérience et par le rapport d'autrui que plusieurs, au sortir de ces entretiens, se trouvaient plus fervents qu'au sortir de leur oraison. Quand il se rencontrait tête à tête avec quelqu'un de ceux avec lesquels il pouvait s'ouvrir librement, alors il découvrait les affections divines de son âme, et ceux qui l'écoutaient en étaient ravis. Il excitait leur pieuse envie, et en même temps leur donnait sujet d'admirer une si haute contemplation et une union si parfaite avec Notre-Seigneur. Il marchait toujours en la présence de Dieu, sans jamais s'en distraire. Son amour pour Dieu était tel, que, à son seul nom prononcé dans la lecture de table ou en conversation, il était tout ému, et l'âme se révélant au dehors, son visage paraissait tout enflammé, sans qu'il pût proférer une parole.

Une fois, en particulier, étant à table et entendant lire quelque chose sur l'amour divin, il sentit naître en lui ce feu extraordinaire, de sorte qu'il ne put pas continuer à manger. Nous, qui étions ses voisins, nous nous en aperçûmes; ne sachant pas de quoi il était question, et craignant qu'il ne se trouvât mal, nous le regardions fixement, et nous lui demandâmes s'il lui manquait quelque chose. Ne pouvant nous répondre, il fut mortifié qu'on se fût aperçu de son état. Il avait alors les yeux baissés, d'où nous voyions couler quelques larmes, le visage en feu et la poitrine si haletante, que nous craignions qu'il ne se rompît quelque vaisseau. Chacun de nous lui portait envie. Vers la fin du repas, il revint peu à peu à son état ordinaire. Quelques-uns de ceux qui savaient ce qui lui faisait le plus d'impression, prenaient plaisir en récréation à faire tomber le discours sur la charité de Dieu pour le genre humain, afin de le voir s'enflammer; d'autres, au contraire, témoins de ce qu'il souffrait alors, interrompaient ces discours pour ne pas nuire à sa santé.

Quand il passait par les salles et les galeries, il était si absorbé en Dieu, que souvent je fis exprès de passer devant lui et de le saluer sans qu'il s'en aperçût; quelquefois on le voyait dans ces mêmes lieux réciter quelques dizaines de son chapelet, ou vaquer à quelque autre dévotion; de temps en temps

il se mettait à genoux, se relevait, puis recommençait. Tout cela aurait paru singulier dans un autre, et ne l'était point en lui. Dans cette dernière année, il s'était prescrit une heure par jour de lecture spirituelle. Il goûtait beaucoup les Soliloques de saint Augustin, la Vie de sainte Catherine de

Gênes, l'*Exposition du cantique des cantiques* de saint Bernard, et particulièrement sa lettre intitulée : *Aux frères du Mont-Dieu;* il la savait presque par cœur. Pour mieux profiter de ce qu'il lisait, il notait ce qui le touchait davantage, comme on l'a vu dans ses papiers après sa mort.

Quand Louis fut sur le point de commencer sa quatrième année de théologie, en novembre 1590, les supérieurs le forcèrent à prendre une chambre seul; alors il insista pour n'avoir du moins qu'un petit réduit qui était au haut d'un escalier, noir, bas et étroit, dont la fenêtre donnait sur le toit, et où pouvaient à peine tenir son pauvre lit, une chaise de bois et un prie-Dieu dont il se servait au lieu de table pour étudier; de sorte qu'on eût plutôt pris ce lieu pour une prison que pour une chambre. C'est pour cette raison qu'on ne donnait cette cellule à aucun étudiant. Le Père recteur, étant un jour allé le voir dans ce réduit, le trouva aussi enchanté de sa petite demeure qu'on peut l'être d'un palais. Nous prenions plaisir à lui dire que, comme saint Alexis avait choisi de demeurer sous un escalier par un esprit de pauvreté, lui, par le même motif, avait choisi d'être logé sur le haut d'un escalier et dans une vraie mansarde. En un mot, il vivait dans un tel état de perfection, que personne ne pouvait rien découvrir en lui qui ressemblât à la faute la plus vénielle. C'est ce que ses supérieurs, ses compagnons et condisciples ont plusieurs fois témoigné. Son confesseur, le P. Bellarmin, disait plus tard qu'il n'avait jamais entendu ses confidences, sans en retirer de grandes lumières. Le P. Vincent Sigala, qui pendant deux ans environ avait occupé une même chambre avec Louis au Collège romain, déclara qu'ayant reçu l'un et l'autre l'ordre du P. Recteur de se reprendre avec charité des défauts qu'ils se reconnaîtraient, pendant tout ce temps il n'avait rien aperçu dans ce saint jeune homme qui eût l'air d'un manquement, quoiqu'ils fussent toujours ensemble et que Louis eût en lui une grande confiance. Tant il était maître de toutes ses impressions, étroitement uni à Dieu, zélé pour le salut du prochain et pour la perfection de ses frères, en un mot un modèle achevé de sainteté. C'est ainsi qu'on l'estimait au dedans et au dehors.

Un Père prédicateur avait pour lui une si grande vénération et lui portait tant de respect, qu'il n'osa jamais converser avec lui ni lui parler, quoiqu'il le désirât beaucoup et qu'il en eût occasion.

Peu de mois avant sa dernière maladie, Louis sentit augmenter en lui le désir de la céleste patrie et parlait volontiers de la mort. Il disait entre autres choses que plus il vivait, plus il se sentait en peine de son salut; que s'il vivait plus longtemps, il craignait que ce doute ne fît qu'augmenter, à cause des affaires qui pouvaient lui survenir et de l'ordre de la prêtrise qu'il serait obligé de recevoir. La raison qu'il donnait de cela était que les prêtres, soit par l'office qu'ils sont obligés de réciter, soit par les messes qu'ils célèbrent, ont un plus grand compte à rendre à Dieu, et plus encore les prêtres qui travaillent au salut des âmes en confessant, prêchant, dirigeant et administrant les sacrements; qu'au contraire, dans l'état où il se trouvait, n'étant pas encore dans les ordres sacrés, il avait une plus grande assurance de son salut, parce que son âme n'aurait pas à répondre des fautes qu'il pourrait commettre dans ces importantes fonctions; qu'ainsi il accepterait bien volontiers la mort à l'âge où il était, s'il plaisait à Dieu de l'appeler à lui. Il fit, en effet, le sacrifice de sa vie à l'occasion qu'on va voir.

CHAPITRE XXI.

COMMENT, ROME ÉTANT AFFLIGÉE D'UNE GRANDE MORTALITÉ, LOUIS SE DÉVOUA AU SERVICE DES MALADES.

En l'année 1591, l'Italie fut désolée par la mortalité qu'occasionna une famine presque générale. Le fléau sévit à Rome surtout, à cause de la multitude de gens qui vinrent de toutes parts s'y réfugier, dans l'espérance d'y trouver des secours. Les Pères de la Compagnie de Jésus, soit par leurs propres aumônes, soit par celles qu'on leur confiait, firent ce qu'ils purent pour soulager la misère publique; non seulement ils se dévouèrent à servir les malades dans les hôpitaux de Rome, mais le P. Claude Aquaviva, alors général, qui s'était chargé du soin des lépreux, ordonna à ses inférieurs d'établir encore pour un temps un autre hôpital; ce qui fut exécuté. Dans cette douloureuse circonstance, Louis fit connaître toute l'étendue de sa charité. On le vit souvent parcourir les rues de Rome, cherchant des aumônes pour les pauvres malades. On admirait avec quelle satisfaction il s'acquittait de cette fonction.

Un jour, entre autres, sachant que don Jean de Médicis était arrivé à Rome pour négocier quelque affaire avec le pape Grégoire XIV, Louis, qui avait connu ce seigneur dans sa jeunesse et avait eu des liaisons particulières avec lui à cause des bons sentiments qu'il voyait en lui, demanda permission au Père provincial de lui faire une visite avec une soutane toute déchirée et une besace sur l'épaule, déclarant qu'il en usait ainsi pour en avoir une bonne aumône pour les pauvres de l'hôpital; mais il avait encore un autre motif. Comme ce seigneur lui avait toujours témoigné beaucoup de bonté, il croyait qu'il était de son devoir de chercher à l'aider spirituellement, et à lui inspirer par son exemple le mépris de toutes les choses du monde. Ayant obtenu la permission qu'il demandait, il alla ainsi vêtu faire sa visite, comme me l'a raconté le majordome de ce seigneur, et réussit dans les deux objets qu'il s'était proposés. Il eut de ce prince une aumône considérable, et le laissa touché, édifié et pénétré des meilleurs sentiments.

Louis voulut de plus aller servir lui-même les malades à l'hôpital. Les supérieurs eurent beaucoup de peine à y consentir; mais il leur fit de si fortes instances, leur citant l'exemple des autres jésuites qui y allaient, qu'il obtint la permission de s'y rendre quelquefois. Un de ses compagnons, Tiberio Bondi, de Gênes, averti d'agir avec précaution dans le service des malades, à cause de la contagion qui était parmi eux, répondit à celui qui lui donnait cet avertissement qu'ayant devant les yeux l'exemple de Louis, qui se portait à ce service avec tant de charité et si peu de ménagement, il ne consentirait jamais à s'épargner, quelque danger qu'il y eût pour lui, fût-ce d'en mourir. Le même Frère se sentit dans ce même temps animé d'une ferveur d'esprit si grande, que plusieurs qui avaient avec lui quelques liaisons particulières remarquèrent en lui ce changement extraordinaire, qui les réjouit autant qu'il les surprit. Il fut, en effet, la première victime de la charité.

Cependant la mortalité redoublait ses ravages. C'était un spectacle horrible de voir tant de moribonds se traîner nus dans l'hôpital ; plusieurs tombaient morts sur les escaliers et répandaient l'infection. D'un autre côté, on admirait l'héroïsme d'une charité angélique dans Louis et ses compagnons. On les voyait voler au service de ces pauvres malades avec autant d'empressement que d'allégresse. Ils les déshabillaient, les mettaient au lit, leur lavaient les pieds, faisaient leurs lits quand ils en avaient besoin, leur donnaient à manger, les disposaient à la confession, et les exhortaient à la patience. On remarquait que Louis cherchait toujours les malades les plus dégoûtants, et ne les quittait qu'avec peine.

La maladie étant contagieuse, plusieurs jésuites en furent attaqués. Bondi, qui en mourut, ne fut pas le seul qu'elle enleva. Louis, qui enviait son sort, le voyant à l'agonie, dit à l'un de ses Frères : « Oh ! que je serais charmé de faire un échange avec Bondi, et de mourir à sa place, si Notre-Seigneur voulait me faire cette grâce ! » Sur une observation que lui fit celui à qui il parlait, Louis ajouta : « Je ne vous dis cela que parce que j'ai quelque probabilité d'être en grâce avec Dieu, et ne sachant ce qui peut arriver dans la suite, je mourrais volontiers à présent ». Ce fut dans le même temps qu'il dit au P. Bellarmin : « Je crois, mon Père, qu'il me reste peu de jours à vivre ». Ce Père lui ayant demandé quel motif il avait de parler ainsi : « C'est, répondit-il, que je me trouve un désir extraordinaire de me dépenser au service de Dieu ; et mon désir est si vif, que je me figure que Dieu ne m'accorderait pas cette grâce s'il ne devait bientôt m'enlever de ce monde ».

INFIRMITAS NON AD MORTEM

CHAPITRE XXII.

DERNIÈRE MALADIE DE LOUIS.

Le Seigneur ne tarda pas à exaucer les désirs de Louis. Les supérieurs, voyant que plusieurs de ceux qui servaient dans les hôpitaux tombaient malades, lui défendirent d'y aller davantage; mais il fit tant d'instances pour y retourner, qu'on y consentit. On eut seulement soin de lui assigner l'hôpital de la Consolation, où, pour l'ordinaire, on ne recevait point de malade contagieux. Malgré ces précautions, presque au même temps, Louis fut atteint du même mal que ses compagnons. Il se mit au lit le 3 mars 1591, persuadé dès cette première attaque que cette maladie serait pour lui la dernière. On vit sur son visage et dans tout son extérieur briller une allégresse extraordinaire. Ceux à qui il avait confié la révélation qu'il avait eue à Milan ne doutèrent pas, en voyant sa grande satisfaction, que le temps de sa mort, qu'il avait tant souhaité, ne fût arrivé. Il devait en être ainsi.

Ce grand désir que Louis avait de mourir lui donna quelque scrupule; il craignait qu'il n'y eût quelque imperfection.

Pour s'en éclaircir, il proposa ce doute au P. Bellarmin, son confesseur. Ce Père, l'ayant assuré que le désir de mourir pour s'unir à Dieu n'était point un mal, surtout quand il était accompagné d'une sincère résignation à la volonté divine, et que plusieurs saints l'avaient éprouvé, Louis soupira avec plus d'ardeur encore après la vie éternelle. Le mal, une fièvre pestilentielle, croyait-on, fit tant de progrès, qu'au septième jour, il se trouva à l'extrémité. Alors il demanda avec beaucoup d'instance à se confesser. Il reçut ensuite le saint viatique et l'extrême-onction des mains du Père recteur et répondit à toutes les prières avec de grands sentiments de dévotion. Tous les assistants fondaient en larmes : ils regrettaient la perte d'un Frère si saint et qui leur était si cher.

Tant que Louis avait joui d'une certaine santé, il avait pratiqué tant de pénitences et de mortifications, qu'il semblait par là notablement abréger ses jours. Plusieurs Pères de ses amis lui avaient fait quelquefois des reproches à ce sujet, et lui avaient dit qu'au moment de la mort il en aurait les mêmes scrupules qu'avait eus saint Bernard. Louis, pour ne laisser à personne aucun doute là-dessus, après avoir reçu le saint viatique, la tête parfaitement saine, sa chambre pleine de Pères et de Frères, pria le P. Recteur de leur déclarer à tous qu'il ne se sentait aucun scrupule des pénitences et des mortifications qu'il avait pratiquées; qu'au contraire, il regrettait de n'avoir pas fait en ce genre plusieurs choses qu'il aurait pu faire, et que les supérieurs lui auraient accordées ; d'ailleurs qu'il n'avait jamais agi, en tout cela, suivant sa propre volonté, mais toujours avec l'agrément de l'obéissance. Il ajouta encore qu'il ne croyait pas avoir à se reprocher aucune transgression des règles; ce qu'il déclarait afin que personne ne fût scandalisé, si toutefois on l'avait vu ne pas suivre le train de la communauté et faire plus

Saint Louis reçoit l'extrême-onction. (Tableau de Zoboli.)

ou moins que les autres. Ces paroles émurent encore davantage tous les assistants.

Louis, voyant entrer dans son infirmerie le P. Carminata,

provincial, lui demanda la permission de prendre la discipline ; le Père lui répondit qu'il n'était pas en état de faire cette mortification, à cause de sa faiblesse. « Quelqu'un du moins, reprit le malade, pourrait me rendre ce service et m'en donner de la tête aux pieds ». Le provincial lui dit encore que cela ne se pouvait pas, parce qu'il y aurait danger que celui qui le frapperait n'encourût l'irrégularité. Ne pouvant rien obtenir de ce côté-là, il demanda avec instance qu'au moins on le laissât mourir par terre, ce qui lui ayant été pareillement refusé, il se soumit à ce que l'obéissance décidait. On croyait qu'il mourrait ce septième jour de sa maladie, jour auquel il finissait sa vingt-deuxième année ; mais le Seigneur permit que son mal diminuât et que sa maladie tirât en longueur, afin qu'avant de mourir Louis donnât en souffrant plus d'édification et plus d'exemples de vertus.

Cependant, le bruit s'étant répandu à Castiglione que Louis était mort, la marquise, sa mère, et son frère lui firent faire un service solennel. Peu de temps après ils apprirent qu'il vivait encore ; cette nouvelle fit tant de plaisir à son frère, le marquis Rodolphe, qu'en la recevant il brisa une chaîne d'or qu'il portait au cou, et la distribua aux personnes qui se trouvaient alors avec lui.

CHAPITRE XXIII.

LE MAL DE LOUIS TIRE EN LONGUEUR. — CHOSES ÉDIFIANTES QUI SE PASSÈRENT PENDANT SA MALADIE.

Après ces dernières crises, la maladie de Louis dégénéra en une fièvre lente qui le mina peu à peu l'espace de trois mois. Pendant ce temps, arrivèrent bien des choses remarquables et édifiantes. Comme il n'a pas été possible de les recueillir toutes, à cause de leur diversité et de la multitude des personnes qui le visitaient, je n'en rapporterai ici que quelques-unes qui sont parvenues à ma connaissance.

Quand il tomba malade, on le mit à l'infirmerie dans un lit garni d'une grosse toile qu'on y avait placée pour un vieux Frère infirme. Louis, trouvant en cela trop de délicatesse, pria le supérieur de lui faire ôter cette garniture, pour n'avoir rien, disait-il, qui ne fût selon l'usage commun; mais on lui répondit que cela n'avait pas été mis là pour lui, et qu'il n'y avait rien contre la pauvreté religieuse. Cette réponse le tranquillisa.

Au commencement de la maladie, le médecin ordonna pour

Louis et pour un autre malade un remède très rebutant; celui-ci fit son possible pour prendre cette potion tout d'une haleine, afin d'en moins sentir le goût; mais Louis, pour se mortifier, prit en main le verre, et commença à boire lentement cette répugnante médecine, comme si c'eût été la boisson la plus agréable, sans rien témoigner du dégoût qu'il devait nécessairement éprouver en la buvant.

L'infirmier avait sur la table de la chambre un peu de sucre candi et de réglisse, pour que de temps en temps Louis en mît dans sa bouche quand il tousserait. Comme un jour il priait ce Frère de lui donner un peu de réglisse, celui-ci lui demanda pourquoi il ne lui demandait pas plutôt du sucre candi. « C'est que la réglisse, répondit Louis, me paraît plus conforme à la pauvreté ».

Ayant entendu dire de son lit qu'il était à craindre que la contagion qui régnait ne devînt une véritable peste, il s'offrit aussitôt au supérieur, s'il guérissait, pour aller servir les pestiférés, et le Père Général étant venu le voir, il lui demanda la permission d'en faire le vœu; l'ayant obtenue, il fit ce vœu avec une très douce consolation; ce qui édifia beaucoup tous ceux qui apprirent ce grand acte de charité.

Les cardinaux della Rovere et Scipion de Gonzague, ses parents, vinrent plusieurs fois le visiter pendant sa maladie. Louis ne s'entretenait avec eux que de choses spirituelles et de la vie bienheureuse, ce qui les édifiait beaucoup; aussi le P. Recteur leur ayant dit que, sans qu'ils prissent la peine de venir au collège, il se chargeait de leur faire donner des nouvelles du malade, ils lui répondirent qu'ils ne pouvaient pas se dispenser de venir, puisqu'ils retiraient de leurs visites tant de profit pour leur âme. Le cardinal Scipion de Gonzague, qui était goutteux, se faisait porter à l'infirmerie de Louis et ne quittait qu'à regret ce cher malade. Un jour que Louis lui parlait de sa mort prochaine et de la grande grâce que Dieu lui faisait en l'appelant à lui dans la jeunesse, le pieux cardinal, qui avait pour lui une affection sincère, l'écoutait avec attendrissement, et comme, entre autres choses, Louis l'assurait qu'il regardait Son Éminence comme son père et son bienfaiteur, attendu que c'était par son moyen qu'après tant de difficultés il était entré en religion, le cardinal lui répondit avec larmes que c'était à lui à le reconnaître, malgré la différence des années, pour son père et son maître spirituel, tant ses exemples lui avaient procuré de secours et de consolation. Après cet entretien, comme il se retirait très affligé, il dit à ceux qui l'accompagnaient, qu'il serait bien sensible à la mort de ce saint jeune homme, assurant que jamais il ne l'avait entretenu sans se trouver ensuite dans une paix et une tranquillité d'esprit singulières; qu'il le tenait pour l'homme le plus heureux de la maison de Gonzague.

Le P. Corbinelli, homme fort avancé en âge, et avec qui Louis était lié d'amitié, se trouvait malade en même temps que lui; l'un et l'autre se faisaient souvent saluer mutuellement. Ce bon vieillard, sentant son mal augmenter, souhaita ardemment de voir Louis encore une fois avant de mourir, et pria l'infirmier de le lui apporter dans sa chambre, ne pouvant, dans l'état où il était, se faire transporter dans la sienne. L'infirmier, pour le contenter, aida Louis à s'habiller et le porta entre ses bras dans l'infirmerie du P. Corbinelli. On ne saurait exprimer combien fut grande la consolation que ce vénérable vieillard reçut de la visite de Louis. Après s'être entretenus quelque temps ensemble avec tendresse et dévotion, s'exhortant mutuellement à la patience et à la volonté du Seigneur, le P. Corbinelli dit à Louis : « Mon cher Frère, je mourrai sans doute sans vous revoir; et c'est pour cette raison que j'ai présentement une grâce à vous demander; vous ne devez pas me la refuser : c'est qu'avant que vous sortiez de ma chambre vous me donniez votre bénédiction ». Louis se trouva très embarrassé à cette demande. Il répondit que la chose ne convenait pas, qu'il fallait même faire tout le contraire : « Vous êtes un vénérable Père, disait-il, moi je ne suis qu'un jeune homme; vous êtes prêtre, je ne le suis point : c'est au plus digne qu'il convient de bénir ». Le vieillard, par l'estime qu'il avait du saint jeune homme, redoubla ses instances pour que Louis ne le quittât pas dans ce dernier moment sans lui donner cette consolation; il pria même l'infirmier de ne point reporter Louis à son infirmerie qu'il ne lui eût accordé la grâce qu'il demandait. Le sage Louis répugnait infiniment à faire ce qu'on exigeait; mais, gagné par l'infirmier, il trouva un moyen pour contenter le bon vieillard, et satisfaire en même temps à sa propre humilité : en élevant la main, il se bénit lui-même, disant : « Que Notre-Seigneur Dieu nous bénisse tous deux ». Prenant ensuite de l'eau bénite, il la jeta sur le Père, disant encore : « Mon Père, que le Seigneur comble Votre Révérence de sa sainte grâce et lui accorde tout ce qu'elle désire pour sa gloire; priez pour moi ». Le Père resta consolé et très satisfait, et Louis se fit reporter à son infirmerie.

Ce bon Père donna encore un autre témoignage de la dévotion qu'il avait pour Louis : car, se trouvant aux derniers moments, il dit à l'infirmier qu'il souhaitait ardemment qu'après sa mort on mît son corps dans le même caveau où serait mis celui de Louis, quoique ce caveau ne fût point destiné à la sépulture des prêtres ; la chose fut exécutée par ordre des supérieurs. Il mourut, en effet, le 1ᵉʳ juin, veille de la Pentecôte, vers minuit, vingt jours avant Louis. Ce Père était dans une chambre assez éloignée de celle de Louis, et même dans une galerie différente; Louis ignorait qu'il fût mort. Or, cette même nuit, il lui apparut trois fois en songe, comme le bienheureux le raconta à l'infirmier. Ce Frère, entrant selon l'usage pour ouvrir les fenêtres de sa chambre, lui demande comment il avait passé la nuit, et Louis lui répondit en ces termes : « Je l'ai passée plus mal qu'à l'ordinaire, tourmenté de rêves continuels, fâcheux, extravagants même, ou plutôt d'apparitions. J'ai vu trois fois le P. Corbinelli tout hors d'haleine; la première fois il m'a dit : « Mon Frère, c'est maintenant le temps « de me recommander à Dieu, afin qu'il daigne me donner la « patience et les forces nécessaires dans le périlleux état où je « me trouve, ne croyant pas que sans un secours spécial de sa « divine bonté je puisse en avoir autant qu'il conviendrait ». J'ai cru que c'était un rêve, et je me suis dit à moi-même : Je ferais mieux de dormir et de laisser évanouir ces imaginations. Peu après, à peine avais-je repris mon sommeil, que ce même Père s'est fait voir à moi pour la seconde fois, et m'a sollicité avec plus d'instance encore de l'aider par de ferventes prières parce que la rigueur du mal le lui rendait insupportable. Je me réveillai donc, et je songeai alors à demander le lendemain une pénitence pour avoir négligé l'ordre du médecin et des supérieurs, qui m'avaient ordonné de ne penser qu'à dormir, et voilà qu'au moment où je me rendormais le même Père se montra à moi pour la troisième fois et me dit : « Mon cher « Frère, je suis au dernier terme de la vie; priez Dieu que mon « passage de cette vie misérable soit heureux, et que par sa

« miséricorde il me reçoive en l'autre dans la gloire, où je
« n'oublierai pas de prier pour vous ». Alors je me suis tellement éveillé, qu'il m'a été impossible de fermer l'œil le reste
de la nuit, tant j'étais surpris de ces apparitions, sur lesquelles
je faisais de profondes réflexions. »

L'infirmier ne parut faire aucun cas de ce que Louis racontait, et, sans lui en témoigner nulle surprise, il essaya de le
rassurer en lui disant que ce n'étaient que des rêves et des
fantômes, que le P. Corbinelli était bien, qu'ainsi il ne fût pas
inquiet; pour qu'il pût prendre un peu de repos, il ne lui dit
pas qu'il était mort. Louis ne répliqua rien; mais, dans une
autre occasion, il s'exprima de manière à convaincre que non
seulement il savait que le P. Corbinelli n'était plus de ce
monde, mais encore qu'il était en paradis; car, interrogé par
le P. Bellarmin sur ce qu'il pensait de l'âme de ce Père, si
elle était en purgatoire, il répondit sans hésiter : « Elle n'a
fait que passer par le purgatoire ». Le Père conclut de cette
réponse que Louis avait su cette mort par révélation, parce
que Louis, étant naturellement très réservé à affirmer les
choses douteuses, n'aurait pas dit si nettement à son confesseur que l'âme du Père avait simplement passé par le purgatoire, s'il n'en avait eu de Dieu une révélation certaine.

Nous nous efforcions tous de l'engager par plusieurs raisons
à demander à Dieu qu'il lui prolongeât la vie, soit pour acquérir plus de mérites, soit pour être utile au prochain et à la
religion; mais à tous nos discours, il répondait toujours : « Il
vaut mieux mourir »; et il disait cela avec des sentiments si
affectueux et une telle fermeté de visage, qu'on voyait clairement qu'il ne désirait de quitter la vie que pour s'unir au plus
tôt et pour toujours avec Dieu.

CHAPITRE XXIV.

CE QUE LOUIS ÉCRIVIT A LA MARQUISE SA MÈRE.

Quand Louis fut revenu du grand danger où il s'était trouvé au commencement de sa maladie, il écrivit deux lettres à la marquise, sa mère. Dans la première, après l'avoir consolée et exhortée à la patience dans les adversités, il ajoutait ces paroles :

« Il y a un mois que je fus sur le point de recevoir de Dieu Notre-Seigneur la plus précieuse des grâces, celle, comme je l'espérais, de mourir dans son amour : j'avais reçu le saint viatique et l'extrême-onction. Mais la maladie s'est changée en fièvre lente. Les médecins ne savent pas quand elle finira; ils sont tous occupés à me faire des remèdes pour rétablir ma santé corporelle, et moi, je prends plaisir à me persuader que Dieu Notre-Seigneur veut me donner une santé bien plus précieuse que celle que les médecins travaillent à me procurer.

« Ainsi je vis content, et j'espère que dans quelques mois il plaira à Dieu Notre-Seigneur de m'appeler de cette terre des morts à celle des vivants, de la compagnie des hommes à celle des anges et des saints du ciel; enfin de la vue des choses terrestres et périssables à la vision et à la contemplation de Dieu, le souverain bien. En cela vous pourrez trouver des motifs de consolation, puisque vous m'aimez et que vous souhaitez mon plus grand avantage. Je vous supplie de prier pour moi, afin que, pendant le peu de temps que j'ai à naviguer en ce monde, le Seigneur daigne, par l'intercession de son Fils unique et de sa sainte Mère, noyer dans la mer Rouge de sa très sainte Passion toutes mes iniquités, pour que, libre de mes ennemis, je puisse arriver à la terre de promission, voir Dieu et jouir de lui ».

La seconde lettre fut écrite peu avant sa mort, quand il eut appris par révélation le temps précis auquel il quitterait la terre pour le ciel. Voici comment il consolait la marquise :

« Madame et très vénérée mère en Jésus-Christ. *Pax Christi*.

« Que la grâce et la consolation de l'Esprit-Saint soient toujours avec vous.

« Votre lettre m'a trouvé encore vivant dans cette région des morts, mais prêt à partir pour aller à jamais louer Dieu dans la terre des vivants. Je croyais avoir à cette heure déjà fait le pas; mais la violence de la fièvre, comme je l'ai déjà dit, ayant un peu diminué, je suis heureusement parvenu jusqu'au jour de l'Ascension. Depuis ce temps, un rhume a fait redoubler la fièvre; de sorte que je vais peu à peu au-devant des doux et chers embrassements du Père céleste, dans le sein duquel j'espère pouvoir me reposer en sûreté et pour toujours. Et ainsi s'accordent les diverses nouvelles données à mon sujet, comme je l'écris encore au seigneur marquis (1). Or, si la charité,

---

(1) Son frère Rodolphe.

comme dit saint Paul, fait pleurer avec ceux qui pleurent, et se réjouir avec ceux qui sont dans la joie, votre consolation sera donc bien grande, Madame ma mère, pour la grâce que le Seigneur vous aura faite en ma personne, me conduisant au vrai bonheur, et m'assurant contre tout danger de le perdre. Je vous avoue que je m'abîme et me perds dans la considération de la bonté divine, mer immense, sans rivage et sans fond. Cette divine bonté m'appelle à un repos éternel après de bien courtes et bien légères fatigues. Elle m'invite du haut du ciel à ce souverain bonheur que j'ai cherché si négligemment. Elle me promet la récompense du peu de larmes que j'ai versées. Voyez donc à ne point faire injure à cette infinie bonté ; ce qui arriverait sûrement si vous veniez à pleurer comme mort celui qui va vivre en la présence de Dieu, et qui vous servira plus par ses prières qu'il le ne fait ici-bas.

« Notre séparation ne sera pas longue, nous nous reverrons au ciel, et, unis ensemble pour ne plus nous séparer, nous jouirons de notre Rédempteur, nous le louerons de toutes nos forces, et chanterons éternellement ses infinies miséricordes. Je ne doute pas que, méprisant tout ce qu'inspirent la chair et le sang, nous ne donnions aisément accès à la Foi et à cette pure et simple obéissance que nous devons à Dieu, lui offrant librement et promptement ce qui lui appartient, et d'autant plus volontiers que ce qu'il prend nous est plus cher ; tenant pour certain que tout ce qu'il fait est bien fait, puisqu'en nous enlevant ce qu'il nous avait donné, c'est pour le mettre en lieu sûr et nous rendre ce que tous nous désirons davantage.

« Je vous écris tout cela uniquement par le désir que j'ai que vous, Madame ma mère, et toute la famille receviez ma mort comme une grande faveur. Que votre bénédiction maternelle m'accompagne et me dirige dans le passage de la mer de ce monde, et me fasse arriver heureusement au port de mes désirs et de mes espérances. Je vous écris avec d'autant plus de plaisir, qu'il ne me restait plus d'autres preuves à vous donner de mon amour et du profond respect que je vous dois.

« Je finis en vous demandant de nouveau humblement votre bénédiction.

« De Rome, le 10 juin 1591.

« De votre illustrissime Seigneurie le très obéissant fils en Jésus-Christ.

« Louis de Gonzague ».

LAUDABIT USQUE AD MORTEM

CHAPITRE XXV.

DE QUELLE MANIÈRE LOUIS SE PRÉPARA A LA MORT.

Il nous reste à dire comment Louis se disposa chrétiennement et saintement à passer de la terre au ciel. Malgré le soin qu'on prenait de lui, que n'eut-il pas à souffrir dans une maladie aussi longue et aussi pénible que la sienne! Cependant jamais il ne donna aucun signe d'impatience, jamais il ne se plaignit de rien, ni ne témoigna être peu satisfait des services qu'on lui rendait. Il montra toujours une patience inaltérable et la plus parfaite obéissance aux supérieurs, aux médecins et aux inférieurs, apprenant par son exemple comme il convient qu'un religieux se comporte jusque dans les plus grandes maladies.

Du moment qu'il se mit au lit, jusqu'à sa mort, il ne voulut plus qu'on lui parlât d'autre chose que de Dieu et de la vie éternelle. Pour le satisfaire dans un désir aussi juste, tous ceux qui venaient le visiter ne lui tenaient que de pareils discours. Si par hasard quelqu'un venait à parler de quelque autre chose, Louis ne paraissait prendre aucun intérêt à ce qui se disait;

et quand on recommençait à parler de dévotion, il changeait tout à coup, et mêlait quelques paroles à la conversation, pour témoigner quelle satisfaction il y prenait. Il expliquait cette façon d'agir en disant que, quoiqu'il fût persuadé que les choses indifférentes mêlées avec sagesse et prudence aux conversations ordinaires n'étaient pas contre la règle, cependant, dans l'état où il se trouvait, il croyait convenable et tout à fait dans les vues de Dieu que tous ses discours fussent entièrement spirituels. Il lui semblait que les instants que Dieu lui concédait encore étaient trop précieux pour être employés en choses futiles.

Quelquefois il se faisait donner ses habits, et sortant du lit, il se traînait à une table sur laquelle était un crucifix, le prenait, et lui donnait mille baisers affectueux et respectueux; il en faisait autant à une image de la sainte Vierge et de sainte Catherine de Sienne, et à celles des autres saints qui tapissaient les murailles de son infirmerie. Le Frère infirmier lui ayant dit qu'il lui épargnerait la peine de se lever pour satisfaire sa dévotion, et qu'il lui apporterait toutes ces images sur son lit, Louis lui répondit : « Mon cher Frère, ce sont là mes stations ». Et il continua de les faire tant qu'il fut en état de se lever.

Quand il se trouvait seul dans le courant de la journée, et que la porte de l'infirmerie était fermée, il se levait de lui-même, et se glissait à la ruelle de son lit pour y faire une prière à genoux; dès qu'il entendait du bruit, il se remettait au lit. L'infirmier se trompa quelque temps sur le vrai motif qu'il avait de se lever ainsi; mais enfin il soupçonna ce que ce pouvait être, et, l'ayant un jour adroitement surpris à genoux, il lui défendit de recommencer; et Louis, confus d'être ainsi découvert, ne le fit plus.

Il s'entretenait le plus souvent qu'il pouvait avec le P. Bellarmin, son confesseur, des choses de son âme. Un soir, en particulier, il lui demanda s'il croyait que quelqu'un pût entrer dans le paradis sans passer par le purgatoire. Le Père lui répondit qu'il pensait ainsi; et comme il connaissait parfaitement la vertu de Louis : « J'espère, ajouta-t-il, que vous serez un de ces fortunés, parce que le Seigneur Dieu vous ayant par sa miséricorde fait tant de grâces, et en particulier celle de ne l'avoir jamais offensé mortellement, je crois être assuré qu'il vous accordera encore la faveur d'aller droit au paradis ». Cette réponse du P. Bellarmin remplit Louis de tant de consolations, que, dès que le Père eut quitté son infirmerie, il entra dans une contemplation où il vit en esprit la céleste Jérusalem. Il demeura toute la nuit dans cette extase, pendant laquelle son âme fut inondée de délices. Suivant ce qu'il en rapporta au P. Bellarmin, cette nuit lui parut n'avoir duré qu'un instant. On croit que ce fut alors que le jour précis de sa mort lui fut révélé; car, après ce bienfait céleste, il déclara positivement que le jour de l'octave de la Fête-Dieu il ne serait plus de ce monde; ce qui se trouva vrai. Il répéta la même chose, quelques jours avant cette fête, au P. Antoine Guelfucci qui le visitait souvent.

Comme la maladie de Louis allait en empirant, le P. Vincent Bruno, préfet de santé, qui s'entendait en médecine, lui confirma qu'il ne lui restait que quelques jours à vivre. Louis, prenant prétexte de cet avis, dit à l'un de ses Frères : « Vous ne savez pas la bonne nouvelle que j'ai eue! je mourrai dans huit jours : aidez-moi, je vous prie, à réciter le *Te Deum* pour rendre grâces à Dieu de la faveur qu'il me fait ». Ils dirent donc tous deux dévotement ce cantique. Ensuite, un autre de ses condisciples étant venu le voir, Louis lui dit avec effusion de cœur : « Mon Frère, *lætantes imus, lætantes imus,* nous nous en allons avec joie ». Plus il montrait de satisfaction et de consolation en prononçant ces paroles, plus ceux qui les entendaient en étaient touchés et attendris.

Il voulut encore adresser trois lettres pour prendre congé de trois Pères, ses intimes amis. Le premier était le P. Pescatori, autrefois son maître des novices, alors recteur à Naples; le second, le P. de Angelis, qui y professait la théologie; et le troisième, le P. Recalcati, recteur de Milan. Il leur fit écrire à tous trois qu'il partait pour le ciel; et, en les saluant, il se recommanda à leurs prières. Comme les forces lui manquaient, il se fit conduire la main pour signer ces lettres, et au lieu de son nom il fit une croix.

Il employa ces huit derniers jours de sa vie à des actes particuliers de dévotion. Il pria le P. Guelfucci, auquel il avait fait confidence de la certitude qu'il avait de sa mort, de venir tous les jours sur les trois heures dans son infirmerie, pour réciter ensemble les sept psaumes de la Pénitence. Ce Père ne manqua pas au rendez-vous. Il se trouvait seul à cette heure-là. Louis faisait mettre sur son lit un crucifix, et le Père, à genoux près du lit, récitait les psaumes à voix basse. Il s'arrêtait à quelques endroits, et le saint jeune homme tenait les yeux fixés sur le crucifix avec une profonde attention, et semblait se perdre dans la contemplation des choses qu'on lisait. Le Père ne pouvait s'empêcher de répandre un torrent de larmes. Louis en laissait échapper aussi quelques-unes au milieu de la plus parfaite sérénité. Aux autres heures du jour, il se faisait lire quelques fragments des Soliloques de saint Augustin, ou du commentaire de saint Bernard sur le Cantique, ou quelques psaumes qu'il indiquait lui-même, tels que les psaumes *Lætatus sum...*, *Quemadmodum desiderat cervus...*, et autres semblables.

Le bruit commençant à se répandre qu'il devait mourir dans cette octave, chacun épiait le moment pour se trouver seul avec lui, et pouvoir en liberté se recommander à ses prières. Il recevait toutes les commissions qu'on lui donnait pour le ciel, et promettait si expressément de les faire, qu'il montrait bien qu'il était sûr d'y entrer bientôt. Il parlait de sa mort comme nous parlons d'un changement de chambre. Plusieurs Pères venaient le voir et le servir par dévotion. Le P. Fuccioli, procureur général, se distingua parmi les Pères les plus assidus, ainsi que le P. Piatti, qui mourut deux mois après Louis. Ce dernier, sortant un jour de l'infirmerie, dit à son compagnon : « Je vous assure que Louis est un saint, et un si grand saint, qu'on pourrait le canoniser même de son vivant », faisant allusion aux paroles du pape Nicolas V, qui, dans la canonisation de saint Bernardin de Sienne, dit de saint Antonin de Florence, alors vivant et présent : « Je pense qu'on pourrait canoniser Antonin vivant, comme Bernardin mort ». Vers la fin de l'octave, Louis était le plus souvent plongé dans une profonde contemplation, proférant seulement de temps à autre quelques paroles de dévotion, quelques oraisons jaculatoires. Dans les trois derniers jours, ayant reçu du P. Guelfucci un crucifix de bronze auquel étaient attachées des indulgences, il le tint constamment appliqué sur sa poitrine jusqu'au dernier soupir. Il fit plusieurs fois la profession de foi que le rituel prescrit, montrant un grand désir de s'unir à Dieu, en répétant souvent : *Cupio dissolvi et esse cum Christo* : « Je désire que mon âme quitte mon corps pour être avec Jésus-Christ », et autres paroles semblables.

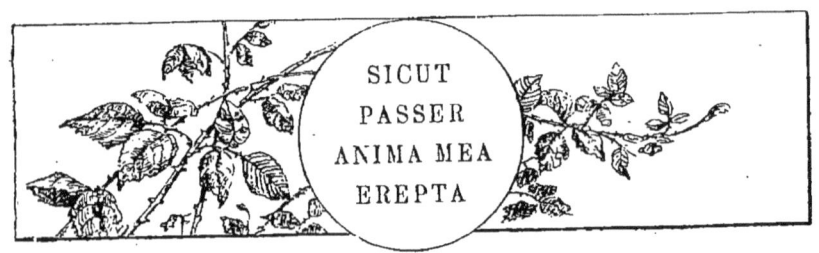

CHAPITRE XXVI.

DE L'HEUREUSE MORT DE LOUIS.

Le jour de l'octave de la Fête-Dieu commençait à paraître, lorsqu'un des infirmiers (1) entra dans l'infirmerie de Louis, et, le trouvant à l'ordinaire, lui dit : « Eh bien ! mon Frère, nous sommes encore vivant, et non mort, comme vous l'aviez dit et l'aviez cru ». Louis lui confirma qu'il mourrait effectivement ce jour même. L'infirmier, en le quittant, rencontra son compagnon, et lui dit : « Louis persévère dans la croyance qu'il doit mourir aujourd'hui, et cependant il me paraît qu'il est mieux que les jours précédents ». Un autre Père, lui faisant visite, lui dit : « Frère Louis, vous disiez que vous mourriez dans cette octave ; nous voilà au dernier jour, et il me paraît que vous êtes mieux, et qu'on peut espérer de vous voir vivre ». Louis lui répondit : « Le jour n'est pas encore terminé ». Il parla plus nettement à un autre qui, en entrant dans son infirmerie lorsqu'on lui pansait une plaie au talon droit, que la maigreur et le lit lui avaient occasionnée, lui dit, touché de compassion,

---

(1) Le P. Antoine Guelfucci, dans sa déposition, affirme que ce fut lui qui posa cette question et reçut la réponse.

que, quoiqu'on fût bien fâché de le perdre, il priait cependant le Seigneur de le délivrer de cette souffrance. A quoi Louis

Saint Louis mourant assisté par les anges. (Gravure de Klauber.)

répondit sérieusement : « Cette nuit je mourrai ». Il répéta jusqu'à trois fois ces mêmes paroles, parce qu'on disait qu'on ne le croyait pas malade à ce point.

Quelques jours auparavant, un Père l'avait prié qu'en entrant au ciel, comme il l'espérait, il recommandât à Dieu un illustre jeune homme, fils d'un duc, à qui la grâce inspirait de quitter le monde pour se faire religieux et qui craignait des obstacles du côté des siens; ce que Louis avait promis. En revoyant ce Père, il lui dit : « Je m'en souviens et je le ferai ». — Puis il écouta attentivement ce que le Père lui disait de la vie bienheureuse, de la conformité au bon plaisir divin, du désir que nos peines soient agréables à la Majesté divine. Il essayait même de mêler quelques paroles à ce pieux entretien. Peu après, il pria l'infirmier de lui obtenir que son corps fût déposé au même lieu où reposait celui du P. Corbinelli. Et comme ce n'était pas l'usage d'ensevelir côte à côte ceux qui mouraient à intervalle si rapproché, Louis, pour motiver son désir, raconta de nouveau sa triple vision, répétant à deux reprises : « Je mourrai cette nuit, je mourrai cette nuit ».

Il passa la matinée de ce jour à faire des oraisons et des actes de foi et d'adoration avec beaucoup de piété. Vers midi, il insista pour qu'on lui donnât le saint viatique, qu'il avait déjà demandé dès le point du jour; mais les infirmiers, qui ne croyaient pas qu'il fût si près de mourir, ne faisaient pas attention à sa demande. Cependant, comme il renouvelait ses instances et ses prières, les infirmiers lui dirent qu'ayant déjà reçu dans cette maladie le saint viatique, ils ne croyaient pas qu'on pût le réitérer. Louis leur répondit : « L'extrême-onction, non; le viatique, oui ». Malgré cette réponse, les infirmiers n'en firent rien (1).

(1) « Je crois que Louis a dit : « L'extrême-onction, non ; mais *la communion*, oui. » (Note manuscrite du cardinal Bellarmin. Il obtint cette faveur et communia avec grande piété. (Déposition du P. Guelfucci.)

Pendant qu'il était dans cet état, le pape Grégoire XIII, qui, comme on le conjectura, avait su des cardinaux parents de Louis sa grande maladie, demanda comment il se trouvait. Ayant appris qu'il était à l'extrémité, il lui envoya de lui-même sa bénédiction et une indulgence plénière. Ce fut le Père ministre du collège (1) qui lui porta cette nouvelle. Comme Louis était extrêmement humble, s'il eut de la consolation à recevoir cette bénédiction et cette indulgence, il ne fut pas moins confus de ce que le pape s'était souvenu de lui; il en vint même jusqu'à se cacher le visage. Le Père ministre, qui s'en aperçut, lui dit, pour le tranquilliser, qu'il ne devait pas être surpris que le pape, ayant su par hasard quelque chose de sa dangereuse maladie, se fût déterminé à lui envoyer sa bénédiction.

Sur les six heures du soir, le P. Lambertini vint du noviciat, où ils avaient vécu ensemble, lui faire une visite. Louis le pria d'engager le P. Recteur à lui donner le saint viatique, ce qu'il fit. Il voulut réciter avec lui les litanies du saint Sacrement, auxquelles Louis répondit toujours d'une voix claire et distincte; et à la fin il remercia ce Père avec un air riant et un contentement plus marqué qu'à l'ordinaire. Le Père recteur entra pour lors avec le saint viatique, ce qui augmenta la consolation de Louis. Il communia avec la plus grande ferveur, et toujours dans la ferme persuasion qu'il jouirait bientôt de son Dieu, et qu'il le verrait face à face dans le ciel. Tous ceux qui se trouvèrent à cette cérémonie ne purent retenir leurs gémissements et leurs larmes en entendant prononcer ces paroles : « *Accipe, frater, viaticum...* »

Notre saint jeune homme, après avoir reçu le saint viatique, voulut embrasser tous ceux qui étaient présents. Il le fit avec

---

(1) Le P. Nicolas Fabrini, qui mourut dans la suite aumônier militaire en Hongrie.

beaucoup de charité et de satisfaction, suivant l'usage de la Compagnie quand quelqu'un part pour un long voyage. Il donna à chacun le dernier adieu, et tous le reçurent avec larmes sans pouvoir se déterminer à s'éloigner de lui. On le regardait avec tendresse, et l'on se recommandait à ses prières. Un de ceux avec qui Louis avait traité plus confidemment, lui ayant dit qu'il espérait qu'il jouirait bientôt de la vision béatifique, le pria de se souvenir alors de lui comme il l'avait fait pendant la vie, et de lui pardonner si par ses imperfections il l'avait quelquefois offensé. Louis lui répondit avec tendresse qu'il comptait sur les miséricordes divines, sur le précieux sang de Jésus-Christ, et sur la protection de la sainte Vierge, sa mère; qu'il espérait que son bonheur ne tarderait pas; et il ajouta qu'indépendamment de sa demande il se serait souvenu de lui, parce que, s'il l'avait aimé sur la terre, il l'aimerait beaucoup plus encore dans le ciel, puisque la charité y est plus parfaite (1).

Louis avait la tête si saine, il parlait avec tant de justesse et si librement, qu'il ne paraissait pas vraisemblable qu'il dût mourir ce jour-là. Dans le même temps entra le Père provincial, qui lui dit : « Qu'en est-il de vous, Frère Louis? » Il lui répondit : « Mon Père, nous prenons notre route. — Et pour aller où? — En paradis, répliqua Louis. — En paradis! reprit le Père provincial. — Oui, mon Père, en paradis, si mes péchés ne m'en empêchent pas; oui, j'espère, par la miséricorde de Dieu,

---

(1) « Peu d'heures avant sa mort, Louis appela près de lui les professeurs de théologie et de philosophie et les supplia de réclamer en son nom de ses condisciples des chapelets, des disciplines et d'autres bonnes œuvres, leur promettant en retour de se souvenir d'eux en présence de Dieu. On ne saurait dire quelle émotion nous causa cette demande; non seulement nous promîmes ce qu'il désirait, mais nous courûmes en foule à sa chambre pour nous recommander à lui et lui offrir le secours de nos faibles prières. Nous reconnûmes là combien son âme bienheureuse était unie à son Dieu; les dernières heures de sa vie furent une continuelle extase ». (Procès de canonisation.)

y arriver ». Alors le provincial, se tournant vers ceux qui l'accompagnaient, leur dit tout bas : « Faites attention, je vous prie ; il parle d'aller au ciel comme nous parlerions d'aller à Frascati. Que devons-nous faire de ce cher Frère ? devons-nous le mettre dans la sépulture commune ? » Tous furent d'avis qu'à cause des preuves qu'on avait de sa sainteté il convenait d'y faire une attention particulière après sa mort.

Je me trouvai sur les sept heures du soir pour l'assister. Assis près de son lit, je tenais ma main sous sa tête pour lui diminuer la peine qu'il prenait à ne point perdre de vue un petit crucifix qu'on lui avait mis sur son lit et devant lequel il priait pour gagner, à l'article de la mort, l'indulgence plénière qui y était attachée. Dans ce moment, il leva le bras et ôta le bonnet de nuit qu'il avait sur sa tête : je crus que cette action n'était qu'un mouvement de moribond, et je lui remis son bonnet sans lui rien dire. Un moment après, il l'ôta de nouveau. Alors je lui dis : « Frère Louis, laissez votre bonnet sur votre tête, de crainte que l'air du soir ne vous fasse mal ». Alors, me montrant des yeux son crucifix, il me dit : « Quand Jésus-Christ mourut, il avait la tête nue ». A ces paroles je fus attendri, m'apercevant que jusqu'au dernier instant il était tout occupé à imiter le Sauveur sur sa croix. Quelque temps après, on parla en sa présence de ceux qui devaient passer la nuit auprès de lui ; quoiqu'il fût absorbé dans sa contemplation, il dit deux fois au P. Guelfucci qui était auprès de lui : « Assistez-moi, vous ». Comme il avait promis à un autre Père, qui souhaitait de se trouver à sa mort, de l'en faire avertir, il lui dit : « Voyez si vous pouvez m'assister », gardant ainsi la parole qu'il lui avait donnée. Il était nuit depuis une heure, et l'infirmerie était pleine de monde.

Le Père recteur, entendant Louis parler si librement, ne pouvait se persuader qu'il dût mourir cette nuit-là, comme il l'avait dit : il pensait même que sa maladie tirerait en longueur et durerait encore quelques jours, comme il avait vu cela arriver à plusieurs attaqués du même mal. Il ordonna donc, en sortant de l'infirmerie, que chacun se retirât pour se reposer ; et, quoique plusieurs lui demandassent en grâce de leur permettre de rester, il ne le permit à aucun, disant toujours qu'il n'en mourrait pas, et que s'il croyait qu'il dût mourir, il ne le quitterait point. Il ordonna cependant au P. Fabrini, ministre du collège, et au P. Guelfucci de demeurer auprès du malade (1).

On peut facilement se figurer quelle fut la douleur de ceux qu'on forçait ainsi à se séparer de leur Frère bien-aimé, et combien cette séparation dut leur coûter, persuadés qu'ils étaient de ne plus le revoir vivant. Louis, s'apercevant de leur désolation, les consola en leur promettant de se souvenir d'eux dans le ciel. Il pria aussi tout le monde de vouloir bien dans ce moment offrir pour lui des prières. Il spécifia même à plusieurs ce qu'il désirait qu'ils fissent pour lui aussitôt après sa mort.

Ce fut ainsi que, forcés par l'obéissance, les uns après les au-

---

(1) « Persuadé qu'après avoir reçu le saint viatique et pris quelque nourriture, Louis reposerait un peu, raconte le P. Guelfucci dans sa déposition juridique, je cachai la lumière et revins de temps en temps près de son lit, voulant savoir comment se passerait cette nuit qu'il avait déclarée devoir être pour lui la dernière. Je le trouvai chaque fois éveillé et, autant que j'en pouvais juger, l'âme continuellement unie à Dieu. Je lui demandai à deux ou trois reprises comment il se trouvait et s'il avait besoin de quelque chose. Il me répondait : Veillez avec moi et assistez-moi : je vais mourir... N'ayant osé accéder au désir qu'il manifestait de changer de position, de peur de hâter sa fin : Courage, lui dis-je, c'est la dernière goutte du calice du Seigneur que vous ayez à boire. — Il acquiesça à mes paroles et se soumit paisiblement à ma volonté. Tout attentif aux litanies et à la recommandation de l'âme, serrant dans sa main avec confiance le cierge bénit, en témoignage de foi catholique, les yeux fixés sur un grand crucifix placé en face de lui, tandis que de la main gauche il en pressait sur son cœur un petit indulgencié, il s'endormit doucement dans le Seigneur ».

tres se retirèrent en gémissant. Il ne resta avec lui que les deux Pères désignés par le recteur, ainsi que le P. Bellarmin, confesseur de Louis. Ce Père dit au malade de l'avertir quand il croirait qu'il faudrait lui faire la recommandation de l'âme. Louis répondit qu'il n'y manquerait pas. Un moment après, il lui dit : « Mon Père, il est temps ». Alors le Père et les deux autres se mirent à genoux, et firent les prières de la recommandation de l'âme. Après quoi, le Père ministre, s'imaginant que le malade vivrait encore jusqu'au jour suivant, pria le P. Bellarmin d'aller se reposer. L'infirmier l'assura aussi que le malade passerait la nuit, et que, dans le cas où il y aurait du changement, on l'avertirait. Sur cela, le P. Bellarmin se retira, et Louis resta seul avec les deux Pères, le cœur et l'esprit toujours saintement occupés. De temps en temps, on l'entendait répéter quelque parole de la sainte Écriture, comme : *In manus tuas, Domine...*, « Seigneur, c'est dans vos mains que je remets mon esprit », et autres semblables. Il conserva toujours le même visage, tandis que ceux qui l'assistaient récitaient les prières des agonisants, lui jetaient de l'eau bénite et lui donnaient à baiser le crucifix.

Quand il toucha à ses derniers moments, on connut, par la pâleur de son visage et par les gouttes de sueur qui lui coulaient en assez grande abondance, qu'il souffrait beaucoup. Dans cette crise, il demanda d'une voix mourante de changer un peu de situation, étant depuis trois jours dans la même attitude; mais on craignit d'avancer sa mort en le remuant, et l'on crut que sa demande était plutôt un instinct de la nature qu'un choix de sa volonté. On l'encouragea à souffrir, en lui rappelant le lit cruel et insupportable sur lequel Notre-Seigneur Jésus-Christ, au milieu des plus affreuses souffrances, voulut bien mourir pour nous. A ce souvenir, on le vit regarder fixement son crucifix ; et, ne pouvant plus parler, il donnait à connaître par des signes qu'il souffrirait volontiers plus encore pour l'amour de Dieu. Il semblait s'exhorter lui-même à la soumission. Puis il s'arrêta. Les Pères, voyant qu'il ne pouvait plus parler ni se mouvoir, lui mirent en main un cierge bénit allumé, en signe de la persévérance dans la foi : il le serra fortement. Comme il le tenait, faisant en même temps des efforts pour invoquer le très saint nom de Jésus, il remua un peu les lèvres pour la dernière fois, et rendit son âme à son Créateur, avec une profonde tranquillité, entre deux et trois heures de la nuit. Ainsi Dieu lui accorda la grâce qu'il avait tant demandée, qui était de mourir dans l'octave du très saint Sacrement, ou un jour de vendredi, en mémoire de la passion du Sauveur. Il mourut précisément au moment où l'octave finissait, et où commençait le vendredi, la nuit du 20 au 21 juin 1591, à l'âge de vingt-trois ans, trois mois et onze jours. Ce fut également à cet âge que mourut saint Louis, fils de Charles II, roi de Sicile, qui fut religieux de l'ordre de Saint-François et ensuite évêque de Toulouse. Notre Louis, par ses vertus, ressembla beaucoup à ce saint.

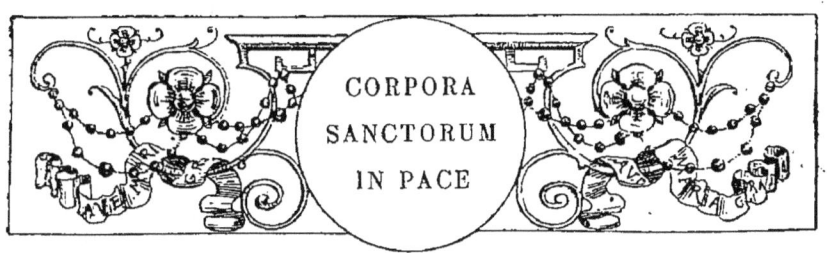

CHAPITRE XXVII.

DES FUNÉRAILLES DE LOUIS, ET DES DIFFÉRENTES TRANSLATIONS DE SON CORPS.

Les deux Pères qui assistèrent Louis à sa mort crurent avoir reçu du Seigneur une grande grâce; en effet, ils avaient eu la préférence sur tant d'autres qui souhaitaient de se trouver au passage de ce saint jeune homme. Peu avant sa mort, il les assura qu'il les recommanderait à Dieu tout le temps de leur vie. Ils en ressentirent bientôt les heureux effets. Le Père ministre se trouva dans une paix parfaite d'esprit et une sensible consolation, et le P. Guelfucci sentit dans ce moment une dévotion particulière, un grand regret d'avoir offensé Dieu, et un ardent désir de le mieux servir selon les conseils de Louis. Cette vive impression ne lui dura pas seulement quelques mois, mais des années, non pas toujours avec une vivacité pareille, mais selon les occasions plus ou moins importantes. Ce même Père souhaitant, par dévotion pour Louis, d'avoir quelque chose qui eût été à son usage, et n'osant cependant toucher à son corps, prit et conserva les liens de ses souliers, les plumes dont il se servait, et autres choses semblables. Les infirmiers, étant venus pour laver le corps et l'accommoder avant de l'habiller, s'aperçurent, en le tirant du lit, en présence des deux Pères, qu'il tenait sur sa poitrine le crucifix en bronze, dont nous avons parlé, et que depuis trois jours il ne s'en était pas séparé. En le dépouillant, ils virent aussi qu'il avait aux genoux deux gros calus causés par l'habitude qu'il avait dès l'enfance de faire toutes ses prières à genoux. Quelques-uns, par dévotion, coupèrent des parcelles de ces calus, et les conservèrent comme autant de reliques. Un des infirmiers, à la sollicitation de quelques-uns qui l'en priaient, voulut couper de la chair, mais il se trompa et ne coupa que de la peau, qui, appliquée à un malade, le guérit.

A peine Louis eut-il expiré, que plusieurs de ses plus intimes amis, avertis par un des Pères que notre ange avait pris son vol vers le ciel, se levèrent à l'instant pleins de ferveur, et accoururent pour se recommander à sa protection, certains qu'il était arrivé au port du salut. Plusieurs firent alors pour lui les prières qu'il leur avait demandées par amitié avant sa mort. Le matin suivant, 21 juin, à peine eut-on donné le signal pour se lever, que l'infirmerie où était le corps ne pouvait plus contenir la foule qui s'y rendit. On priait pour lui, mais on se recommandait encore plus à lui; plusieurs se jetèrent sur ses souliers, sur une camisole et autres habillements à son usage. Enfin l'on porta le corps dans la chapelle domestique. Plusieurs de ses Frères, surmontant l'horreur qu'on a communément de toucher un mort, s'approchaient de la bière, baisaient par dévotion le défunt, et ne se lassaient pas de l'appeler *saint*. Toutes les messes qui se dirent ce jour-là au collège et dans les autres maisons de la Compagnie à Rome furent célébrées pour lui, quoique plusieurs ne lui en appliquassent le fruit que pour se conformer à la coutume, bien persuadés qu'il n'en avait pas besoin.

Pour bien comprendre quelle sensation causa dans tout le collège la mort de Louis, il faudrait s'y être trouvé présent. On ne s'entretenait que de ses vertus et de sa sainteté; chacun rapportait ce qu'il en avait vu. Mais le cœur en disait plus que les paroles, au souvenir de la perle précieuse qu'on avait perdue.

Le soir, sur les six heures, avant de dire l'office, on transporta le corps de la chapelle domestique dans la grande salle, où les Pères et les Frères étaient assemblés. L'usage était de baiser la main aux prêtres seuls; mais, quoique Louis n'eût que les ordres mineurs, l'idée qu'on avait de sa sainteté porta tout le monde, même les prêtres, à lui baiser la main. Après ce pieux témoignage d'estime, on porta processionnellement son corps à l'église de l'*Annunziata* du collège, où, selon la coutume, on psalmodia l'office des morts. Après l'office, il y eut un si grand concours d'étudiants et d'autres personnes qui s'approchaient du corps pour l'honorer et en prendre quelques reliques, que, les Pères ne pouvant maîtriser cette foule, on fut obligé de fermer les portes de l'église. Ce fut dans cette occasion qu'on lui coupa les habits, les cheveux, les ongles, et les deux articulations du petit doigt de la main droite. Parmi ceux qui se partagèrent ces reliques se trouvaient don François Dietricht, plus tard cardinal de la Sainte Église, Benoît et Philippe Gaetani, Jules Orsini, don Maximilien Pernstein, illustre Seigneur de Bohême, mort camérier secret du pape Clément VIII, qui s'empara d'un grand morceau de la soutane que j'ai vu dans ses mains.

Quand il fut question de mettre le corps dans la sépulture, les principaux Pères du collège, et parmi eux le P. Bellarmin, furent d'avis qu'il convenait de ne pas le confondre avec les autres, mais de le déposer dans un sépulcre particulier; car en considération d'une si grande sainteté, Dieu ne manquerait pas de le glorifier d'autant plus aux yeux du monde qu'il s'était appliqué davantage à en être peu connu. Cependant, comme l'usage de la Compagnie était d'enterrer les morts sans cercueil, le recteur envoya le ministre prendre les ordres du Père Général, qui déclara qu'on devait le mettre dans un cercueil, et qu'il dispensait d'autant plus volontiers de l'usage commun, qu'il était persuadé de la sainteté singulière de ce jeune Frère. On peut juger par là quelle idée on avait de Louis, puisqu'on faisait pour lui une chose si extraordinaire en traitant déjà son corps comme une relique. Sa précieuse dépouille fut donc mise dans un cercueil fait exprès, et inhumée dans la chapelle du Crucifix, du côté gauche de l'église du collège.

Pendant plusieurs jours, on ne s'entretint pas d'autre chose que du saint jeune homme; on le vénérait mort, n'ayant plus le bonheur de l'honorer vivant. Tous les jours, plusieurs se rendaient à son tombeau pour se recommander à sa protection Ils lui donnèrent cette preuve de confiance et de vénération tout le temps qu'ils restèrent à Rome. Le P. Antoine Valtrino, venu de Sicile, qui n'avait jamais vu Louis, conçut pour lui une telle dévotion à la lecture de mon livre, que, non content d'aller tous les jours prier à son tombeau, il cueillait dans le jardin des fleurs qu'il semait sur sa tombe. Personne, disait-il, ne mérite mieux cet hommage que celui qui a cultivé dans son cœur les fleurs de tant de vertus.

On laissa le corps de Louis pendant sept ans dans le cercueil dans lequel il avait été inhumé, c'est-à-dire jusqu'à l'année 1598. Dans la crainte cependant qu'on ne vînt dans la suite à confondre ses ossements avec les autres corps, ou parce qu'en ce temps-là le Tibre débordé avait endommagé ce caveau, on retira, par ordre du Père Général Aquaviva, ces ossements du cercueil où ils étaient, pour les remettre dans une caisse plus petite, qu'on plaça dans la muraille le 22 juin 1598. C'est à cette occasion que l'on prit des reliques de Louis qui furent envoyées dans plusieurs villes d'Italie, en Pologne et jusqu'aux Indes.

Je n'omettrai pas de dire qu'on trouva alors le squelette dans cette attitude modeste et la tête un peu inclinée, tel que Louis se montrait durant sa vie, spectacle qui émut profondément tous les témoins.

Comme le Seigneur avait déjà commencé à glorifier son serviteur par des miracles, le Père Général ordonna qu'on retirât ces précieux ossements du lieu où ils étaient, pour les placer dans un endroit plus décent, absolument séparé des autres. En exécution de cet ordre, le 8 juin 1602, on transporta secrètement dans la sacristie ces précieuses dépouilles, et le 1er juillet de la même année on les plaça dans une boîte de plomb qui fut mise sous le marchepied de l'autel de Saint-Sébastien, dans la même église. Quoiqu'on eût pris toutes sortes de précautions pour que cette translation fût secrète, et qu'on n'y eût admis que les personnes absolument nécessaires, il en transpira quelque chose dans le public, et bientôt la dévotion du peuple rendit célèbre le lieu où reposait ce précieux trésor.

Enfin le bruit de la sainteté de Louis se répandit de plus en plus dans toutes les parties du monde, et, les miracles se multipliant, le prince don François de Gonzague, frère du saint et marquis de Castiglione, alors ambassadeur de l'Empereur à Rome, jugea que le lieu où l'on avait mis ce trésor était trop étroit. Sur ses instances, le Père Général fit exhumer de nouveau ces saintes reliques. On ouvrit la caisse qui les renfermait, et avec l'agrément des supérieurs, le prince François prit quelques parcelles pour lui et pour le duc de Mantoue. La tête, à la prière du même prince, fut donnée à l'église du collège de la Compagnie de Castiglione, où on la conserve avec une grande vénération. Le 13 mai 1605, tout le reste de son corps, porté par des prêtres et accompagné d'une grande quantité de lumières, fut transféré dans la chapelle de Notre-Dame de la même église de l'Annunziata, et placé dans le mur du côté de l'Évangile. On fit encore cette nouvelle translation les portes fermées; cependant le frère du saint s'y trouva avec son épouse et quelques autres seigneurs; le concours y fut même si grand, que plusieurs prêtres y furent longtemps occupés à faire baiser la châsse qui renfermait les reliques de Louis, et à faire toucher les chapelets et autres objets de dévotion, avant qu'on pût placer ce dépôt sacré au lieu qui lui était destiné.

Les précieuses dépouilles de Louis reposèrent dans cette chapelle pendant une quinzaine d'années. On mit son image et plusieurs ex-voto alentour; une lampe y était toujours allumée. Enfin l'année 1620, le 15 juin, les reliques de Louis furent transportées dans la chapelle construite exprès pour lui, comme on le verra plus loin.

TROISIÈME PARTIE.

SAINT LOUIS DE GONZAGUE DANS LE CIEL.

> « Maintenant, ô mon âme, contemple la beauté de ces citoyens du Ciel, étoiles du matin, brillants soleils de la cité de Dieu, purs miroirs qui réfléchissent les perfections infinies du Créateur ! »
>
> (Saint Louis de Gonzague. *Méditation sur les saints Anges.*)

CHAPITRE Ier.

COMMENT LOUIS FUT TENU POUR UN SAINT AUSSITÔT APRÈS SA BIENHEUREUSE MORT (1).

Louis avait mené une vie presque entièrement cachée; il n'avait rempli aucun de ces ministères extérieurs qui auraient pu mettre sa sainteté en vue, et néanmoins, au lendemain de sa mort, Dieu voulut que le doux parfum de ses vertus héroïques se répandît de toute part.

La pieuse marquise, sa mère, ne tarda pas à recevoir de nombreux témoignages de la haute estime où l'on tenait son bien-aimé fils. Le P. Claude Aquaviva, général de la Compagnie, qui connaissait si bien le saint jeune homme, écrivait : « Votre Excellence a désormais un cher et fidèle intercesseur dans le ciel où cette âme bénie, on peut le croire, est déjà entrée ». Et ce n'était point là un de ces compliments de condoléance qu'on prodigue dans le monde, mais l'affirmation sincère de

---

(1) Ici s'achève le touchant récit du P. Cepari. Ce qui suit est emprunté à la troisième et quatrième partie de l'édition romaine (1802) et au travail si consciencieux du P. Conrad Janning, bollandiste, inséré dans les *Acta Sanctorum* (t. IV junii).

ce qu'il pensait. D'ailleurs la preuve en est dans un autre écrit du même Père, daté du 14 juillet 1603. En autorisant l'impression de la Vie du Bienheureux écrite par le P. Cepari : « Nous donnons cette permission d'autant plus volontiers, dit-il, que nous savons d'information certaine et par nous-même que ce saint jeune homme a été le modèle de toutes les vertus. Objet de l'édification universelle dans le monde, idéal de la perfection dans la vie religieuse : tel il s'est montré à tous ceux qui, l'ayant particulièrement connu, ont constaté les complaisances que Notre-Seigneur Dieu prenait en cette âme et les dons célestes dont il l'avait enrichie; tel il a persévéré jusqu'à l'heure où, passant de la terre au ciel, il a commencé de jouir, nous le croyons fermement, de la gloire éternelle ».

La même conviction est exprimée dans les lettres du Recteur du Collège romain, du cardinal Scipion de Gonzague, du cardinal della Rovere. « Jeudi soir, dit ce dernier, a passé à une vie meilleure notre bon Frère Louis. Il laisse après lui, avec de vifs regrets, une telle renommée de vertu, que les Pères ont, de sa mort, autant d'admiration que de douleur et qu'ils espèrent fermement qu'il est au ciel. Consolez-vous, Madame, persuadée qu'il intercède pour vous auprès de Dieu pour maintenir la paix entre ses frères et la félicité de sa maison. Oui, consolez-vous, en songeant que vous avez un fils au ciel, d'où, je l'espère, il voudra bien nous aider de ses prières ».

Thomas Mancini, secrétaire du cardinal della Rovere, dans une lettre écrite à la marquise, signale quelques particularités qui marquèrent les obsèques du Bienheureux... « Le vendredi soir, 21 juin, il a été enseveli dans la chapelle de l'*Annun-*

Bas-relief de la chapelle de saint Louis dans l'église de Saint-Ignace,
du Collège romain, par le sculpteur français Legros.

ziata, au Gesù. Je m'y trouvais. Non seulement les Pères y gardent sa dépouille mortelle comme un trésor, mais le peuple s'est empressé de couper ses vêtements pour avoir de ses reliques. Aujourd'hui, samedi 22, on me dit que maints seigneurs font de grandes instances pour avoir quelque chose de lui ».

Éléonore d'Autriche, duchesse de Mantoue, à la nouvelle de la mort de Louis, qu'elle avait bien connu dans le monde, s'écria : « C'était un saint; il est mort en saint! » Elle avait déjà prédit, à sa naissance, qu'il serait le premier saint de la maison de Gonzague.

La mort de Louis réveilla le souvenir de ses sublimes vertus dans toutes les autres cours d'Italie, à Florence comme à Ferrare, à Turin comme à Parme. Partout on l'invoquait déjà comme un Bienheureux du ciel. Le duc Ranuzio Farnèse qui avait connu Gonzague à Mantoue, puis à Parme, disait à cette nouvelle : « Pour moi je crois fermement qu'il jouit de la gloire céleste ». La révérende mère Maura Lucenia, sœur de ce prince, religieuse professe et abbesse de Saint-Alexandre à Parme, déclara qu'elle avait été délivrée de violents maux de tête, pour avoir invoqué Louis comme un saint. D'ailleurs elle l'avait toujours vénéré, du jour où, à Mantoue, elle avait entendu, toute enfant, la comtesse Laure de Gonzague, comtesse Martinenga, lui dire, en lui montrant le jeune Louis âgé de treize ans : « Ce petit garçon, tout petit qu'il est, n'en mène pas moins une vie très sainte ». Et la jeune princesse ne cessait plus d'avoir les yeux sur lui, se sentant à sa vue embrasée de ferveur.

Presque tous les princes de la chrétienté témoignèrent de la même estime. L'empereur Rodolphe II, qui avait autorisé l'abdication de Louis, célébrait le bel exemple d'un religieux détachement dans un jeune homme, né prince du saint empire et allié à la famille impériale. Charles-Emmanuel Ier, duc de Savoie, louait le mépris des vanités mondaines chez ce bienheureux adolescent qui s'était montré à sa cour modestement vêtu, mais paré de toutes les vertus d'un saint. Marie de Médicis, reine de France, s'honorait d'avoir contemplé son innocence angélique à la cour paternelle, quand il parut à Florence tout enfant. Philippe III, roi catholique, écrivait à son tour : « La grande dévotion que j'ai pour lui, le séjour qu'il a fait à ma cour durant ses premières années me font désirer qu'on reconnaisse dignement ses mérites pour la plus grande gloire de Notre-Seigneur et la consolation des fidèles qui ont le bonheur de le connaître ». Enfin l'infante Marguerite d'Autriche, sœur du même empereur, religieuse clarisse au royal monastère de Madrid, répétait encore ce qu'elle avait déjà dit au prince François de Gonzague, frère du Bienheureux, que, lorsque sa mère l'impératrice vint en Espagne, non seulement Sa Majesté, mais toute sa cour regardait Louis comme un petit saint.

Ajoutons à tous ces témoignages celui du cardinal Bellarmin. On ne saurait dire l'estime de ce grand homme pour Louis. Elle était si grande que, tandis qu'il habitait au Collège romain, il dit maintes fois : « Puisque Louis est ici, la maison n'a rien à craindre ». Adressant une exhortation à toute la communauté, dans l'église du même collège, à la gloire du Bienheureux, il racontait ceci entre autres choses : « En donnant à Louis les exercices spirituels de saint Ignace, je découvris en lui une telle abondance de lumières que cet enfant m'apprit, à moi vieillard, l'art de méditer ». Magnifique éloge, pour qui sait, par la lecture de sa vie et de ses pieux ouvrages, combien l'âme de ce grand homme était éclairée des rayons divins! Devenu cardinal, il visitait, à chaque anniversaire, non seulement le tombeau de Louis, mais la chambre d'où il s'était envolé au ciel. La joie lui faisait alors verser de douces larmes au souvenir des derniers embrassements de son cher fils et des entretiens suprêmes qu'il avait eus avec lui. Il ne lui parut pas convenable que cette chambre fût occupée par d'autres malades et il obtint des supérieurs qu'elle restât vide jusqu'à ce que Dieu eût glorifié son serviteur. Il eut bientôt à s'en réjouir et le ciel intervint lui-même pour approuver son zèle. A diverses reprises ce lieu béni retentit de suaves mélodies, entendues d'un grand nombre sans qu'on pût découvrir d'où elles venaient. On crut que les Anges voulaient consacrer par leurs chants ce coin de terre où leur frère bien-aimé avait laissé sa dépouille mortelle.

Quand l'Église décerna à Louis de Gonzague les honneurs des Bienheureux, le cardinal fit convertir cette chambre en chapelle, l'embellit de divers ornements et voulut qu'on peignît sur les murs les principales actions de cette admirable vie. Dans la suite, cette chapelle fit place à l'église du Collège romain dédiée à saint Ignace (1). Enfin, pour dernier témoignage, Bellarmin demanda d'être enseveli aux pieds de son cher fils. Dans son testament, il exposait ainsi son désir aux supérieurs de la Compagnie : « Quant au lieu de ma sépulture, je voudrais bien qu'on déposât mon corps aux pieds du Bienheureux Louis, naguère mon fils spirituel; toutefois qu'on le mette où il plaira aux supérieurs ». Dieu voulut récompenser même

---

(1) On eut soin cependant d'en perpétuer le souvenir. Dans la chapelle de saint Joseph, qui en occupe la place, on mit un tableau représentant Louis mourant, avec cette inscription : Ici furent autrefois la chambre et le tombeau du Bienheureux Louis.

ici-bas le mérite d'une obéissance qui allait au delà du tombeau ; il permit que les restes du pieux cardinal prissent la place occupée jusque-là par le saint patriarche Ignace.

Prié par le P. Virgile Cepari de déclarer ce qu'il savait de celui qu'il avait si intimement connu, le Vénérable Bellarmin répondit par une lettre de sa main, datée du palais du Vatican où il habitait alors. La voici :

« Mon très Révérend Père,

« Je satisfais volontiers à tout ce que Votre Révérence demande de moi; car il est, ce me semble, de la gloire de Dieu Notre-Seigneur, que l'on sache les dons accordés par Sa Divine Majesté à ses serviteurs. J'ai confessé longtemps notre cher et très saint Louis de Gonzague; j'ai même entendu une fois la confession générale de toute sa vie. Il servait ma messe et aimait à converser fréquemment avec moi des choses de Dieu. D'après ses confessions, d'après ses entretiens, je crois pouvoir affirmer en toute vérité ce qui suit. Premièrement, il n'a jamais commis de péché mortel. Je tiens pour certain qu'il en fut ainsi à partir de sa sixième année jusqu'à sa mort. Quant aux six premières années durant lesquelles il n'avait pas cette connaissance de Dieu qu'il possédait plus tard, je le conjecture avec d'autant plus de fondement qu'il n'est pas vraisemblable qu'il ait péché mortellement dans son enfance, lui surtout que Dieu prédestinait à une si grande pureté. Deuxièmement, depuis la septième année de sa vie, époque à laquelle, ainsi qu'il me le disait, il se convertit du monde à Dieu, il a mené une vie parfaite. Troisièmement, il n'a jamais senti l'aiguillon charnel. Quatrièmement, dans l'oraison, durant laquelle il se tenait le plus souvent agenouillé à terre et sans appui, il n'a pas d'ordinaire souffert de distractions. Cinquièmement, il a été un miroir d'obéissance, d'humilité, de mortification, d'abstinence, de prudence, de dévotion et de pureté. Dans les derniers temps de sa vie, il éprouva une fois, pendant la nuit, une si extrême consolation à se représenter la gloire des bienheureux, que toute cette nuit lui semblait avoir passé comme un quart d'heure (1). En ce même temps, le P. Louis Corbinelli étant mort, je l'interrogeai sur le sort de cette âme. Il me répondit avec une grande assurance : « Elle a seulement passé par le purgatoire ». Alors, considérant son caractère, sachant combien il était circonspect dans son langage et réservé dans l'affirmation des choses douteuses, je tins pour certain qu'il avait su cela par révélation divine. Toutefois je ne voulus pas pousser plus loin, pour ne pas lui donner occasion de vaine gloire. Je pourrais dire beaucoup d'autres choses que je tais, n'étant pas sûr de m'en bien souvenir. En somme, je crois qu'il est entré tout droit dans la gloire des bienheureux, et j'ai toujours eu scrupule de prier pour cette âme, craignant de faire injure à Dieu dont j'avais vu agir en lui la grâce. Au contraire, je n'ai jamais hésité à me recommander à ses prières, dans lesquelles j'ai grande confiance. Que Votre Révérence prie pour moi.

Au palais apostolique, le 17 octobre 1601.

De Votre Révérence
le frère très affectionné en Jésus-Christ,

Robert, cardinal Bellarmin.

(1) « Il me demanda si je croyais que quelques-uns allaient tout droit en paradis. Je lui répondis affirmativement et que je croyais qu'il serait un de ceux-là ».
(Apostille du cardinal Bellarmin.)

CHAPITRE II.

D'UNE VISION QU'EUT SAINTE MARIE-MADELEINE DE PAZZI TOUCHANT SAINT LOUIS DE GONZAGUE.

En l'année 1590, le P. Virgile Cepari était, à Florence, recteur du collège de la Compagnie et confesseur extraordinaire du monastère de Sainte-Marie-des-Anges, où vivait sainte Marie-Madeleine de Pazzi. Confiant à cette dernière un manuscrit de la Vie de notre saint, il la pria de le communiquer aux autres sœurs pour leur édification. Comme il le dit lui-même, ces notes avaient été prises par lui du vivant même de Louis. En même temps il faisait don à la sainte d'une précieuse relique; c'était l'os d'un des doigts du Bienheureux.

La lecture de ces pages excita chez toutes les sœurs un sentiment d'ardente piété; mais elle alluma en même temps dans leurs cœurs un vif désir d'avoir part à la relique. Or, le 4 avril de l'année suivante, la bienheureuse mère, entourée de dix religieuses, s'occupait, pour les consoler, à diviser en fragments ce reste vénéré. Et considérant en elle-même de quelle belle âme celui-ci avait été l'instrument, elle fut tout à coup ravie en esprit et put contempler la gloire de saint Louis. Alors elle commença,

Vision de sainte Madeleine de Pazzi.

comme dans tant d'autres visions célestes, à dire tout haut par intervalles ce qu'elle voyait. Depuis quelque temps déjà les religieuses ne notaient plus ces visions, tant elles étaient fréquentes. Mais cette fois la mère prieure, sœur Vangelista del Giocondo, poussée, comme elle l'attesta depuis, par un mouvement intérieur, pensa que ces choses pourraient un jour témoigner de la sainteté de Louis. Elle ordonna donc d'écrire les paroles de la sainte. « Et moi, a déclaré dans les enquêtes sœur Maria Pacifica del Tovaglia présente à l'extase, j'écrivis les paroles qu'elle proférait, à mesure qu'elles sortaient de sa bouche ». Toutefois, en envoyant une copie au P. Cepari, elle ajouta que ce n'était qu'une petite partie de ce que la sainte avait révélé en ses ravissements. Le 15 avril 1601, Mgr Alexandre de Médicis, archevêque de Florence, présenta cet écrit à la sainte, afin qu'elle attestât par serment la vérité de ce qu'il contenait. Alors elle jura *avoir vraiment eu cette vision telle qu'elle y était racontée*. Cet acte coûta tellement à sa modestie, que son confesseur ordinaire lui dit pour la consoler un peu : « Dieu l'a permis pour faire briller davantage dans son Église la gloire de son serviteur ».

Or voici quelques-unes des paroles que la sainte prononçait durant son extase : « Ah ! quelle est la gloire de Louis, jeune fils d'Ignace ! — En aurais-je eu l'idée, si vous ne me l'aviez montrée, ô Jésus ! — Peut-il y avoir, pour ainsi dire, plus de gloire au ciel que je vois Louis en posséder ? — J'affirme que Louis est un grand saint. Je voudrais parcourir tout l'univers pour le proclamer à la plus grande gloire de Dieu. Qui pourra dire le mérite et le prix de la vie intérieure ! Nulle comparaison avec les actes extérieurs. Louis sur la terre aspirait continuellement après le Verbe de Dieu : de là sa grande gloire ! — Louis est un martyr inconnu ; car celui qui vous aime, ô mon Dieu, vous voit si grand, si parfaitement aimable que c'est un cruel tourment de ne pas vous aimer comme il désire et de voir qu'on vous offense au lieu de vous aimer. D'ailleurs ne s'est-il pas fait martyr lui-même par la pénitence? Oh ! comme il aima sur la terre ! Voilà pourquoi maintenant au ciel il jouit de Dieu dans la plénitude de l'amour. Ici-bas, ses actes d'amour et d'union étaient autant de flèches lancées vers le cœur du Verbe divin; aujourd'hui il se repose dans cette union intime avec Dieu : il l'a méritée; il l'a conquise et la possède ».

Elle voyait alors le jeune saint priant au ciel pour ceux qui avaient aidé son âme durant sa vie mortelle, et elle ajoutait : « Moi aussi je veux m'ingénier à aider les âmes, afin que si quelqu'une entre en paradis, elle prie pour moi, comme Louis prie pour ceux qui lui ont fait du bien. Amen! »

Dieu voulut que la sainte fournît un témoignage sensible de ce qu'elle avait vu ; il lui inspira de faire elle-même le portrait de saint Louis. Ayant reproduit son image du mieux qu'elle pouvait, elle n'hésita pas à entourer sa tête de rayons, ainsi qu'il lui était apparu, resplendissant de gloire.

CHAPITRE III.

DES MIRACLES OPÉRÉS PAR SAINT LOUIS EN FAVEUR DE SA FAMILLE ET DANS LES LIEUX QUI LUI ÉTAIENT CHERS.

Louis fut un grand thaumaturge. « La sainteté de cet ange de la terre, dit le tribunal de la Rote dans le procès de canonisation, s'est manifestée avec éclat dans le monde entier par de glorieux miracles ». Rappelons d'abord quelques-uns de ceux qu'il fit en faveur des siens.

En 1593, deux ans après la mort du Bienheureux, le marquis Rodolphe, son frère, mourut à son tour à Castel Guiffredo. Les habitants de cette ville, qui depuis peu avaient passé sous l'autorité de ce prince, s'étant révoltés, la sainte marquise mère, donna Marta, en conçut tant de douleur qu'elle tomba malade et fut réduite en peu de jours à l'extrémité. Déjà elle avait reçu le saint viatique et l'extrême-onction, quand elle vit, pleinement éveillée, son fils, le bienheureux Louis, tout brillant de lumière et comme revêtu d'immortalité, lui apparaître debout près de son lit. A son aspect elle se sentit revivre; elle qui, dans l'oppression de son mal, ne pouvait pas même pleurer, se mit à verser de douces larmes en contemplant la gloire de son cher fils, remplie de l'espoir, non seulement de recouvrer la santé, mais de voir se relever la fortune de ses enfants. Le Bienheureux disparut, et contre l'attente de tous, sa mère guérit aussitôt et vécut encore vingt ans. Bientôt le prince François, héritier du marquisat, rétablit honorablement les affaires de sa maison et fut revêtu des plus hautes charges dans les plus illustres cours de l'Europe. Ainsi le premier miracle de Louis fut un acte de piété filiale envers sa mère.

Cette protection céleste accompagna don François de Gonzague, le frère préféré ; et ce prince, de son côté, fut le promoteur infatigable de la canonisation de Louis. Ambassadeur de l'Empereur auprès du Saint-Siège, il eut la joie d'entendre le pape Clément VIII lui dire avec une vive émotion : « Heureux votre frère qui jouit au ciel de la gloire éternelle des Saints ! Quant à vous, mon cher fils, je me suis demandé souvent comment vous aviez échappé à de si grands périls. Mais je le vois, c'est lui qui vous a sauvé, c'est lui qui a rétabli la paix dans votre maison. Vous avez au ciel un protecteur fidèle qui vous préservera de tout dommage ».

Le duc Vincent de Mantoue, surpris à Florence, en 1605, d'un violent accès de goutte, n'eut pas plutôt appliqué à la partie malade une relique de son bienheureux cousin, qu'il fut délivré de son mal. Plusieurs fois, à Mantoue, il usa du même remède avec le même succès.

La même année, le 10 octobre, le marquis Sigismond Mikouski-Gonzague, grand maréchal de Pologne, passant par le château de Budroas en Bohême, fut assailli d'atroces douleurs ; il éprouvait déjà les spasmes de la mort, quand, se recommandant au bienheureux Louis, il se mit à presser sur sa poitrine son image avec un abrégé manuscrit de sa Vie qu'il portait avec lui. Toute douleur cessa aussitôt, et ce seigneur fit suspendre au tombeau du Saint une belle lampe d'argent, en témoignage de cette guérison miraculeuse.

Même chose arriva, en 1608, pour donna Cinzia de Gonzague, nièce de Louis et supérieure du célèbre monastère de Castiglione. « A peine l'image m'eût-elle touchée, déposait-elle au procès de canonisation, que, chose merveilleuse, les douleurs me quittèrent; je m'endormis et fus complètement délivrée ».

La dame Camilla Ferrari, qui avait connu Louis dans sa première enfance, était réduite à la dernière extrémité. Elle eut recours à sa protection et lui promit par vœu une statuette d'argent. « Or, déclare le tribunal de la Rote qui reconnut la vérité du miracle, à l'instant même, la maladie disparut avec la fièvre, et la mourante recouvra la santé ». Ainsi guérie d'un mal qui la tourmentait depuis longtemps, cette dame recourut à deux reprises encore au Bienheureux avec le même succès, une fois pour sauver son jeune fils, désespéré des médecins, puis en faveur de sa petite fille, élève du monastère dont nous venons de parler.

Clément Ghisoni, l'ancien camérier de Louis, devenu majordome du prince François, obtint du Saint une grâce signalée tandis qu'il était à Rome, à la suite de son maître, ambassadeur de l'Empereur. C'était en 1606. Il venait de régler ses comptes et trouvait une erreur de 600 écus. Quelque diligence qu'il fît trois semaines durant, il ne put se rappeler l'emploi de cette somme considérable. Le pauvre majordome était aussi confus que désolé; ne sachant plus que faire, il tombe à genoux, recourt à son bienheureux patron, le prie de lui venir en aide dans son angoisse. Il lui demande en grâce de se souvenir de la fidélité et de l'amour que le serviteur a eus jadis pour son jeune maître et de l'en récompenser à propos. Cela fait, il se lève et entend une voix bien connue qui lui dit clairement : « Va voir le livre de l'économe et tu trouveras ce qui te manque ». Clément, tout joyeux, court chez l'économe et trouve écrit sur le livre : *le 3 octobre, 600 écus pour les dépenses de la cour*. En mémoire de ce bienfait, le bon Ghisoni voulut suspendre un ex-voto au tombeau du saint patron.

Louis au ciel s'intéressa non seulement aux personnes qui lui étaient le plus étroitement unies, mais aux lieux mêmes qu'il avait sanctifiés par sa présence, surtout à Castiglione, sa patrie, et à Florence qu'il appelait le berceau de sa dévotion.

L'archiprêtre Fausto Pastorio, délégué de la Sacrée Congrégation des Rites, en 1606, pour constater sous forme authentique les miracles opérés par le jeune saint à Castiglione, affirmait que « ceux qui viennent prier devant son image reçoivent une infinité de grâces de toute sorte ». De plus, il notait que devant les reliques de Louis brûlaient toujours douze lampes et qu'il avait compté jusqu'à quatre cents ex-voto.

Entre autres preuves de sa particulière protection envers ses anciens vassaux, on remarque les faveurs dont il se plut à combler les petits enfants. L'un d'eux tombe dans le feu et en est retiré sain et sauf, parce que sa mère s'est écriée : « Bienheureux Louis, au secours ! au secours ! » Un autre est guéri de la petite vérole pour avoir été oint avec l'huile de la lampe qui brûlait devant l'autel du Saint et pour avoir été béni avec sa relique ; un troisième, déjà moribond, revient à la vie au simple contact d'un fragment de ses saints ossements. Telle fut la reconnaissance de ces heureuses familles que le chef de l'une d'elles, le docteur

Antoine Marini, voulut revêtir quelque temps son jeune fils de l'habit de la Compagnie de Jésus.

Quant à Florence, l'archevêque de cette ville relevait, en 1753, cinquante-huit miracles obtenus par l'intercession de saint Louis. L'un des plus notables est celui qui fut fait, en 1607, en faveur de donna Julia de Nobili, femme du sénateur Paul Vinta, premier auditeur et secrétaire du grand-duc Ferdinand de Toscane. Presque mourante, cette pieuse dame se fit porter, le jeudi-saint, à l'église de la Compagnie où elle se trouva si mal que le recteur du collège dut lui donner l'absolution. Elle ne s'en prosterna pas moins devant l'image de saint Louis et lui dit : « O saint et chaste enfant, qui, à l'autel de l'*Annunziata* avez offert à Dieu votre lis virginal, intercédez pour moi auprès de Jésus et de sa Mère et rendez-moi la vie pour leur gloire et la vôtre ». Trois fois elle répéta la même prière; puis il lui sembla, disait-elle ensuite, que des liens se dénouaient et la laissaient libre et affranchie de toutes ses douleurs.

Elle se leva, entendit tout le reste de la grand'messe à genoux, y communia et, l'office terminé, raconta publiquement cette merveille; puis elle retourna chez elle à pied, le cœur plein de reconnaissance et de joie.

Vincent duc de Mantoue (cabinet des médailles).

CHAPITRE IV.

FAVEURS ACCORDÉES PAR SAINT LOUIS A SES JEUNES FRÈRES EN RELIGION.

Elles sont innombrables. Jean Giustiniani, parent du cardinal de ce nom, étudiait au Collège romain, quand une grave maladie le réduisit à un tel état qu'on le disposa à recevoir les derniers sacrements. Mais le jeune Frère, plein de confiance en son ami du ciel, prit en main ses reliques et fit avec elles sur lui le signe de la croix, promettant de visiter chaque jour pendant un an le tombeau du bienheureux. A l'heure même il fut si complètement guéri qu'il put commencer à s'acquitter de son vœu. Un autre « scolastique », le Frère Louis Potenziani, dut à la même intercession, implorée par le même moyen, d'être sauvé de la peste qui désola l'Italie en 1656. Enfin, pour abréger ces détails qui seraient infinis, racontons le miracle qui eut lieu à Palerme en 1635.

Joseph Spinelli, jeune religieux de 22 ans, étudiait la philosophie au collège de cette ville, quand un jour, en pleine classe, il tomba sans connaissance. La paralysie s'empara de tous ses membres qui restaient insensibles aux ponctions du fer chaud. Il perdit l'usage de la parole et l'oppression dont il souffrait menaçait de l'étouffer à tout instant. Mais au plus fort de son mal, Joseph, plein de confiance en saint Louis, pria par écrit qu'on lui donnât de ses reliques. A leur vue, le mourant fit vœu, s'il guérissait, de jeûner toute sa vie la veille de la fête du Bienheureux, et ne cessa jour et nuit de l'invoquer avec ferveur. Or un soir il s'endormit continuant sa prière. Durant le sommeil, il lui sembla entendre quelqu'un l'appeler tout haut : « Joseph! Joseph! » Et lui, d'une voix inarticulée répondit : « Qui donc m'appelle? » Étonné, celui qui veillait le malade accourut pour savoir s'il lui manquait quelque chose. Il demanda par écrit son confesseur, voulant se mieux préparer à la grâce dont il ne doutait plus. Trois jours après, comme il reposait, la nuit, il sentit qu'on lui prenait la main, et se tournant vers le chevet du lit, il vit deux jeunes religieux de la Compagnie, revêtus du surplis, qu'il crut être le bienheureux Louis et Jean Berchmans, mort peu d'années auparavant en grande réputation de sainteté. Et Louis dit : « Que voulez-vous, Joseph ? » Il répondit : « Je voudrais pouvoir parler et marcher ». — Pourquoi plutôt ne désirez-vous pas mourir? — Dieu est le maître; qu'il fasse suivant son bon plaisir ». Alors Louis : « Courage, vous allez recouvrer la parole; pour le reste, le moment n'est pas venu ». La vision disparut. Il semblait au malade qu'il parlait et qu'il entonnait le *Te Deum*. Néanmoins, une fois éveillé, il se sentit encore muet.

Il réclama de nouveau avec tant d'instances les reliques du saint, que le recteur du collège les lui apporta le lendemain soir, accompagné de quelques Pères tenant des cierges. Et voici que le Frère, s'étant endormi peu après, vit encore Louis de Gonzague et Jean Berchmans. « Joseph, dit le premier, Dieu va vous rendre l'usage de la parole; sachez que c'est à ma prière; mais Notre-Seigneur entend que vous consacriez votre langue à sa louange et que vous n'en abusiez jamais. Ne vous effrayez plus d'aucune épreuve : je serai votre guide ». Alors, ouvrant une burette d'argent qu'il avait en main, le saint y plongea le doigt, fit une onction sur la langue du malade et disparut avec son compagnon. Joseph s'éveille et aussitôt crie à haute voix : « Saint Louis! Saint Louis! » mêlant ce nom béni à des actions de grâces et à des prières.

Le bruit s'en répand dans tout le collège, et à la fin de l'oraison du matin, on accourt de toute part. On constate le prodige, on s'en réjouit en remerciant Dieu, et les prêtres vont dire la messe votive du Bienheureux.

Pour abréger, après une seconde apparition semblable, la paralysie disparut à son tour. « Allons, cher Joseph, avait dit Louis, vous voilà guéri. Il ne reste plus que de vous adonner à la vertu ». Et il avait ajouté en souriant : « Voulez-vous quelque chose encore? — Mon salut, et le salut de celui qui me veille, et de l'infirmier et de tous ceux qui se sont recommandés à mes prières. — Voilà qui est bien; vous serez exaucé; mais songez à correspondre de tout cœur à cette grâce ». Ce disant, il lui donna sa main à baiser et disparut.

« O mon Louis, mon cher Louis, criait le malade; je suis guéri, je suis guéri! » Il s'élance de son lit, tombe à genoux devant la statue et les reliques du saint et demeure toute une heure ainsi, rendant grâces pour un si grand bienfait.

Joseph Spinelli ne fut pas ingrat. Peu d'années après, il demandait et obtenait la mission des Indes et se dépensait tout entier au service des nouveaux chrétiens des Philippines. Un semblable prodige s'opéra en l'année 1765, au noviciat de Saint-André du Quirinal, en faveur du Frère Louis Celestini qui y étudiait la rhétorique. Subitement guéri d'une maladie mortelle, ce jeune religieux témoigna sa reconnaissance en se faisant le zélé propagateur du culte du Sacré-Cœur de Jésus, ainsi que son aimable patron le lui avait recommandé.

CHAPITRE V.

LA MERVEILLEUSE HISTOIRE DU SEIGNEUR WOLFGANG.

Wolfgang d'Asch appartenait à une des plus anciennes familles de Bavière, au territoire de Landshutt. Fort jeune encore, il vint à Munich pour y étudier les belles-lettres, quand tout à coup la maladie interrompit ses études. Au mois de décembre 1617, il perdit presque entièrement la vue, et tous les remèdes, ceux même de la célèbre Faculté d'Augsbourg où il se fit porter, restèrent inutiles. C'était le cas de recourir à de plus puissants et de plus habiles médecins.

L'année suivante, le jour de l'Annonciation, le malade se fit conduire à l'autel de Notre-Dame et la supplia, au nom de son cher Fils, de le prendre sous sa protection. Dès lors, il fut plein de joie et d'espérance. Les hommes de l'art n'en continuaient pas moins à le tourmenter, toujours en vain, quand, peu de jours après, vers dix heures du soir, Wolfgang eut une vision. Quatre bienheureux habitants du ciel lui apparurent, Ignace, Xavier, Louis et Stanislas, tels qu'on les voyait représentés dans l'église de Munich; mais le malade, craignant quelque illusion, n'en tint pas grand compte. Sur ces entrefaites, un jeune condisciple de Wolfgang vint d'Italie à Munich et raconta à leur commun maître, le P. Georges Spaiger, les merveilles opérées, surtout en Tyrol, non seulement par les reliques de saint Louis, mais même par l'huile de la lampe allumée devant son image. Il en avait une fiole sur lui, disait-il, très petite, mais suffisant à guérir bien des maux et qu'il estimait plus que l'or.

Le professeur, tout joyeux, courut porter à Wolfgang cette bonne nouvelle; mais celui-ci ne connaissait guère, de Louis, que son nom et son image. Il fallut donc que le Père lui dît la famille du saint, sa vocation, ses vertus. Il achevait à peine que le malade, plein de tendresse pour son nouveau patron, assurait déjà qu'il n'avait plus besoin d'autre médecin. Impatient d'user du céleste remède, il voulut cependant s'y préparer par la confession et la communion. Puis, ayant oint ses paupières de l'huile miraculeuse, il passa le reste du jour dans une douce tranquillité. A la troisième onction, à peine l'huile avait-elle touché les paupières que le jeune homme éprouva d'intolérables douleurs, criant comme si on lui arrachait les yeux. Tout à coup, ô prodige! il se lève, voit distinctement tout ce qui l'entoure, ouvrant des yeux avides de lumière, lui qui naguère cheminait péniblement en palpant les murs. Les médecins s'avouèrent vaincus et signèrent en commun un procès-verbal déposé au collège de la Compagnie de Jésus à Ingolstadt.

Ce ne fut pas le seul bienfait dont Wolfgang fut redevable à son puissant protecteur. De violents maux de tête, accompagnant la cécité, lui avaient enlevé la mémoire. Il avait beau lire et relire sa leçon de classe; les prières communes elles-mêmes lui échappaient. Un jour qu'il était à Ingolstadt, dans la chapelle du collège, ses yeux se portèrent sur un portrait de saint Louis et en même temps la persuasion lui vint qu'il pouvait demander ce qu'il voudrait et qu'il serait exaucé. Il pria le saint de lui rendre la mémoire. L'événement prouva que sa prière avait été entendue. A peine sorti, voulant faire une expérience, il lut bon nombre de vers qu'il récita sans faute à son maître étonné. Il en fut de même pour plusieurs poèmes en l'honneur de saint Louis. Bien plus, il apprit par cœur, sans effort, tout l'ouvrage du P. Virgile Cepari et plusieurs années après il n'en avait rien oublié.

Dès qu'il eut la libre disposition de sa fortune, Wolfgang voulut témoigner magnifiquement sa reconnaissance. Il fit construire deux chapelles, l'une à Ingolstadt, l'autre à Landshutt; plaça dans la première une statue d'argent et fit richement décorer la seconde. A trois reprises il entreprit le pèlerinage de Rome pour visiter le tombeau de saint Louis.

Il avait vingt-deux ans quand il se mit pour la première fois en route. Il allait à pied autant que possible, mais montait cependant à cheval quand il y était contraint par la fatigue. Aucun domestique ne l'accompagnait. Il ne put empêcher que d'autres voyageurs ne cheminassent avec lui et il en rencontra dont la société n'était pas pour lui plaire. Ce fut une fois une bande de luthériens, parmi lesquels se trouvait un aventurier armé d'une pique, lequel, quoiqu'allant à pied, tenait tête à Wolfgang. Cet homme ne cessait de proférer des blasphèmes et des paroles ordurières, au point que le pieux pèlerin crut devoir lui imposer silence. Ce fut en vain, et il n'eut d'autre ressource que d'exciter sa monture pour échapper à si mauvaise compagnie. Mais l'aventurier saute en croupe, le saisit à bras le corps et lui crie des horreurs aux oreilles. Wolfgang se tourne alors vers son céleste protecteur; il invoque saint Louis, et à peine achevait-il sa courte prière, que le misérable tombait comme frappé de la foudre et si malencontreusement, qu'il s'enfonçait sa pique dans le corps. Ses compagnons l'entourent, lui font comprendre qu'il a ce qu'il mérite et le transportent sanglant dans une hôtellerie où on l'abandonna. Cela arriva dans les Alpes tridentines, au mois d'août.

Descendu en Italie, Wolfgang se dirigeait vers Ferrare et de là vers Bologne, sans guide, sans personne qui fît route avec lui, quand il se trouva perdu dans une vaste plaine. A la pensée qu'il ne connaissait pas son chemin, qu'il ignorait la langue du pays, il fut saisi d'une vive appréhension. Le lieu était solitaire et il approchait d'un bois. Pour s'assurer contre tout malheur, il fit alors le vœu de consacrer tout l'argent qu'il aurait disponible à faire fondre une statue de son bien-aimé patron et à lui élever encore un beau sanctuaire. Il crut alors sentir la présence d'un ami invisible qui l'exhortait à la confiance. Mais peu après, six brigands s'élancent de la forêt, assaillent le jeune homme sans armes, le menacent de mort s'il fait un mouvement, s'emparent de son cheval et de ses hardes et lui lient étroitement les mains. Lui, qui n'avait plus de libre que la voix, se met à crier : « Bienheureux Louis, m'abandonnerez-vous? » Aussitôt il entend qu'on lui répond : « Non, non, tu n'es pas abandonné ». Wolfgang, qui pleurait, voit alors près de lui un voyageur à l'air imposant qui lui sourit, le console; puis s'adressant aux voleurs étonnés : « N'êtes-vous pas chrétiens? » Ce simple mot produisit trop d'effet pour avoir été prononcé par un homme mortel. A peine les brigands l'eurent-ils entendu, qu'ils prirent la fuite et s'enfoncèrent dans les bois. Alors l'inconnu encourage le pèlerin, l'assurant qu'il n'aurait plus rien à craindre. Mais celui-ci, après l'avoir remercié, le pria d'être son guide jusqu'à Rome et lui remit sa bourse. Le mystérieux compagnon consentit à lui rendre ce service. Plus Wolfgang pensait à cet événement, plus il était convaincu que ce défenseur survenu si à point n'était pas de la terre. Ce protecteur bienveillant lui fit chanter en route des cantiques en l'honneur de saint Louis, prit de lui un soin paternel, subvenant lui-même à toutes les dépenses. Quand on entra dans Rome, le nouveau Raphaël conduisit son compagnon droit au tombeau de saint Louis et de là au Collège germanique, le salua aimablement, comme quelqu'un qui va revenir, et disparut pour toujours.

Il y avait quatre ans que Wolfgang était revenu de son pèlerinage, quand un terrible orage se déchaîna sur l'Allemagne où les Suédois mettaient tout à feu et à sang. L'ennemi était maître de Landshutt. Un jour que Wolfgang sortait de l'église, il apprend que, pour sauver la ville du pillage, on doit livrer des otages aux vainqueurs et que son nom, parmi plusieurs autres, a été désigné par le sort. Le voilà donc traîné à Augsbourg, inhumainement traité et jeté en prison.

Il y souffrit de telles misères qu'il tomba dangereusement malade. Son état fut bientôt désespéré, et le geôlier croyait n'avoir bientôt affaire qu'à un cadavre. Ce fut à ce moment que Louis lui apparut, debout près de son grabat et semblant l'asperger d'une eau odorante. Le mourant eut alors la pensée de faire encore vœu de retourner à Rome en pèlerinage. De ce moment, il alla mieux et entra bientôt en convalescence.

Tout ce récit est emprunté aux *Acta Sanctorum* des Bollandistes qui reproduisent intégralement le petit ouvrage du P. Biderman, professeur à Ingolstadt, dans lequel les faits sont minutieusement relatés (1). D'ailleurs Wolfgang lui-même, devenu prêtre et chanoine de Landshutt, en a confirmé la vérité par serment : « Moi, Wolfgang d'Asch en Oberndorff, conseiller des princes-évêques de Frisingue et de Ratisbonne, chanoine de Landshutt, après avoir célébré la sainte messe, devant Dieu, toute la Cour céleste et la sainte Église, déclare et jure que, non seulement tous ces faits sont vrais, mais que je pourrais énumérer encore maintes faveurs de Dieu et de Louis, que j'ai cru bon de passer sous silence.

« C'est ce que je confirme ici par ma signature et le sceau de mes armes ».

(1) Le charmant petit livre du P. Jacques Biderman, d'une élégante latinité, a pour titre : *Aloysius, sive Dei optimi maximi beneficia meritis precibusque B. Aloysii Gonzagæ impetrata, et adolescenti viroque nobili Wolfgango ab et in Asch collata, anno MDCXVIII, XXII et XXXV*. Publié à Munich en 1740, il est dédié à l'impératrice Éléonore et porte l'approbation du prince-évêque de Frisingue.

CHAPITRE VI.

GRACES ACCORDÉES PAR SAINT LOUIS AUX JEUNES GENS CHRÉTIENS.

Le pape Benoit XIII a donné Louis pour patron spécial à la jeunesse et particulièrement à tous les étudiants. Il n'est donc pas étonnant que l'aimable Saint leur réserve la part la plus abondante de ses faveurs. Outre les prodiges que nous avons racontés, il nous reste bien des choses à dire qui apprendront aux jeunes gens les obligations qu'ils ont à ce bienveillant protecteur et la confiance qu'ils doivent placer en lui.

L'an 1605 vivait au Collège romain un enfant de noble famille, de mœurs angéliques, mais d'un esprit fermé à tout ce qu'il devait apprendre. D'où il arrivait que, malgré ses efforts, il ne comprenait rien aux lettres ni aux sciences, et devenait sous ce rapport la risée de ses camarades. Un jour qu'il sortait de classe, plus confus et plus désespéré que jamais, il court tout en larmes au tombeau de saint Louis, lui confie sa peine et lui demande de ne plus être comme un bois inutile qu'arroserait son maître. Il fut si parfaitement exaucé qu'il put suspendre à l'autel du saint l'ex-voto suivant :

« Ex-voto : Ma pesanteur d'esprit me plaçait au dernier rang de mes condisciples; j'ai eu recours à saint Louis, j'ai imploré son secours à son tombeau; dix jours ne s'étaient pas écoulés que j'ai senti comme une nouvelle lumière éclairer mon intelligence et j'ai pu, de l'avis de mon maître, poursuivre utilement mes études ».

En 1700, un petit élève du collège de la Compagnie, à Innsbruck, eut la face et les yeux brûlés par une explosion de poudre. Les blessures furent ointes avec l'huile de la lampe qui brûle au tombeau de saint Louis, et l'enfant fut guéri en un quart d'heure.

A Rome, les confrères de la Congrégation des Apôtres avaient coutume de réunir, les jours de congé, bon nombre d'écoliers des classes élémentaires et de les conduire, après une visite aux hôpitaux, à quelque vaste emplacement dans la campagne pour s'amuser à des jeux innocents. Des prix étaient distribués aux vainqueurs et quelques exercices de piété alternaient avec les heures de récréation (1). Or, à l'automne de 1728, une bande de ces jeunes gens prenaient leurs ébats et jouaient à la *piastrella* (2), quand un tout petit élève du Collège romain, Ange Achille, traversant la place en courant, reçut l'énorme disque à la tête et tomba baigné dans son sang. La consternation fut générale. Un bon prêtre, don Girolamo, qui surveillait ces enfants et les avait conduits, avant le départ, prier à l'autel de

---

(1) Saint Philippe de Néri se dévoua à ce modeste ministère et plus tard le P. de Sanctis fonda le *Giardino*, œuvre qui consistait à réunir les enfants dans une maison de campagne les jours de congé et que rappellent bien nos *Patronages*.

(2) Sorte de jeu de palet; mais le palet est ici une pierre plate et large, pesant 3 ou 4 livres. — C'est celle qu'on voit dans la fameuse statue antique du *Discobole*.

saint Louis, fit transporter aussitôt le blessé à l'hôpital de la Consolation qui était proche ; mais, en passant devant l'église

Saint Louis patron des enfants.

du couvent de Saint-Bonaventure, il entra pour implorer le cher patron et, sa courte prière à peine achevée, l'enfant reprenait ses sens, se tenait debout et retournait sans peine à la maison. Chose admirable et qui fut constatée par tous les témoins, le lendemain la plaie profonde de la veille ne laissait plus voir qu'une légère cicatrice.

Un gracieux miracle fut opéré par saint Louis à Ingolstadt en 1685. Un seigneur avait recueilli chez lui un petit enfant pauvre auquel il permettait de fréquenter les classes du collège de la Compagnie de Jésus, l'occupant au logis à de petits soins domestiques. C'est ainsi qu'il lui avait confié la garde d'un oiseau. Un jour, l'oiseau, trouvant ouverte la porte de la cage, s'envole et disparaît. L'enfant se désole, craignant d'être chassé par son bienfaiteur pour sa négligence, mais un de ses camarades, fort dévot à saint Louis, lui dit : « Et pourquoi ne pas recourir *au saint jeune homme?* » L'enfant était déjà à genoux ; il prie Louis naïvement de ramener l'oiseau en cage. A l'heure même, le petit fugitif, envolé dès le matin, revient à tire d'aile et se laisse prendre sans peine par son jeune gardien. N'était-ce pas une de ces attentions délicates que le patron de la jeunesse témoigne si volontiers à ses pieux clients?

Mais passons au récit de faveurs incomparablement plus grandes. Si Louis a daigné si souvent prendre en mains les intérêts temporels de ceux qui l'invoquent, les défendre contre les dangers qui menaçaient leur santé ou leur vie, les protéger même dans les plus légers accidents, que ne devait-il pas faire pour le salut de leur âme et leur progrès dans la vertu? Et de fait, il est manifeste que Dieu a mis Louis au ciel pour être ici-bas le modèle et l'apôtre de la jeunesse chrétienne.

On ne saurait dire tout le bien qu'a produit, depuis bientôt trois siècles, la seule lecture de sa Vie. Le vénérable cardinal Robert Bellarmin disait à ce sujet : « Il a plu à Dieu d'exalter son jeune serviteur afin que tous les jeunes gens s'animent par son exemple à la perfection et comprennent que l'âge n'est pas un obstacle à la maturité de la vertu ».

Que le Collège romain ait eu la plus large part aux faveurs spirituelles que saint Louis prodigue à pleines mains, qui pourrait s'en étonner? Durant sa vie, il en avait fréquenté les classes et après sa mort son tombeau s'y est changé en un trône de gloire. Le vénérable P. François-Marie Galuzzi qui, durant vingt ans, fut le directeur spirituel de la plupart des élèves de ce collège, s'est plu à consigner, année par année, les grâces qui signalaient chaque triduum préparatoire à la fête de saint Louis de Gonzague. Le vénérable P. Antoine Baldinucci appelait cet anniversaire *la fête de la dĕvotion*, à cause de la ferveur singulière qu'il admirait ce jour-là chez les jeunes communiants. Le P. de Benedictis disait qu'il était d'expérience que cette fête était toujours marquée par des grâces signalées de conversion ou de vocation.

En voici quelques exemples. Un élève du Collège romain menait une conduite criminelle et s'était entièrement éloigné des sacrements. Peu de jours avant la fête de saint Louis, il entre par hasard et contre sa coutume à l'église, fait une visite au tombeau du Bienheureux et sent tout à coup son cœur entièrement changé. Il court au saint tribunal, fait sa confession générale avec les sentiments d'une contrition parfaite et commence une vie toute de piété et de ferveur.

Un autre disait à son confesseur en se présentant devant lui : « Je ne voulais point venir, tant j'éprouvais de répugnance et de honte; mais Louis me le recommande et c'est lui qui m'amène comme de force ». Le dernier jour du triduum, un enfant fut abordé par un de ces criminels amis qui sont les apôtres du démon. Mais, sur le point d'être pris au piège :

« Va-t-en, dit-il, c'est demain la fête de l'angélique Louis; comment pourrais-je mépriser ses beaux exemples au point de commettre le péché mortel? »

Un enfant, en cela pieux imitateur de saint Louis, souffrait beaucoup des mauvais discours qu'il entendait en rentrant dans la maison paternelle. Le scandale venait précisément de ceux qui avaient le rigoureux devoir de lui donner le bon exemple. Le pauvre petit s'affligeait, risquait une observation modeste et ne recueillait que des injures : cagot, lui disait-on, cou mal tourné... Un matin, il eut recours à son bienheureux patron; le soir, à table, en entendant les mêmes propos indécents, il éclate en soupirs et en sanglots au point d'émouvoir tout le monde, et ceux qui jusque-là ne respectaient rien dans leurs paroles, se convertirent tout à fait à cette muette, mais très éloquente prédication.

Un écolier, enfermé dans une chambre et sollicité au mal par un compagnon corrompu, ne sachant par où s'échapper, voit la fenêtre ouverte, mesure de l'œil la hauteur de l'étage et s'écriant : « L'enfer est plus profond, où celui-là veut me précipiter », il s'élance dans le vide et atteint le sol sans se faire aucun mal.

Le père d'une très nombreuse famille avait un tout petit garçon, de complexion fort délicate, qui suivait les cours du Collège romain. L'enfant, ayant entendu lire, pendant le triduum, la vie de saint Louis, s'enflamma d'un tel désir de l'imiter qu'il abandonna ses jouets pour la prière et les friandises pour du pain et de l'eau. Son père et ses grands frères en furent si touchés qu'ils s'adonnèrent tous à la dévotion. La maison fut réglée comme un monastère; on y priait, on y méditait en commun, si bien que quatre des jeunes gens embrassèrent la vie religieuse, à la grande joie de leur père qui se voyait, non moins au spirituel qu'au temporel, béni dans sa famille.

« Un jeune gentilhomme étranger, sentant sa vertu en grand péril, n'eut pas plutôt invoqué saint Louis, qu'il triompha des plus violentes tentations. En reconnaissance, il suspendit au tombeau de son céleste protecteur un bel ex-voto. Il y était représenté à genoux devant Louis qui lui offrait un lis, tandis qu'un ange mettait en fuite l'esprit impur. Au bas du tableau on lisait ces paroles de la sainte Écriture : « Dieu a ceint mes reins de sa force et a donné la vigueur à mon bras ».

A Lucerne, un jeune homme vivait dans la débauche ; on lui conseilla de se confier à saint Louis et de pratiquer en son honneur la dévotion des six dimanches. Il obéit, puis se découragea et retomba dans ses désordres. Un jour qu'il était seul, un tableau du Saint se détache du mur avec un tel fracas que le malheureux, épouvanté, tombe sur le sol privé de connaissance. En revenant à lui, il se jette à genoux devant l'image, criant miséricorde, et dès cette heure il fut sincèrement converti.

(Cabinet des médailles.)

CHAPITRE VII.

SAINT LOUIS PATRON DE LA VIE PARFAITE.

Dans le martyrologe romain, au 21ᵉ jour de juin, la fête de saint Louis est annoncée en ces termes : « A Rome, saint Louis de Gonzague, célèbre par l'innocence de sa vie et son mépris du monde ». Du haut du ciel, c'est surtout l'amour de ces deux vertus qu'il inspire aux plus fervents de ses serviteurs.

Parmi les âmes qui, sous ce rapport, ont plus parfaitement imité ce beau modèle, nous devons citer en première ligne les trois nièces du Bienheureux, fondatrices d'un fameux monastère à Castiglione, qui fut longtemps l'édification et la gloire de toute l'Italie.

Le prince Rodolphe, frère de saint Louis, eut quatre filles, dont la seconde, donna Elena, s'envola au ciel à l'âge de sept ans. Les trois autres furent donna Cinzia, donna Olimpia et donna Angelica ou Gridonia, comme se plaisait à l'appeler son père. Or, en 1604, don François de Gonzague, frère et héritier du marquis Rodolphe, obligé par sa charge d'ambassadeur de résider à Rome et ne pouvant emmener les trois orphelines avec lui, confia la jeune Olimpia à la veuve du duc Alphonse de Ferrare, Marguerite de Gonzague. Retirée dans son palais de Mantoue, cette pieuse dame songeait à le transformer en monastère de religieuses. Peu de temps après, Gridonia fut placée au couvent de Saint-Jean, dans la même ville et Cinzia, qui avait quinze ans, suivit son oncle à Rome où l'on songeait à la marier. Elle était toute à ce beau projet et aux vanités mondaines quand elle tomba malade en 1605 et faillit mourir. La maladie dura quatre mois et durant ce temps, assistée des conseils du P. Virgile Cepari, la jeune fille changea complètement d'idée et ne songea plus qu'à se donner à Dieu, disant qu'elle aurait bien voulu, si la chose avait été possible, entrer, comme son bienheureux oncle, dans la Compagnie de Jésus. Du moins elle eut le bonheur de faire les exercices spirituels de saint Ignace et dès lors elle dit adieu à la vanité, quitta ses parures, ses robes de velours et de soie pour se vêtir modestement de serge, à la grande édification de tous ceux qui la voyaient. Ses joyaux et ses diamants furent donnés, partie au tombeau de saint Louis, partie à ses cousines. Elle ne parlait plus que de choses édifiantes, elle ne lisait que des livres de piété et ses progrès dans l'oraison furent si grands, que les dames romaines s'émerveillaient de la voir quatre ou cinq heures de suite à l'église, immobile comme une statue. Elle résolut de consacrer à Dieu sa virginité; en conséquence, le 25 mai 1606, jour de la Fête-Dieu, dans la chapelle du palais au Monte-Citorio, où elle habitait, le P. Cepari dit la messe en présence de ses oncles et avant de la communier, reçut son vœu qu'elle fit avec une extrême consolation. Peu de temps après, le prince François, voyant sa nièce souffrante, voulut qu'elle retournât à Castiglione ; ce à quoi Cinzia consentit volontiers à condition que le marquis y fonderait un couvent pour les jeunes filles qui voudraient quitter le monde et, pas trop loin de celui-ci, un collège pour les Pères de la Compagnie de Jésus auxquels elle pourrait se confesser et confier le soin de son âme.

Don François agréa le projet et pria le P. Cepari d'écrire les constitutions de la nouvelle communauté. Le 7 octobre 1607, Cinzia partit pour Castiglione, avec une escorte de cent cavaliers, accompagnée assez loin par plusieurs cardinaux et par l'ambassadeur d'Espagne. Ses deux sœurs vinrent la rejoindre au château paternel. Olimpia, toute adonnée à la piété et à la pénitence à l'exemple de son saint oncle, avait voulu prendre à Mantoue l'habit de saint François, mais avait dû le quitter à cause de sa trop faible santé. Elle n'eut donc aucune peine à s'unir à sa sœur pour la fondation projetée. Mais il n'en fut pas de même pour Gridonia. D'un esprit éveillé, d'un caractère ardent, la jeune princesse ne lisait que des romans et rêvait de voir le monde, en particulier la cour d'Espagne. Elle s'y bâtissait des châteaux en l'air et ne savait parler d'autre chose. Toutes les prières et les industries de ses sœurs échouèrent auprès d'elle. Mais survint le P. Cepari, chargé de prendre possession du collège et de présider à l'établissement du futur monastère.

Grâce à ses sages conseils et surtout à l'intervention du bienheureux Louis, donna Gridonia changea si bien de sentiments que, le 5 juin 1608, qui était encore la Fête-Dieu, elle faisait à son tour vœu de virginité. Comme sa sœur aînée, elle fit elle-même deux parts de ses bijoux, envoyant au tombeau de son oncle ses pendants d'oreilles ; dès ce moment, elle commença une vie si mortifiée qu'il fallut bientôt mettre un frein à ses rigueurs.

La 21 juin, fête du Bienheureux, les trois princesses avec sept autres filles nobles et trois *oblates* revêtirent l'habit religieux et donnèrent commencement au collège des *Vierges de Jésus* à Castiglione. En souvenir de cet événement, on transforma en chapelle la chambre qu'avait habitée saint Louis et l'on plaça sur l'autel un tableau où l'on voyait le jeune saint, devant la reine immaculée, tirer à elle avec deux chaînes d'or deux jeunes vierges, Cinzia et Olimpia, ses nièces (1).

Combien d'autres âmes généreuses furent entraînées dans les voies de la perfection évangélique sur les traces de saint Louis! La vocation religieuse qu'il estimait le plus grand des biens et pour laquelle il avait si vaillamment lutté sur la terre, il se plaît du haut du ciel à l'inspirer aux autres. C'est ce qu'il fit en 1723 pour un jeune gentilhomme romain qui ne rêvait que de combats et d'exploits guerriers. Ayant fait un triduum au tombeau du Bienheureux pour mieux connaître la volonté divine, il s'aperçut qu'il était appelé sous le drapeau de la croix au service de Jésus-Christ. Il obéit aussitôt; bien plus, rencontrant deux de ses amis qu'égarait la même ambition mondaine, il en fit la conquête et les enrôla avec lui dans l'armée monastique.

C'est une aimable aventure que celle de Veronica del Vecchio,

---

(1) Pourquoi ce tableau commémoratif ne met-il en scène que deux des nièces de saint Louis? Le P. Janning (*Acta Sanctorum*, t. IV junii, p. 848) suppose qu'on n'a représenté que les deux sœurs aînées, parce que seules elles avaient été d'abord et directement appelées à la vie religieuse par saint Louis, tandis que la troisième ne se rendit que plus tard et après une longue résistance. C'est possible; mais ne serait-ce pas que cet ex-voto fut exécuté par l'ordre et aux frais de Gridonia, qui, par humilité, n'aurait pas voulu y prendre place, ou bien n'est-ce pas tout simplement un caprice du peintre voulant mettre plus de symétrie dans son œuvre?

jeune romaine, d'humeur très mondaine et à qui le cloître faisait horreur. Un jour on la pria de jouer, dans une petite comédie de société intitulée : *La vocation de saint Louis*, le rôle de don Ferdinand qui convenait alors parfaitement à ses sentiments. Elle y entra si bien, qu'elle fit sérieusement tous ses efforts pour persuader à l'auditoire la folie qu'il y avait à se priver des joies du monde à la fleur de l'âge. Mais quand elle entendit le personnage qui représentait Louis exposer avec chaleur les beautés et les avantages de la vocation religieuse, toute troublée, convaincue de son erreur, elle balbutia et ne put tenir son rôle jusqu'au bout. Le changement fut si complet, qu'elle serait entrée sans retard au couvent, si elle avait eu la dot suffisante. Elle s'adressa donc à son aimable patron et lui dit : « Mon cher Saint, puisque vous me donnez de vouloir, donnez-moi de pouvoir ». Et bientôt elle se vit en mesure d'exécuter son pieux dessein.

D'autres, hélas! ne se montrèrent pas si fidèles. En 1725, à Rome, un jeune homme d'illustre naissance eut à faire le panégyrique de saint Louis au jour de sa fête et, pour s'y préparer, il étudia de si près ses admirables vertus qu'il se promit de les imiter jusqu'au bout et d'entrer en religion. Son père, soupçonnant ses projets, fit tout pour l'en détourner; et comme le jeune homme, pour ressembler davantage à son patron, avait résolu de se donner à la Compagnie de Jésus, on l'éloigna du Collège romain, par mesure de préservation, disait-on, et on lui donna au logis un maître de philosophie. Pour ne pas contrister son père, le jeune étudiant se laissa séduire et ne craignit pas de contrister Dieu en repoussant son appel. Qu'arriva-t-il? Un an s'écoula, et après trois mois de maladie, la veille de la fête de saint Louis, le malheureux jeune homme expirait; le lendemain, quand tout retentissait des louanges du serviteur fidèle, vainqueur du monde et de ses vanités, un cadavre était là, dans l'église, couché dans le cercueil.

Toutefois, s'il acheminait les âmes vers la perfection évangélique, saint Louis ne se montrait pas moins généreux et compatissant envers celles que Dieu appelle à mener une vie chrétienne au milieu du monde. — L'an 1739, une pieuse jeune fille de Florence, de noble maison, mais dont la fortune ne répondait pas à la naissance, voulut, entre autres grâces, obtenir du Bienheureux un parti digne d'elle. Étant à la campagne, non loin du prieuré de Saint-Michel *in Rosezano*, elle demanda au prieur de célébrer dans son église, le jour de la fête du saint, une messe solennelle, avec vêpres chantées, panégyrique et procession. Elle invita un Père de la Compagnie à donner le sermon et se chargea de toute la dépense de cet office extraordinaire. La récompense ne se fit pas attendre; la fête terminée, elle fut demandée en mariage par un noble et riche gentilhomme, neveu d'un cardinal.

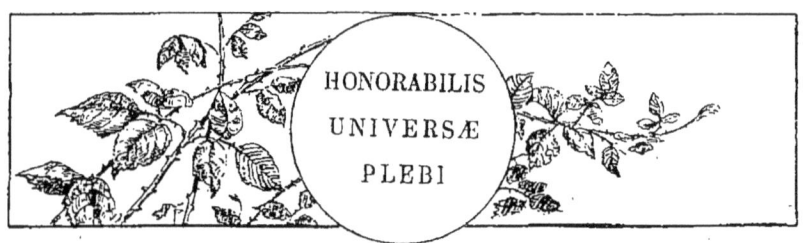

CHAPITRE VIII.

DU CULTE RENDU A SAINT LOUIS DE GONZAGUE DÈS APRÈS SA MORT JUSQU'A SA BÉATIFICATION.

Né par le baptême à la grâce avant que d'être entièrement né au monde, préservé durant sa vie de toute faute grave, mort dans l'acte d'une héroïque charité, Louis de Gonzague, déjà glorifié dans le ciel, méritait bien les honneurs que l'Église rend aux saints sur la terre. Ils tardèrent un peu à lui être décernés; mais la piété du monde chrétien prévint ce solennel hommage.

Dès 1603, les Pères de la Compagnie de Jésus, de la province de Venise, réunis en congrégation à Plaisance, après avoir pris connaissance des Mémoires que leur soumit le P. Virgile Cepari, suppliaient le R. P. Claude Aquaviva de mettre aux pieds du Souverain Pontife un vœu unanime pour l'introduction de la cause. Au mois de mai de l'année suivante, le révérendissime François de Gonzague, des Mineurs Observantins, évêque de Mantoue et cousin de Louis, qu'il avait intimement connu, réunissait un synode qui, après mûr examen, réclamait humblement

Saint Louis proclamé patron de la jeunesse par le pape Benoît XIII.
(Tableau de Jean-Wolfgang Baumgartner, gravé par Klauber.)

du Saint-Siège la canonisation du jeune prince que le duché de Mantoue avait hâte de choisir pour patron.

A cette nouvelle, la Lombardie entière commença à invoquer Louis sous le titre de Bienheureux. Les évêques, selon le droit qu'ils avaient alors, permirent aisément de publier des images où Louis était représenté la tête entourée de rayons et désigné sous ce nom. Ce fut la duchesse de Ferrare, Marguerite de Gonzague, qui fit peindre le premier tableau, dont le duc et plusieurs autres princes voulurent avoir des copies.

La piété des fidèles, excitée par la vue de ces images, manifesta le vif désir de les voir exposées à la dévotion publique. Ce fut en 1604, qu'avec l'autorisation des Ordinaires, on commença à fêter le jour anniversaire de la mort de Louis et de placer son portrait dans les églises. Le collège de la Compagnie, à Brescia, fut le premier à donner l'exemple, à la grande joie de toute la ville. Le P. Sylvestre Ugolotti, des Frères prêcheurs, originaire de Castiglione, vicaire de la Sainte-Inquisition, étant retenu au lit par la fièvre, se fit remplacer à cette solennité par un religieux du même ordre, le P. Predetti, lecteur en théologie qui célébra la messe en l'honneur de la très sainte Trinité et prononça un éloquent panégyrique, imprimé depuis. L'effet de sa parole fut si grand que tout le monde pleurait et que déjà les chantres, au nombre de quatre-vingts, s'exerçaient à chanter l'antienne : *Gaudeamus omnes in Domino diem festum celebrantes sub honore Beati Aloysii...* Mais on mit des bornes à leur zèle. Une séance littéraire donnée par les élèves devant tout ce que la ville renfermait de plus illustre ne produisit pas de moindres fruits que le sermon. On courait en foule au confessionnal et plusieurs même, à cette occasion, allèrent s'enfermer dans le cloître. Celui qui prononça l'éloge de Louis en latin fut un noble Génois,

Octave Spinola, qui entra dans la Compagnie et tint à prendre désormais le nom de son bien-aimé patron.

L'exemple de Brescia fut bientôt suivi par Castiglione. Un rescrit de l'évêque accorda à la marquise mère la douce consolation d'invoquer son fils sous le titre de Bienheureux; l'image de Louis fut exposée à la vénération des fidèles dans l'église de Saint-Nazaire et de Saint-Celse. Cette fois, le P. Ugolotti fit le discours et émut vivement son auditoire en racontant les belles victoires remportées par Louis en ce lieu même. La marquise mère, accompagnée de sa belle-fille, la princesse Bibiana Pernstein, épouse de don François, assistait à la cérémonie. L'émotion fut universelle quand on vit cette mère agenouillée devant l'image de son fils et qu'on entendit l'orateur la proclamer plus heureuse que ces reines dont l'amour maternel ne triomphe qu'au prix de sanglants exploits. Pour elle, maintenant, elle vénérait glorieux sur les autels celui que tout enfant elle appelait déjà son ange. Les fêtes durèrent trois jours ; ce n'étaient que processions se rendant aux pieds de la sainte image. Tous les gens du pays se félicitaient d'avoir deux si bons frères pour protecteurs, l'un, François, ambassadeur auprès du Vicaire de Jésus-Christ, l'autre, Louis, immortel intercesseur devant le trône de Dieu.

Castiglione était encore dans l'allégresse lorsque, le 5 août 1604, le jeune marquis eut son audience du pape Clément VIII. Ce pontife, apprenant qu'il était le frère de ce saint religieux, élevé au Collège romain, dont le cardinal Scipion de Gonzague lui avait naguère raconté qu'il ne pouvait le visiter sans revenir à son palais la mosette toute mouillée de larmes, félicita le prince en des termes que nous avons rapportés plus haut et ajouta, tout ému : « Bienheureux est-il, oh oui, bienheureux, lui qui jouit de la gloire éternelle; bienheureux vous-même qui avez au ciel un tel intercesseur! » Apprenant que la Vie de Louis n'était pas encore publiée, il exhorta don François à le faire pour le plus grand bien de tous. Tout cela est consigné au Procès de canonisation, et nous ajouterons ici ce détail de la déposition du prince-marquis de Castiglione dans la même enquête : « Quand, dit-il, j'appris la mort de mon frère, à la cour de l'empereur Rodolphe, j'aurais dû me réjouir sans doute au lieu de m'affliger; car tout ce qu'on me mandait me prouvait bien qu'il était au ciel. Et néanmoins je fus si attendri à cette nouvelle que, durant huit ou dix jours, je ne cessai de pleurer. Cependant je suis rebelle aux larmes, car je n'en ai versé ni à la mort de mon père, ni à celle de ma mère, ni au milieu des événements tragiques qui ont désolé ma maison ».

Le prince obtint que les précieux restes de Louis fussent transférés de la chapelle de Saint-Sébastien dans celle de Notre-Dame (13 mai 1605). La translation se fit avec grande solennité; le corps fut placé dans le mur, du côté de l'Évangile, avec cette inscription : *Beatus Aloysius Gonzaga, de Societate Jesu.* Peu de jours après (21 mai), le pape Paul V, successeur de Clément VII, à peine monté sur le trône pontifical, permit d'exposer le portrait du Bienheureux, la tête entourée de rayons. Le cardinal François Dietrichstein, autrefois condisciple de Louis, à qui le nouveau pape venait d'accorder cette faveur, se rendit droit à l'église du Collège romain où le marquis de Castiglione l'attendait et fit suspendre la sainte image au-dessus du tombeau avec tous les ex-voto apportés jusqu'à ce jour. Ce fut le prince lui-même qui remplit ce pieux office; Clément Ghisoni, son majordome, plaça la première lampe.

On s'imagine la joie de tous les dévots clients de Louis à la nouvelle que le vicaire de Jésus-Christ avait autorisé ce premier culte public. Le 21 juin de la même année, la fête du bienheureux Louis fut célébrée dans un grand nombre de villes d'Italie et même en Pologne. A Rome, don François fit célébrer à ses frais, dans l'église du Collège romain, une octave solennelle et décora magnifiquement le tombeau. Il fit présent à la chapelle de la Sainte-Vierge d'un riche ornement sacerdotal pour remercier Notre-Dame, disait-il, des grâces dont elle avait comblé Louis en ce saint lieu. A cette cérémonie religieuse, succéda une autre octave remplie par des séances littéraires où les jeunes étudiants célébrèrent à l'envi, en grec et en latin, les vertus et la gloire de leur aimable patron. A la clôture, le discours fut fait par Pierre d'Aragon, fils du duc de Terranueva, et un poème fut récité par Scipion Pignatelli, fils du duc de Bisaccia.

Cependant le prince François n'était pas encore satisfait. Le 29 juillet, il eut une nouvelle audience et mit aux pieds du pape dix-huit procès des Ordinaires, réitérant ses instances pour obtenir l'expédition de la cause. Au mois d'août suivant, la même supplique était adressée par Ferdinand, grand-duc de Toscane; par Ranuce, duc de Parme. L'évêque de Mantoue, François de Gonzague, non content de renouveler sa demande par écrit, accourut à Rome pour la faire de vive voix. Le duc Vincent de Mantoue arriva tout exprès en poste.

Le pape Paul V, par un rescrit de sa propre main, avait déjà chargé la Sacrée Congrégation des Rites « de faire l'examen de la vie de Louis le plus promptement possible ». Parmi la commission des cardinaux se trouvait Robert Bellarmin. Le 26 septembre, elle déclarait en consistoire que Louis, vu sa grande sainteté et trente et un miracles retenus sur les cent que contenaient les enquêtes, « était digne, non seulement du titre de Bienheureux, mais des honneurs de la canonisation ». Le Saint-Père approuva ce rapport et fit expédier le bref, le 19 octobre suivant. Ce bref, qualifiant Louis de Bienheureux, permettait de publier sa Vie avec ce glorieux titre. Cette double grâce n'avait été jusque-là accordée que de vive voix, par ce qu'on appelle *oraculum vivæ vocis*. Le décret du Vicaire de Jésus-Christ fut confirmé le jour même par la guérison miraculeuse du docteur Flaminiano Bacci, substitut de la Congrégation des Rites. Ce prélat, pour obtenir sa guérison, avait eu recours à Louis, dans le désir de s'employer à sa gloire, comme il le fit, en effet, dans la cause de la canonisation.

A peine imprimée en italien, la Vie du Bienheureux par le P. Virgile Cepari, fut traduite en plusieurs langues et se répandit en peu de temps par toute la chrétienté. On ne saurait dire combien elle contribua à propager partout le culte de l'angélique patron de la jeunesse. L'évêque de Mantoue fit ériger dans sa cathédrale une magnifique chapelle en l'honneur de son saint parent; le duc de Mantoue fit de même dans son église ducale, en action de grâces de la guérison qu'il avait obtenue à Florence lors du voyage qu'il avait fait à Rome.

CHAPITRE IX.

DIVERS PORTRAITS DU BIENHEUREUX. — DÉVELOPPEMENT DE SON CULTE JUSQU'AU DÉCRET DE CANONISATION.

Non moins peut-être que la lecture de la Vie du Bienheureux Louis de Gonzague, la diffusion des images qui le représentaient, servit à propager la dévotion des fidèles envers lui. Le premier portrait de Louis, note le P. Cepari, fut fait à Ferrare, en 1604, par le peintre de la duchesse, parente du saint. Le duc de Mantoue, nous l'avons dit, voulut en avoir une copie, et bientôt la peinture et la sculpture les multiplièrent par toute la chrétienté. Dans le tableau original, plus ou moins fidèlement reproduit ensuite, Louis était représenté avec l'habit de la Compagnie de Jésus, la tête entourée de rayons et surmontée d'un diadème de lis que tenait la main d'un ange. La couronne de marquis gisait à terre. Le Bienheureux avait les yeux amoureusement fixés sur le crucifix.

Le P. Janning, bollandiste, savant commentateur des Actes de saint Louis, affirme avoir vu à Rome des gravures faites d'après ce modèle, dont l'une en taille-douce, avait pour inscription : *Véritable portrait du Bienheureux Louis de Gonzague, de la Compagnie de Jésus, gravé à Mantoue* l'an 1605. Le Saint tient de la main droite un crucifix et des lis; la main gauche repose sur la poitrine. Une autre gravure sur bois, signée *Barthélemy de Venturolo* (Bologne, 1606) et exécutée sur l'ordre de Louis Orlandini, ressemble exactement à la précédente. Dans ces deux images, Louis de Gonzague est fort jeune et paraît n'avoir pas plus de dix ans. Et, en effet, la gravure sur bois porte en tête : *Vrai portrait du B. Louis de Gonzague, de la Compagnie de Jésus, d'après le tableau fait de lui à l'âge de dix ans.*

Bon nombre d'autres images reproduisent le même type, avec cette différence que le crucifix repose sur une table : le Bienheureux tend vers lui la main droite; la gauche est placée sur son cœur. L'une d'elles, signée *Sadeler*, 1606, est dédiée à don François de Gonzague, évêque de Mantoue.

On pouvait voir, au collège de la Compagnie à Castiglione, une belle peinture de Louis, un peu plus âgé et déjà novice. La sainte Vierge, entourée de quatre anges, lui fait signe, de la main droite, de suivre la vocation divine; et de la gauche, elle soutient le pan de son manteau. Une copie en fut envoyée au P. Janning, qui la fit graver dans son commentaire (1). On y retrouve assez bien les traits du Bienheureux, au moins dans les dernières années de sa vie, tels qu'ils sont décrits dans le récit d'une vision qu'eut un malade miraculeusement guéri : « Il avait l'air d'un jeune religieux de la Compagnie de Jésus, d'une stature plus élevée que la moyenne, le visage maigre, le nez aquilin et un peu long (2) ». Nous avons lu plus haut

---

(1) *Acta sanctorum*, t. IV, junii, p. 862.
(2) *Acta sanctorum, ibid.*

qu'il portait la tête un peu inclinée sur l'épaule, ce dont il fut repris par le Maître des novices.

On peut voir également dans les *Acta sanctorum* une curieuse estampe qui rappelle, dans sa partie principale, le premier portrait de Ferrare. Le saint, agenouillé, revêtu du surplis, un crucifix fleurdelisé à la main, a le front rayonnant et couronné d'un diadème de lis soutenu par deux anges. Sur les quatre colonnes et le riche dais qui forment la décoration d'une sorte d'oratoire ouvert, sont représentés quarante-quatre miracles. Cette gravure fut faite à Rome l'an 1607.

Charles Ier, duc de Mantoue, neveu du duc Guillaume et héritier du duc Vincent, fit frapper une monnaie à l'effigie de Louis de Gonzague, dont il nous paraît intéressant de donner ici le *fac-simile* et la description. Le Saint est debout, le front et les yeux élevés, l'auréole en tête, les mains en croix sur la poitrine, le manteau entr'ouvert et flottant, un pied sur le globe du monde, peut-être le globe impérial. Un ange, dans une gloire, lui tend un rameau de laurier ou une branche de lis. Autour on lit cette exergue :

B. ALOIIS GONZ : PROTE : MAN..

Bienheureux Louis de Gonzague, protecteur de Mantoue.

Au bas, une couronne renversée et le chiffre 80. Cette pièce de monnaie valait, en effet, 80 sols de Mantoue (22 baïoques romaines). Au revers, on voit les armes des Gonzague, avec l'inscription :

CAROLVS. I. D. G. MAN. MONF. NIV. MAY. RET. DVX. ET. C.

Charles Ier, par la grâce de Dieu, duc de Mantoue, de Montferrat, de Nevers, de Mayenne, de Réthel, etc.

Au sommet : FIDES. A la partie supérieure de l'écu : ΟΛΥΜΠΟΣ, *ciel*. A l'entour, le collier de l'ordre du *Rédempteur*, fondé ou rétabli en 1608 par le duc Vincent, supportant un médaillon où l'on devine l'ampoule du Précieux Sang conservé à Mantoue.

Cette curieuse pièce de monnaie doit être de 1628 environ ; déjà, depuis dix ans, saint Louis avait été proclamé patron du duché.

Le P. Guillaume Herinx, provincial des Frères Mineurs et plus tard évêque d'Ypres, donna au fameux bollandiste Van Papebroeck, entre autres reliques de saint Jean Berchmans, une petite image coloriée sur papier commun, représentant saint Louis de Gonzague avec ces mots : *B. Aloysius Gonzaga*. Au revers, d'une autre main : *Le Frère Jean Berchmans qui mourut en réputation de sainteté a dessiné cette image*.

Nous n'avons rien à ajouter à ce que nous avons dit du portrait dû au pinceau de sainte Marie-Madeleine de Pazzi (1).

Tels sont les plus anciens documents qui nous restent touchant l'iconographie de notre Saint. En les mentionnant, nous

---

(1) Pictura parum elegans, — dit le P. Janning qui la vit à Rome au couvent *delle Barberine*, — nec refert speciem viventis. Caput circumdantur radiis, capillis rufet, rubet genis.

avons voulu surtout donner une preuve sensible de la grande dévotion dont il fut dès lors l'objet.

Cette dévotion prit de grands accroissements après la publication du bref de béatification. Le décret de canonisation devait se faire attendre plus d'un demi-siècle; mais, dans l'intervalle, le culte de Louis de Gonzague avait fait de tels progrès que le pape Clément XI, en ordonnant de reprendre la cause, disait : « Nous ne demandons pas mieux que de canoniser ce bienheureux jeune homme qui jouit déjà d'un si universel crédit dans toute l'Église de Dieu, que peu de saints, après leur canonisation, en ont eu un pareil ». Et il ajoutait : « Le siège apostolique a moins à le canoniser qu'à déclarer qu'il l'est déjà par toute l'Église ».

Mais revenons en arrière et disons brièvement ce qui s'était passé dans ce long espace de temps. Dès l'année 1612, la Sacrée Congrégation des Rites avait affirmé « qu'il constait d'une manière irréfragable de la pure foi, de la vie très innocente, des grands miracles du Bienheureux, non moins que de la dévotion des peuples envers lui ». Et le rapporteur, le cardinal Capponi, avait conclu que rien ne manquait aux conditions requises pour la canonisation et qu'on pouvait concéder sans retard l'office et la messe dans tous les États des seigneurs de Gonzague et dans tous les collèges et églises de la Compagnie de Jésus ». Cet avis avait été appuyé de la haute autorité du cardinal Bellarmin. Cependant Paul V voulut déférer la cause au Saint-Tribunal de la Rote qui, à son tour, rendit un jugement favorable en 1618, citant, entre autres témoignages, celui du vénérable Jean Berchmans lequel, dans une de ses lettres, écrivait : « De même que la Compagnie de Jésus a dans le bienheureux François Xavier, son glorieux apôtre, ainsi

Louis de Gonzague a mérité non moins justement d'être appelé son ange ». Après ces longues et sérieuses informations, Paul V approuva les susdites concessions, mais jugea que le temps n'était pas encore venu de pousser l'affaire plus loin.

Sainte Madeleine de Pazzi peignant le portrait de saint Louis.
(Tableau de Zoboli.)

Ce fut à cette occasion que le fils du duc Vincent de Mantoue, don Ferdinand, plaça solennellement ses États sous le patronage du Bienheureux Louis de Gonzague (1618). Cet exemple fut suivi par tous les autres princes de cette famille et par la cité de Palerme. Castiglione lui rendit le même honneur en vertu d'un arrêté de son municipe et fit de grandes fêtes pendant lesquelles tout le peuple, au bruit de l'artillerie, criait : *Viva, viva in eterno il nostro principe Luigi!*

Une des causes qui retardèrent la canonisation de Louis fut sans doute que cet honneur suprême fut alors décerné successivement à saint Ignace, à saint François Xavier, puis à saint François de Borgia; en fils respectueux, Louis leur céda la préséance. Mais, en attendant, les hommages ne lui firent pas défaut. On peut dire qu'il n'y eut bientôt pas une église de la Compagnie en Italie, en Allemagne, en Espagne, en France, où Louis n'eût sa chapelle ou son autel; son culte n'était pas moins en honneur partout ailleurs; à la fin du dix-septième siècle on comptait plus de cent statues d'argent élevées à la gloire du patron de la jeunesse. Entre autres, le Collège romain lui en dédia une pesant 150 livres, œuvre du fameux François du Quesnoy, dit le Flamand.

L'empereur Ferdinand II et sa femme Éléonore de Gonzague, profitant du jubilé publié pour obtenir la paix de l'Europe troublée par la guerre de Mantoue, demandèrent avec instance la canonisation de Louis en qui ils plaçaient toute leur confiance et qu'ils appelaient, dans une lettre du 19 janvier 1630, « leur avocat domestique et le particulier patron de leur peuple et de leur maison ». La pensée de Ferdinand, comme l'écrivait le nonce Pallotta au cardinal Barberino, neveu du Pape, était de le proposer pour protecteur de l'empire, dont il avait été prince.

La gloire de terminer cette grande affaire était réservée à Benoît XIII, qui, dès l'enfance, avait eu pour Louis la plus tendre dévotion. Ce pieux pontife, par un bref daté du 21 juin 1725, avait daigné donner « pour spécial patron à toutes les Universités, gymnases et collèges de la compagnie de Jésus le Bienheureux Louis, comme un modèle d'application à l'étude, d'innocence et de chasteté ». Enfin, après beaucoup de prières pour obtenir la lumière d'en haut, il décréta la canonisation, le 26 avril 1726. Le 31 décembre de la même année, dans la basilique vaticane, il proclama le Bienheureux Louis, en compagnie de Stanislas Kostka, digne des honneurs rendus aux saints du ciel, accomplissant ainsi, avec l'autorité pontificale, le vœu de sainte Madeleine de Pazzi qui souhaitait dire à la terre entière que *Louis, fils d'Ignace, était un grand saint.*

L'univers chrétien répondit par un cri d'allégresse. La cour et la ville de Vienne, en particulier, célébrèrent ce nouveau triomphe de Louis avec une splendeur inouïe. En un mot, on pouvait, au spectacle de cette joie universelle répéter les belles paroles de saint Jean Chrysostôme : « En voyant les honneurs qu'on lui rend sur la terre, faisons-nous quelque idée de la gloire dont il jouit au ciel ! »

Ajoutons, en terminant, que le tombeau de Louis de Gonzague était, depuis longtemps déjà, un lieu digne par sa magnificence du précieux trésor qu'il renfermait. Le cardinal Ludovisi avait posé, dès 1626, la première pierre de l'église du Collège romain dédiée à saint Ignace. Après la mort de cet illustre prince, le corps de saint Louis fut d'abord placé dans la chapelle de gauche où est maintenant l'autel de saint Joseph (1649); il y demeura près de cinquante ans. En 1695, les saintes reliques furent transférées dans la splendide chapelle où on les vénère aujourd'hui, et pour exciter la dévotion des fidèles et surtout des pieux étudiants qui s'y rendaient en foule, on confia au célèbre sculpteur français Legros le soin de composer le beau bas-relief de marbre dont nous donnons plus haut une exacte reproduction. Le Saint apparaît porté sur les nues, vêtu de la « scolastique », costume des jeunes étudiants de la Compagnie de Jésus à Rome, les yeux modestement baissés, les mains à demi-jointes sur la poitrine. Tout respire en lui l'humilité et la piété, ses deux chères vertus. Un ange tient au-dessus de son front une couronne de fleurs, un autre un lis, tandis que le reste du cortège céleste le soutient dans son vol et lui ouvre joyeusement le ciel.

Qu'il daigne nous y obtenir à tous une place !

FIN.

CHRONOLOGIE

DE LA VIE DE SAINT LOUIS DE GONZAGUE.

1568. 9 mars....... Naissance et baptême.
— 20 mars...... Cérémonies solennelles du baptême.
1572 (ou 1573)..... Séjour à Casal.
1573. .... Retour à Castiglione.
1577. .... Séjour à Florence. — Vœu de virginité.
1579. .... — Mantoue.
1580. Au printemps. Retour à Castiglione.
— Juillet........ Première communion.
— Dans l'été.... Voyage à Montferrat. — Grave péril en traversant le Tessin.
1581. .... A Castiglione. — Échappe à l'incendie.
— Automne...... En Espagne. — Page de Marie d'Autriche. — Vocation à la Compagnie.
1584. Juillet........ Retour à Castiglione. — Voyage aux cours d'Italie.
— .... Séjour à Milan, où il étudie la physique et les mathématiques.
1585. .... A Castiglione, après un court séjour à Mantoue. — Exercices spirituels au collège de la Compagnie. — Il obtient la permission d'entrer en religion.
— 2 novembre.. Abdication en faveur de son frère Rodolphe.
— 4............. Départ pour Rome. — Pèlerinage à Lorette.
— 25............ Arrivée à Rome. Il entre au noviciat de Saint-André.

1586.	13 février.....	Mort de son père.
—	Octobre.......	Il est envoyé à Naples pour sa santé.
1587.	8 mars.......	Retour à Rome. — Il étudie la philosophie au Collège romain. Thèse publique.
—	25 novembre..	Premiers vœux. Il commence sa théologie.
1588.	Février-mars.	Il reçoit les ordres mineurs.
1589.	Septembre....	Voyage à Castiglione, puis à Milan où il poursuit sa théologie.
1590.	Mai..........	Retour à Rome. — Quatrième année de théologie.
1591.	....	Peste. — Soin des malades.
—	3 mars.......	Il se met au lit et reçoit, quelques jours après, les derniers sacrements.
—	21 juin.......	Meurt à trois heures du matin.
1593.	....	Il guérit miraculeusement sa mère.
1600.	....	Apparition à sainte Marie-Madeleine de Pazzi.
1605.	19 novembre.	Béatification.
1725.	21 Juin......	Louis proclamé patron de la jeunesse.
1726.	31 décembre.	Canonisation.

GÉNÉALOGIE

DE SAINT LOUIS DE GONZAGUE.

La famille des Gonzague était connue dès le onzième siècle. — En 1328, Louis (Aluigi) de Gonzague recevait de l'empereur Louis V le titre de vicaire de l'empire et de prince-vicomte de Mantoue pour lui et ses descendants. Dans le siècle suivant, l'empereur Sigismond de Luxembourg érigeait l'état de Mantoue en margraviat ou marquisat (1433), que Charles V, en 1530, transforma en duché.

En 1566, époque où commence notre histoire, la maison de Gonzague se partageait en plusieurs branches :

I. *La branche aînée des ducs de Mantoue*, représentée par *Guillaume* (1) qui avait succédé, en 1550, à son frère François IV, à l'âge de treize ans. En 1560, ce prince épousa l'archiduchesse *Éléonore d'Autriche*, sœur de l'empereur Maximilien II, et eut d'elle deux enfants : *Vincent* et *Marguerite*. Guillaume avait trois frères : *Louis, le cardinal Frédéric* et *Alexandre*.

II. *La branche des princes de Guastalla*, dont le chef, Ferdinand de Gonzague, avait épousé Isabelle de Capoue. Il eut deux fils, dont l'aîné, César, marié à *Camilla Borromeo*, eut pour enfants Ferdinand et Marguerite, mariée à Vespasien de Gonzague, duc de Sabionetta, des princes de Bozzolo.

III. *La branche des comtes de Novellara.*

IV. *La branche des princes de Bozzolo* et celle des *marquis de Castiglione*, issue de Louis III de Mantoue et de Barbe de Brandebourg.

---

(1) Nous soulignons ici tous les noms qui se rapportent plus ou moins à l'histoire de saint Louis.

Louis III, dit le Turc, avait eu dix enfants, cinq fils et cinq filles. De ces dernières, deux se consacrèrent à Dieu, trois se marièrent : Dorothée, à Galéas Sforza, *duc de Milan;* Barbe, à Eberhard V, comte de Wurtemberg ; Paule, à l'archiduc d'Autriche, duc du Tyrol et comte de Gorritz. Les cinq fils étaient : Frédéric Ier, marquis de Mantoue, qui épousa Marguerite de Bavière ; Jean François, qui lui succéda en 1484 et dont la femme était *Antonia de Balzo d'Aquaviva*, fille du duc d'Atri au royaume de Naples ; François, cardinal de la Sainte-Église ; Louis, protonotaire ecclésiastique et Rodolphe, encore mineur à la mort de son père (1478).

Avant de mourir, Louis III laissait par testament à ses fils, François et Rodolphe, plusieurs grands fiefs indépendants.

Jean-François fut prince de Bozzolo, de Gazzolo-Sabionetta, etc.

Rodolphe (1495) fut *marquis de Castiglione*, seigneur de Castel-Giuffredo, Solferino, etc. La branche de Bozzolo, au temps de saint Louis, était représentée par les deux petits-fils de Jean-François, les princes Charles et Louis et par leurs enfants ; *Charles* était le père de *Ferdinand* de Gonzague, marquis de Gozzolo ; d'*Annibal-François*, religieux franciscain de l'Observance, évêque de Mantoue ; de *Scipion*, patriarche de Jérusalem ; de *Camilla*, princesse de Piombino... Louis, duc de Trajetto, n'eut qu'un fils : Vespasien, duc de Sabionetta.

La branche de Castiglione, au temps de saint Louis, était représentée par Ferdinand, prince du Saint-Empire, marquis de Castiglione, par *Horace de Solferino* et *Louis de Castel-Giuffredo*.

Ces trois princes étaient petits-fils de Rodolphe et fils de Louis (1536), qui lui-même avait eu deux frères : Jean-François et Hector.

Jean-François était grand-père du prince *Prosper*, dont il est souvent question dans la vie de notre Bienheureux.

Enfin, l'année qui précéda la naissance du saint, en 1565, *Louis*, frère de Guillaume de Mantoue, fondait *la branche de Nevers*, par son mariage avec la princesse Henriette de Clèves, unique héritière de ce duché, ancien apanage des fils de France. Leur fils Charles, duc de Nevers, épousera Catherine de Lorraine et héritera du duché de Mantoue en 1627, par la mort du cardinal Ferdinand de Gonzague (1626) et de *Vincent I*[er] (1627). Les sœurs de Charles de Nevers s'uniront, l'une au duc de Longueville, l'autre au duc du Maine. Sa fille, Marie-Louise, deviendra reine de Pologne (1645) par son mariage avec Wladislas III, et après la mort de ce prince, avec Jean-Casimir, son successeur. La fille de Vincent Ier ceindra la couronne impériale en épousant Ferdinand II.

La sœur de la reine de Pologne enfin sera cette célèbre Anne de Gonzague, *princesse palatine* dont Bossuet fera l'oraison funèbre en 1684.

On voit quels étroits liens unissent la famille de saint Louis à la France. Nous ne voulons pas oublier non plus que le second frère de Louis, François, son préféré, devait épouser Bibiana Pernstein dont la grand'mère était *Catherine Kostka*.

La famille de Gonzague fut donc alliée à celles des Borromée, des Kostka et des Aquaviva.

Achevons par une courte notice touchant le père de saint Louis. — Don Ferdinand excella dans les lettres comme dans les armes. Grand chambellan de Philippe II, chevalier de l'ordre de Calatrava, il fit une première expédition en Afrique pour secourir Oran et repassa la mer pour assiéger Tunis. Général des troupes royales dans le Milanais, gouverneur de Montferrat pour son cousin le duc de Mantoue, il défendit bravement Perpignan contre les Français; il accompagna l'impératrice Marie, fille de Charles V, sœur de Philippe II et veuve de Maximilien, d'Italie en Espagne, et ramena en Allemagne les archiducs ses fils, Ernest et Adolphe. Il introduisit à Castiglione l'ordre des Servites et embellit plusieurs sanctuaires. Il mourut pieusement à Milan le 13 février 1586. Il eut sept fils et une fille : *saint Louis;* Rodolphe, marquis de Castiglione, François, grand d'Espagne, chevalier de la Toison d'Or, qui succéda à son frère; Christiern, dont le petit-fils Louis entra dans la Compagnie de Jésus. Tous les autres, Charles, Isabelle, Ferdinand et Diego ou Jacques, moururent jeunes et sans postérité.

Quelle que soit l'illustration de la maison des Gonzague, il est hors de doute que saint Louis est le plus beau fleuron de sa couronne. Seul il survit à sa famille aujourd'hui disparue, vivant au ciel dans la gloire, sur la terre par le souvenir de ses vertus et l'efficacité de sa protection fraternelle envers la jeunesse surtout, dont il est le glorieux patron.

PRINCIPAUX HISTORIENS DE SAINT LOUIS DE GONZAGUE.

I. — P. Virgile Cepari.

1. Vita del Beato Luigi Gonzaga, della compagnia di Gesù, progenito di D. Ferrante Gonzaga, principe dell' imperio, marchese di Castiglione, etc., scritta dal P. Virgilio Cepari, della medesima compagnia. In Roma, 1606, in-4º.

Le P. Cepari commença d'écrire cette Vie du vivant de saint Louis, lorsqu'il était son condisciple et son ami au Collège romain. Son ouvrage resta longtemps en manuscrit et fut lu par un grand nombre de personnes.

2. Vita del Beato Luigi Gonzaga..... Edition revue et augmentée. Plaisance, 1630; — Rome, 1722; — Milan, 1728; — Venise, 1743, 1759.

3. Vita del Beato Luigi Gonzaga... coll' aggiunta di varie notizie. Rome, 1765, 1796.

4. Vita del Beato Luigi Gonzaga... colla terza parte nuovamente composta da un altro religioso. Venise, 1819; — Turin, 1824; — Venise, 1839.

5. Della vita di san Luigi Gonzaga, della compagnia di Gesù, scritta dal P. Virgilio Cepari della medesima compagnia. Edizione arricchita di nuove giunte ed offerta alla Santità di N. S. Papa Pio IX. Rome, 1862, in-8º.

Cette édition a été donnée par le P. Boero, qui s'est servi d'un exemplaire de l'édition de 1630 annoté par Cepari lui-même. Il y a de plus ajouté, au bas des pages, quelques remarques du P. Badrioli qui poursuivit la cause de la canonisation, ainsi qu'un extrait des miracles rapportés par ce dernier. — Cette édition qui est la meilleure est ici fidèlement traduite.

6. La Vie de saint Louis de Gonzague, par Cepari, a été traduite en latin par le P. Horrion, et en français, avec beaucoup trop de suppressions et de changements, par les P. Ant. de Balinghem et Barth. Galpin. — Ce der-

nier, entré dans la Compagnie en 1732, fut pénitencier de Saint-Pierre, de 1758 à la suppression de son ordre. Je ne sais pourquoi les éditeurs modernes qui, d'ailleurs l'ont bien maltraité, le font seul responsable de cette traduction et s'obstinent à l'appeler *Monsieur* Galpin.

7. Il y a aussi des traductions de Cepari en flamand, en allemand, en hollandais, en anglais, etc.

II. — Autres historiens.

1. La Vie du bien-heureux Louys de Gonzague de la Compagnie de Jésus. Par le R. P. Estienne Binet, de la mesme Compagnie. A Paris, 1622, in-12.

2. Une Vie par le P***, a été éditée à Paris en 1685, 1727, 1728, et à Liège, en 1727.

3. La Vie de saint Louis de Gonzague, par le P. Pierre-Joseph d'Orléans, Paris, 1727.

4. Le parfait modèle de la jeunesse, par le P. Croiset. Nombreuses éditions. Celle de Rome (1825) a été mise en *français moderne*...

5. Histoire de saint Louis de Gonzague, par J.-M.-S. Daurignac. La 5ᵉ édition, revue et corrigée, est de 1882 (Paris, Bray et Retaux). On regrette que cette vie, pleine de détails intéressants, soit présentée sous une forme un peu romanesque.

TABLE DES MATIÈRES.

PREMIÈRE PARTIE.

SAINT LOUIS DE GONZAGUE DANS LE MONDE.

	Pages.
CHAPITRE PREMIER. — De sa famille et de sa naissance.	1
CHAPITRE II. — De l'éducation de saint Louis jusqu'à l'âge de sept ans.	7
CHAPITRE III. — Comment Louis fut conduit par son père à Florence où il fit vœu de virginité. — Ses progrès dans la vertu.	16
CHAPITRE IV. — Comment Louis, rappelé à Mantoue, prit la résolution d'embrasser l'état ecclésiastique.	30
CHAPITRE V. — Louis retourne à Castiglione ; il y reçoit de Dieu le don d'oraison et commence à fréquenter les sacrements.	33
CHAPITRE VI. — Comment Louis, en se rendant à Montferrat, faillit perdre la vie, et comment il résolut de se faire religieux.	42
CHAPITRE VII. — Comment Louis, de retour à Castiglione, où il mène une vie très austère, est miraculeusement sauvé d'un incendie.	49
CHAPITRE VIII. — Comment Louis accompagna son père en Espagne, et de la vie qu'il mena à cette cour.	57
CHAPITRE IX. — Comment Louis, ayant résolu d'entrer dans la compagnie de Jésus, déclara sa vocation à ses parents.	65
CHAPITRE X. — Louis retourne en Italie et souffre de grandes oppositions dans l'affaire de sa vocation.	77
CHAPITRE XI. — Des nouveaux assauts que Louis soutint à Castiglione,	

et comment il obtint enfin de son père la faveur d'entrer en religion... 82
Chapitre XII. — Comment Louis fut envoyé à Milan pour y régler quelques affaires............................. 88
Chapitre XIII. — D'une nouvelle épreuve dont Louis sort victorieux.. 92
Chapitre XIV. — Comment Louis alla faire les exercices spirituels à Mantoue et revint à Castiglione.................. 96
Chapitre XV. — Comment Louis triompha d'une dernière épreuve.. 101
Chapitre XVI. — Louis renonce définitivement au marquisat et revêt l'habit ecclésiastique............................. 105
Chapitre XVII. — Comment Louis prit congé de tous, partit pour Rome et entra au noviciat....................... 109

DEUXIÈME PARTIE.

SAINT LOUIS DE GONZAGUE DANS LA COMPAGNIE DE JÉSUS.

Chapitre premier. — Avec quelle perfection Louis commença son noviciat.. 121
Chapitre II. — Quels furent les sentiments de Louis à la mort du marquis son père................................ 125
Chapitre III. — Combien saint Louis fut adonné à la mortification durant son noviciat............................. 128
Chapitre IV. — Combien il se réjouit d'aller à la maison du Gesù pour y servir la messe............................ 136
Chapitre V. — De la vie que menait Louis à la maison professe... 142
Chapitre VI. — Avec quelle perfection Louis acheva son noviciat... 147
Chapitre VII. — D'un admirable don d'oraison en saint Louis.... 149
Chapitre VIII. — Comment Louis partit pour Naples avec son maître des novices et y séjourna plusieurs mois................ 155
Chapitre IX. — De sa vie au Collège romain................. 161
Chapitre X. — De son humilité........................... 171
Chapitre XI. — De son obéissance......................... 178
Chapitre XII. — De son esprit de pauvreté.................. 182

	Pages.
Chapitre XIII. — De ses autres vertus et surtout de sa charité.	186
Chapitre XIV. — Louis est envoyé dans sa patrie pour accommoder un grave différend survenu entre son frère Rodolphe et le duc de Mantoue.	193
Chapitre XV. — De sa manière de vivre à Castiglione et en d'autres lieux.	200
Chapitre XVI. — Du bon succès de ses négociations.	207
Chapitre XVII. — De l'édification que Louis donna au collège de Milan.	214
Chapitre XVIII. — Témoignage de deux Pères qui furent en relation avec saint Louis à Milan.	221
Chapitre XIX. — Louis connaît par révélation sa mort prochaine. — Il est appelé à Rome.	225
Chapitre XX. — Perfection consommée de Louis.	230
Chapitre XXI. — Comment, Rome étant affligée d'une grande mortalité, Louis se dévoua au service des malades.	236
Chapitre XXII. — Dernière maladie de Louis.	239
Chapitre XXIII. — Le mal de Louis tire en longueur. — Choses édifiantes qui se passèrent pendant sa maladie.	243
Chapitre XXIV. — Ce que Louis écrivit à la marquise sa mère.	249
Chapitre XXV. — De quelle manière Louis se prépara à la mort.	253
Chapitre XXVI. — De l'heureuse mort de Louis.	258
Chapitre XXVII. — Des funérailles de Louis, et des différentes translations de son corps.	267

TROISIÈME PARTIE.

SAINT LOUIS DE GONZAGUE DANS LE CIEL.

Chapitre premier. — Comment Louis fut tenu pour un saint aussitôt après sa bienheureuse mort.	275
Chapitre II. — D'une vision qu'eut sainte Marie-Madeleine de Pazzi touchant saint Louis de Gonzague.	284
Chapitre III. — Des miracles opérés par saint Louis en faveur de sa famille et dans les lieux qui lui étaient chers.	288

	Pages.
Chapitre IV. — Faveurs accordées par saint Louis à ses jeunes frères en religion	293
Chapitre V. — La merveilleuse histoire du seigneur Wolfgang	297
Chapitre VI. — Grâces accordées par saint Louis aux jeunes gens chrétiens	303
Chapitre VII. — Saint Louis patron de la vie parfaite	310
Chapitre VIII. — Du culte rendu à saint Louis de Gonzague dès après sa mort jusqu'à sa béatification	316
Chapitre IX. — Divers portraits du Bienheureux. — Développement de son culte jusqu'au décret de canonisation	324
Chronologie de la vie de saint Louis de Gonzague	333
Généalogie de saint Louis de Gonzague	335
Principaux historiens de saint Louis de Gonzague	339

FIN DE LA TABLE DES MATIÈRES.

www.ingramcontent.com/pod-product-compliance
Lightning Source LLC
Chambersburg PA
CBHW070850170426
43202CB00012B/2021